Cet ouvrage a obtenu le « Prix 1980 du meilleur ouvrage de vulgarisation photographique » décerné par le Musée français de la photographie.

Marc BIDERBOST

LE GUIDE MARABOUT DE LA PHOTOGRAPHIE

MARABOUT

Les photographies sont de l'auteur à l'exception des documents suivants :
p. 28 : Jean-Albert Marguelisch, p. 106 : Etienne Rouy, p. 226 : Mike Julien.

Sommaire

Mes remerciements sincères
à ma femme pour sa patience.

Un merci tout particulier à mes amis photographes :
Mike Julen, Jean-Albert Marguelisch, Etienne Roux.

Préface

La réflexion que l'on peut se faire en découvrant ce livre, c'est : « encore un ouvrage sur la photographie ! ». Et il en existe déjà beaucoup, certains d'ailleurs fort bien faits.

Mais, en analysant les nombreux livres sortis sur le marché, on distingue deux types d'ouvrages :

— ceux qui sont écrits par des professionnels pour des professionnels ou des amateurs avertis. On y trouve des alignements de formules physiques, optiques ou chimiques, le tout enrobé d'un langage souvent inaccessible au profane ;

— ceux qui sont écrits par des professionnels pour des amateurs et des débutants. Cette fois, le langage est plus abordable, le contenu souvent passionnant, mais le tout délayé sur tant de livres différents que le débutant a toutes les chances de se perdre avant d'avoir pu acquérir les volumes nécessaires.

Il manquait donc sur le marché de l'édition photographique un livre écrit par un amateur (qui aime...) pour les amateurs, un ouvrage qui permette au débutant une approche rapide de la photographie et une progression logique sur le plan pratique comme sur le plan théorique.

Ce livre tente de répondre à ce besoin. Il se base sur une déjà longue expérience de cours d'initiation à la photographie donnés dans le cadre d'une association régionale suisse de loisirs et culture. Chaque chapitre fait le point sur une question précise et se limite à l'essentiel nécessaire à l'amateur. Les opérations pratiques sont décrites pas à pas et de manière très simple, afin de permettre au débutant de suivre sans difficultés.

Enfin, une autre caractéristique de cet ouvrage est le parti pris délibéré du choix conseillé. Beaucoup d'auteurs se refusent, en effet, à proposer des choix précis au lecteur, laissant ce dernier dans le doute et l'obligeant, soit à de nombreux et coûteux essais, soit à un choix basé sur le seul hasard.

Au risque de nous tromper, nous préférons, quant à nous, proposer chaque fois que possible des choix précis, choix évidemment subjectifs et basés sur des expériences personnelles, mais qui aideront, pensons-nous, le lecteur à se déterminer sur la base d'indications précises.

Indépendant du marché photographique et des firmes productrices, libre de toutes pressions, nous pouvons ainsi guider l'amateur débutant à toutes les étapes de sa connaissance de la photographie : du choix de l'équipement à l'acquisition de techniques plus complexes.

Clarté, précision, utilité pratique, tels sont les critères qui ont présidé à la réalisation de ce livre. Nous espérons les avoir respectés.

Pour terminer, l'auteur souhaite vivement l'instauration d'un dialogue avec ses lecteurs. Ainsi, les données du présent ouvrage bénéficieront d'une continuelle remise à jour en fonction des besoins réels des utilisateurs.

I. La théorie

Généralités
L'équipement en format 24 × 36 mm
Les films

Composition répétitive

Appareil :
Canon F-1

Carcassonne

Appareil :
Canon F-1.

Généralités

Au début de cet ouvrage, il nous paraît intéressant de consacrer quelques lignes à définir ce qu'est la photographie.

Le terme l'indique (photographie vient de « phôtos » qui signifie lumière et de « graphein » qui signifie tracer), la photographie est avant tout une *technique* qui permet « d'écrire avec la lumière ». Ce procédé se caractérise par l'enregistrement de l'image lumineuse sur un support appelé film et par des moyens à la fois physiques et chimiques.

De manière simplifiée, on peut dire que les *rayons lumineux* renvoyés par un *sujet* et concentrés par le passage à travers plusieurs *lentilles* (l'objectif photographique) viennent frapper le *film* (pellicule sensible formée d'une base plastique transparente sur laquelle est étalée une couche de gélatine contenant du bromure d'argent) à l'intérieur d'une *chambre noire*.

Sous l'impact, le bromure d'argent noircit en présence de hautes lumières, devient plus ou moins gris avec des lumières d'intensité moyenne et reste clair en cas d'absence de lumière.

Il se forme ainsi ce que l'on appelle une *image latente*, c'est-à-dire une image qui existe virtuellement, mais que l'on ne voit pas encore et que l'on ne peut utiliser telle quelle, sous peine de la voir disparaître à la lumière.

Ici intervient un processus chimique, la *révélation* qui fait apparaître une *image négative* (inversée) où les blancs sont devenus noirs et vice versa. Un second bain, dit de *fixage*, permet de stabiliser l'image et de lui donner sa résistance au temps et à la lumière.

C'est à partir de cette image négative que l'on obtient l'*image positive* finale (la photographie).

On peut également traiter le film selon un procédé dit d'*inversion* et obtenir ainsi des images positives directes transparentes (la diapositive).

Toutes ces opérations seront vues plus en détail dans la section du livre consacrée aux travaux de laboratoire (pages 262 à 280).

Mais si la photographie est une technique, elle est aussi, sous un autre aspect, un *moyen d'expression artistique* et un *moyen d'information* dont l'impact n'a cessé de croître depuis sa création au 19e siècle.

L'appareil photographique

La photographie se prend au moyen d'un appareil photographique dont les divers types sont décrits aux pages 37 à 44, mais tous se composent essentiellement :
— d'une **chambre noire**, qui est une boîte étanche à la lumière, dans laquelle se trouve le *film* ;
— d'une **optique** qui est en quelque sorte la porte d'entrée de la lumière dans la chambre noire. L'optique se caractérise notamment par sa *distance focale* (cf. page 13) et comporte un *diaphragme* (cf. page 15) qui règle la quantité de lumière qui sera autorisée à entrer ;
— d'un **obturateur** (cf. page 17) qui fixe le temps durant lequel la lumière pourra pénétrer dans la chambre noire ;
— d'un **système de visée** (cf. page 33) qui permet au photographe de choisir le *cadrage* (cf. page 112) de l'image qu'il désire enregistrer.

Dans la plupart des appareils photographiques modernes, on trouve en plus un **posemètre** (cf. page 23) qui est un système plus ou moins automatique de mesure de l'intensité lumineuse. Cette mesure détermine le choix de la *vitesse d'obturation* (cf. page 17) et du diaphragme.

Nous allons maintenant voir de manière détaillée ces divers éléments.

La distance focale

Les objectifs photographiques sont différenciés par leur **distance focale**, l'**angle de champ** qu'ils peuvent couvrir (cf. page 14) et leur **ouverture relative** (ou diaphragme).

La *distance focale* c'est la distance en millimètres qui sépare le plan du film dans l'appareil de photo, du centre optique de l'objectif (foyer) ou, si vous préférez, la distance qui sépare l'endroit de l'objectif où sont concentrés les rayons lumineux réfléchis par un sujet situé à l'infini, de la surface du film où l'image se reformera avec netteté, bien qu'inversée latéralement.

La *dimension de l'image* enregistrée sur le film (ou grossissement) est proportionnelle à la focale de l'optique utilisée. Par rapport à une focale « normale » de 50 mm (en format 24 × 36), un objectif de 100 mm formera sur le film une image deux fois plus grande d'un même sujet placé à une distance identique.

On distingue les *focales normales* (ou standard) qui correspondent approximativement à la diagonale du format de film utilisé, les *courtes focales* (ou grands-angulaires) et les *longues focales* (ou téléobjectifs).

Formats		**Diagonales** (équivalant théoriquement à la focale normale)	
Subminiature	(8 × 11 mm)	19 mm	Formats
Demi-format	(18 × 24 mm)	30 mm	destinés
Format APS HDTV	(16,7 × 30,2 mm)	35 mm	aux amateurs
Format 135	(24 × 36 mm)	43 mm	
4,5 × 6 cm	(42,5 × 55,1 mm)	70 mm	Formats
6 × 6 cm	(57 × 57 mm)	80 mm	destinés
6 × 7 courant	(56 × 67 mm)	87 mm	aux amateurs
6 × 7 Asahi	(55 × 70 mm)	89 mm	avertis et aux
6 × 7 Linhof	(56 × 72 mm)	91 mm	professionnels
6 × 9 cm	(56 × 87 mm)	104 mm	

6,5 × 9 cm		111 mm	Formats
9 × 12 cm		150 mm	destinés aux
4 × 5 inches	(10 × 12,5 cm)	160 mm	professionnels
5 × 7 inches	(13 × 18 cm)	222 mm	
71/8 × 9 1/2 inches	(18 × 24 cm)	300 mm	
8 × 10 inches	(20 × 25 cm)	320 mm	

L'angle de champ

L'angle de champ c'est l'espace que peut « voir » un objectif en fonction de la diagonale du format de film utilisé. L'angle de champ des principaux objectifs destinés aux divers formats se trouve indiqué dans le tableau de la page 62.

A titre de comparaison, on peut relever que notre œil « voit » selon un angle de champ d'environ 150° horizontalement et 120° verticalement. Avec les deux yeux ensemble, notre vision couvre un espace de 180° latéralement.

Cependant notre œil n'a pas réellement de vision globale. Il procède par balayage et visions successives très rapides. C'est notre « mémoire à court terme » qui opère la continuité en retenant la partie d'image perçue et cela suffisamment longtemps pour que la partie d'image suivante vienne s'inscrire sur la rétine. Il s'agit là du phénomène de la « persistance rétinienne ».

A chaque arrêt, notre œil embrasse un angle de champ d'environ 20 à 35°, soit l'équivalent (en 24 × 36) d'un petit téléobjectif de 70 à 110 mm de focale. C'est d'ailleurs la raison pour laquelle on peut dire que la véritable *focale normale* se situe entre 70 et 110 mm en format 24 × 36 mm. La soi-disant focale normale de 50 mm n'est que le résultat d'une normalisation due à l'inventeur du Leica.

Lorsque notre œil effectue une mise au point très précise, l'angle de champ couvert n'est plus que de 1,5 à 2° soit l'équivalent approximatif d'un super-téléobjectif de 1 200 mm de focale en format 24 × 36 mm.

Le diaphragme

Le diaphragme est une ouverture circulaire dont le diamètre est réglable (manuellement ou automatiquement) et qui se situe au centre de l'objectif, entre deux groupes de lentilles.

Son action détermine la quantité de lumière qui impressionnera le film durant le temps d'exposition choisi. Seuls les objectifs catadioptriques (ou objectifs à miroirs) en sont dépourvus (voir page 56).

La normalisation de l'appellation des diaphragmes a été établie sur la base d'une progression géométrique construite sur la racine carrée de 2 et débutant au nombre 1. On obtient ainsi la succession suivante : 1 — 1,4 — 2 — 2,8 — 4 — 5,6 — 8 — 11 — 16 — 22 — 32 — 44 — 64 — 88 — 128.

A chaque diaphragme correspond une quantité de lumière deux fois moindre que celle du diaphragme précédent. Ainsi, un objectif ouvert à un diaphragme de 4 (on écrit f/4) laissera-t-il entrer deux fois plus de lumière qu'un objectif ouvert à un diaphragme de f/5,6 et inversément.

Par extension, on a également déterminé des demis et des tiers de diaphragmes. On trouve ainsi, et respectivement : 1,2 — 1,7 — 2,4 — 3,4 — 4,8 — 6,7 — 9,5 — 13,5 — 19 — 27 — 38, etc. et 1,1 — 1,3 — 1,6 — 1,8 — 2,2 — 2,5 — 3,2 — 3,6 — 4,5 — 5 — 6,4 — 7,1 — 9 — 10 — 13 — 14 — 18 — 20 — 25 — 29 — 36, etc.

Les différents objectifs se distinguent par leur ouverture relative ou plus petite valeur de diaphragme, ainsi que par leur distance focale (exemple : 50 mm, f/1,4).

Mais le rôle du diaphragme ne se borne pas à contrôler la quantité de lumière, il détermine directement la zone de netteté en profondeur ou profondeur de champ (voir ci-après).

La profondeur de champ

La profondeur de champ constitue un élément fondamental en photographie. Il s'agit en fait de l'épaisseur de la zone de netteté comprise entre le premier et le dernier plan net d'un sujet donné.

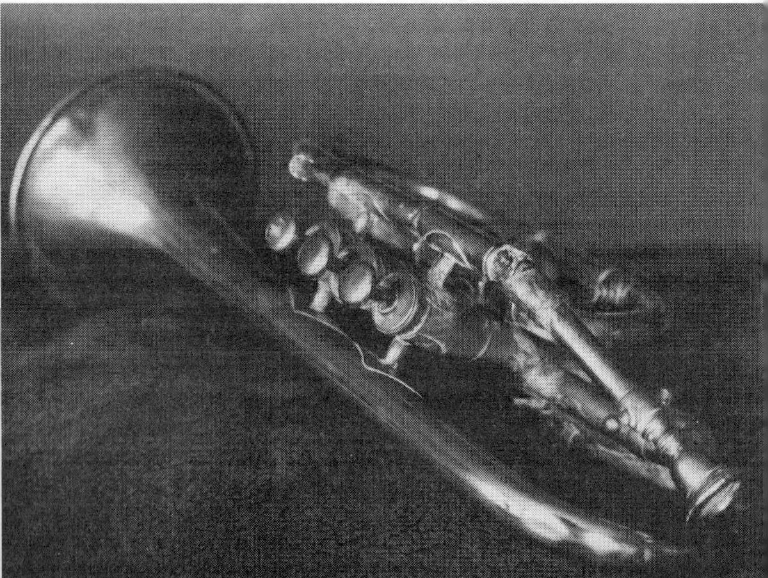

Illustration des problèmes posés par la profondeur de champ (seul le milieu de l'objet est net)
Appareil : Zenza Bronica ETR 4,5 × 6 cm. *Objectif :* Zenzanon 75 mm f/2,8

La profondeur de champ varie en fonction :
— de la **focale** de l'objectif utilisé. Elle grandit au fur et à mesure que la focale diminue. Ainsi un objectif grand-angulaire dispose d'une plus grande profondeur de champ qu'un téléobjectif ;
— de la **distance** sur laquelle la mise au point est effectuée. La zone de netteté se situe pour un tiers devant cette distance de mise au point et pour deux tiers derrière cette distance. De plus, la profondeur de champ augmente avec la distance ;
— du **diaphragme** sélectionné. Plus l'ouverture du diaphragme décroît (de f/1,4 vers f/16), plus la zone de netteté en profondeur augmente pour la même distance de mise au point et pour la même focale d'objectif. Si l'on veut obtenir une distance nette réduite, on choisira donc un diaphragme très ouvert (f/1,4 ou f/2). Inversément, si l'on veut disposer d'une distance nette importante en profondeur, on utilisera un diaphragme très fermé (f/11, ou f/16).

Les tabelles des pages 292, 293 et 294 vous fourniront toutes les indications utiles dans ce domaine.

Le choix de la profondeur de champ, et donc d'une priorité à donner au diaphragme plutôt qu'à la vitesse, sera donc prépondérant pour tous les sujets statiques ou à déplacement lent.

Dans la pratique, la plupart des objectifs donnent leurs meilleurs résultats optiques à un diaphragme de f/8 ou f/11. Si les nécessités de la profondeur de champ ne sont pas contradictoires, on utilisera donc ces diaphragmes à chaque prise de vue.

La vitesse d'obturation et l'obturateur

Une fois déterminée la quantité de lumière qui doit venir impressionner le film, il reste encore à fixer le temps durant lequel cette lumière sera autorisée à pénétrer dans l'appareil, ainsi que le moment de l'exposition. C'est là le rôle de l'*obturateur*.

Ce dispositif, dont le déclencheur commande le fonctionne-

ment, et dont le levier d'armement « arme » généralement le mécanisme, se trouve aujourd'hui sous deux aspects :
— l'obturateur focal,
— l'obturateur central.

Chacune des formules possède ses avantages propres.

■ **L'obturateur focal** se compose de deux rideaux (en toile ou en titane) qui se déplacent horizontalement à la même vitesse et laissent entre eux une fente qui permet l'exposition du film à la lumière. C'est la largeur variable de la fente qui fixe le temps d'exposition. La synchronisation du flash est habituellement réglée au 1/60e de seconde (voir page 74).

Les appareils les plus modernes font appel à un obturateur focal métallique formé de deux jeux de lamelles défilant verticalement. La synchronisation du flash peut alors être réglée jusqu'au 1/250e de seconde.

Ces types d'obturateurs facilitent considérablement le changement des objectifs et cela pour un coût peu élevé. L'obturateur se trouve en effet installé à demeure dans le boîtier.

■ **L'obturateur central**, lui, est solidaire de chaque objectif et se situe habituellement à proximité du diaphragme, près du centre de l'optique. Le coût des systèmes à objectifs interchangeables augmente. On ne trouve donc ce type d'obturateur que dans les appareils de moyen-format destinés aux amateurs avertis et aux professionnels.

L'énorme avantage de ce type d'obturateur reste la possibilité de synchroniser le flash à toutes les vitesses permettant ainsi les effets de *fill-in* en plein jour (voir page 198).

Ce type d'obturateur se trouve également dans les appareils 24 × 36 mm compacts, non réflex, à objectif fixe. Dans ce cas cependant, la synchronisation du flash n'est souvent assurée que pour une vitesse unique (1/125e de seconde par exemple sur le Minox 35).

■ **Les temps d'obturation** sont eux aussi normalisés sur la base d'une progression géométrique débutant à une seconde et dont la raison est 1/2.

On obtient ainsi l'échelle suivante (en secondes et fractions de secondes) : 1 — 1/2 — 1/4 — 1/8 — 1/15 — 1/30 — 1/60 — 1/125 — 1/250 — 1/500 — 1/1000 — 1/2000.

Les poses longues sont généralement de : 1, 2, 4, 8 et 16 secondes. Les obturateurs électroniques les plus modernes travaillent jusqu'à 30 secondes au maximum (voir à ce sujet en page 30).

On trouve encore sur le barillet-sélecteur de la vitesse une position marquée « B ». C'est la pose longue manuelle en un temps. L'obturateur reste ouvert tant qu'on maintient la pression du doigt sur le déclencheur. On peut aussi la transformer en pose « T » (en deux temps) au moyen d'un déclencheur souple à blocage. On déclenche alors, puis on bloque le déclencheur en position ouverte et on le débloque en fin de pose pour permettre la fermeture de l'obturateur.

Certains boîtiers de moyen-format possèdent la pose T à la place de la pose B. Avec la pose T, on appuie deux fois sur le déclencheur : une fois pour ouvrir l'obturateur et une seconde fois pour le refermer.

Dans la pratique, il faut se rappeler :
— qu'une *vitesse rapide* (1/500, 1/1000) fige ou stoppe le mouvement. Il est alors souvent préférable de suivre un sujet mobile dans le viseur tout en déclenchant ;
— qu'une *vitesse lente* produit une impression de mouvement ;
— qu'une *vitesse trop lente* se traduit par une photo floue.

A la main, il faut adopter une vitesse au moins égale à la focale utilisée (ou à la plus longue focale possible dans le cas d'un zoom) pour éviter un flou dû au bougé (exemple : on choisira 1/250e de seconde pour un objectif de 200 mm de focale, 1/30 pour un 28 mm, etc.). En page 61, vous trouverez des informations sur les nouveaux développements.

Les poses longues nécessitent l'emploi d'un trépied ou d'un appui fixe (mur, voiture en stationnement, poteau, etc.).

Hérémence
Appareil : Zenca Bronica ETR 4,5 × 6 cm (voir page 41)
Objectif : Zenza Bronica 75 mm f/2,8

Le déclencheur

Du déclencheur, nous dirons qu'il en existe deux catégories principales aujourd'hui :
— les déclencheurs mécaniques, et
— les déclencheurs électromagnétiques.

Le déclencheur électromagnétique offre le grand avantage d'un fonctionnement doux et précis évitant le bougé involontaire. La possibilité de déclencher l'appareil à distance constitue le second avantage. Le troisième atout intéressant de ce type de déclencheur, c'est que l'on peut facilement coupler l'interrupteur du posemètre sur lui. Ainsi, un déclencheur électromagnétique, qui a une course totale d'environ deux millimètres, enclenche la cellule après un millimètre environ et commande le déclenchement après la seconde moitié de son parcours. Cette formule garantit la meilleure économie de pile possible puisqu'elle interdit l'oubli d'un posemètre en position enclenchée (« on »).

Un *dispositif de blocage* s'avère des plus précieux sur tous les modèles de déclencheurs pour éviter les involontaires déclenchements, ou mises en circuit du posemètre, durant le transport de l'appareil.

Le désavantage relatif des modèles de déclencheurs électromagnétiques reste qu'ils ne fonctionnent plus en l'absence de pile(s).

■ **Séquence de déclenchement dans un boîtier réflex moderne :**

1. le doigt du photographe appuie sur le déclencheur ;
2. le miroir remonte pour laisser le passage à la lumière (la visée s'obscurcit dès lors) ;
3. le diaphragme se ferme à la valeur présélectionnée (manuellement ou en automatisme) ;
4. l'obturateur s'ouvre et laisse entrer la lumière durant le laps de temps présélectionné (manuellement ou automatiquement) ;
5. l'obturateur se referme ;
6. le miroir revient en place (le viseur retrouve alors une image) ;
7. le diaphragme se rouvre à la position « pleine ouverture » pour faciliter la visée et la mesure de la lumière.

Ce cycle s'accomplit en fait en 1/50e de seconde environ, ce qui permet de parler de *parallaxe de temps*.

Dans la pratique, et pour des sujets mobiles, cela oblige le photographe à déclencher une fraction de seconde *avant* que le sujet n'entre dans le cadrage prévu. Pour ce faire, beaucoup de photographes visent de l'œil droit et gardent le gauche ouvert pour observer le sujet par-dessus le boîtier. Avec un peu d'entraînement, on y arrive très bien.

La sensibilité

Les films utilisés en photographie sont aujourd'hui caractérisés par leur indice de rapidité. Au fil des ans, cette *sensibilité* fut exprimée au moyen de très nombreuses échelles de mesure. Citons parmi les plus récentes : Scheiner, Gost (valable en Russie), DIN (pour Deutsche Industrie Normen), ASA (pour American Standard Association). Une telle diversité engendrait de multiples confusions.

Fort heureusement, une norme universelle a été récemment créée sur la base du système ASA. Il s'agit de la norme ISO (pour International Standard Organisation). Le tableau ci-après vous permet de retrouver les équivalences.

Remarquons que dans le système ISO, chaque fois que la sensibilité double, l'indice double également. Ainsi, la sensibilité d'un film de 200 ISO est la moitié de celle d'un film de 400 ISO, alors qu'elle est le double de celle d'un film de 100 ISO.

Tableau des indices de sensibilité équivalents

ISO (ex-ASA)	DIN	ISO	DIN
6	9	320	26
8	10	400	27
10	11	500	28
12	12	640	29
16	13	800	30
20	14	1 000	31
25	15	1 250	32
32	16	1 600	33
40	17	2 000	34
50	18	2 500	35
64	19	3 200	36
80	20	4 000	37
100	21	5 000	38
125	22	6 400	39
160	23	8 000	40
200	24	10 000	41
250	25	12 800	42

L'échelle Scheiner s'obtient en rajoutant 10 aux indices de l'échelle DIN.

La mesure de la luminosité et le posemètre

Pour obtenir une exposition correcte du film, il faut mesurer la luminosité du sujet, ce qui permettra de choisir le couple vitesse-diaphragme convenable.

Il existe divers instruments de mesure pour les usages photographiques. Citons :
— le *posemètre* (dont nous parlons ci-après) ;
— le *luxmètre* (qui équivaut à un posemètre travaillant en lumière incidente) ;
— le *flashmètre* (qui mesure l'éclair du flash) ;
— le *thermocolorimètre* (qui mesure la température de couleur).

Certains modèles récents de posemètres permettent ces divers emplois par le biais de compléments que l'on ajoute à la cellule de base (tel est le Gossen Profisix). Le système de mesure complet coûte cependant fort cher et son encombrement s'avère important.

Un posemètre à main peut s'utiliser de deux manières :
— en mesure de la **lumière incidente**. Dans ce cas, on place le posemètre devant le sujet en regardant l'appareil photographique. La cellule est recouverte d'un diffuseur et mesure la lumière qui éclaire le sujet ;
— en mesure de la **lumière réfléchie** par le sujet. C'est le cas le plus fréquent, celui des posemètres incorporés aux appareils photographiques.

Certains posemètres donnent directement l'indication du couple vitesse-diaphragme conseillé. D'autres, par contre (cellules à main de type spot, par exemple), indiquent un indice de lumination (IL) ou une valeur d'exposition (EV, pour Exposure value) qu'il faut ensuite reporter sur une bague pour obtenir le couple vitesse-diaphragme indiqué.

> **Règle importante :** l'exposition est correcte pour des couples vitesse-diaphragme différents mais équivalents (voir tableau en page suivante). Cependant, l'effet obtenu sera différent au niveau de la profondeur de champ ou de la représentation du mouvement.

Les posemètres actuels utilisent des éléments sensibles de divers types. On trouve ainsi des cellules :
— au **CDS** (sulfure de cadmium). Il s'agit là d'un modèle en voie de disparition étant donné sa lenteur, et le phénomène de « mémoire » dont elle est affligée (en faible lumière, il faut parfois attendre plusieurs minutes pour avoir une indication sérieuse. D'autre part, en cas d'alternance de luminosités, une mesure en faible lumière est influencée par une mesure en haute lumière réalisée auparavant) ;
— au **silicium** (SBC pour Silicon Blue Cell). Ses avantages sont : rapidité de réponse, aucun phénomène de mémoire susceptible de fausser la mesure, possibilités étendues de mesures en faible lumière. Elle consomme par contre plus d'énergie électrique et nécessite un filtrage des rayonnements infrarouges auxquels elle est sensible ;
— au **phospho-arséniure de gallium** (GaAsP, ou encore GPD pour Gallium Photo Diode), dont les propriétés ressemblent à celles de la cellule au silicium, mais avec les avantages supplémentaires d'une insensibilité aux rayons infrarouges et d'une précision plus grande, paraît-il, en faible lumière.

Les cellules des posemètres incorporés peuvent se trouver, soit dans le boîtier lui-même, soit dans le viseur de l'appareil photographique, soit encore dans l'objectif (cas des 24 × 36 mm compacts).

La firme Olympus avait innové en reprenant un brevet Minolta inexploité et en incorporant à son boîtier OM 2 un double système de mesure. L'un au CDS, servait au travail en position manuelle ou à indiquer les paramètres choisis par l'automatisme dans ce dernier mode de travail. L'autre, au silicium, mesurait directement la lumière qui impressionne le film. Depuis, tous les fabricants ont adopté le principe de la

Tableau des indices de luminosité (IL ou EV) **et des couples vitesse-diaphragme équivalents** (en secondes et diaphragmes normalisés)

	DIAPHRAGMES						
IL/EV	1,4	2	2,8	4	5,6	8	11
– 3	15 s	30 s	60 s	125 s	250 s	500 s	1 000 s
– 2	8 s	15 s	30 s	60 s	125 s	250 s	500 s
– 1	4 s	8 s	15 s	30 s	60 s	125 s	250 s
0	2 s	4 s	8 s	15 s	30 s	60 s	125 s
+ 1	1 s	2 s	4 s	8 s	15 s	30 s	60 s
2	1/2	1 s	2 s	4 s	8 s	15 s	30 s
3	1/4	1/2	1 s	2 s	4 s	8 s	15 s
4	1/8	1/4	1/2	1 s	2 s	4 s	8 s
5	1/15	1/8	1/4	1/2	1 s	2 s	4 s
6	1/30	1/15	1/8	1/4	1/2	1 s	2 s
7	1/60	1/30	1/15	1/8	1/4	1/2	1 s
8	1/125	1/60	1/30	1/15	1/8	1/4	1/2
9	1/250	1/125	1/60	1/30	1/15	1/8	1/4
10	1/500	1/250	1/125	1/60	1/30	1/15	1/8
11	1/1000	1/500	1/250	1/125	1/60	1/30	1/15
12	1/2000	1/1000	1/500	1/250	1/125	1/60	1/30
13	—	1/2000	1/1000	1/500	1/250	1/125	1/60
14	—	—	1/2000	1/1000	1/500	1/250	1/125
15	—	—	—	1/2000	1/1000	1/500	1/250
16	—	—	—	—	1/2000	1/1000	1/500
17	—	—	—	—	—	1/2000	1/1000
18	—	—	—	—	—	—	1/2000

Conversion secondes-temps réel :
1 000 s = 16 minutes 40 s
500 s = 8 minutes 20 s
250 s = 4 minutes 10 s
125 s = 2 minutes 05 s
60 s = 1 minute

Il est évident que des temps aussi longs ne seront que rarement rencontrés dans la pratique (voir page 194)

Ainsi le couple $\frac{1/125}{8}$ (vitesse) (diaphragme)

équivaut aux couples suivants : $\frac{1/250}{5{,}6}$, $\frac{1/60}{11}$, etc.

mesure sur le film, ce qui facilite nettement la macrophotographie en automatisme et au flash.

Un problème se rencontre quelquefois avec les appareils réflex automatiques (dans le cas de l'utilisation du retardateur par exemple) : celui de l'entrée de **lumière parasite** par l'oculaire du viseur, ce qui peut fausser la mesure. En photographie courante, on munira toujours son appareil d'un œilleton pour éviter ce défaut (ceci est également valable pour les porteurs de lunettes). Lorsque l'on utilise le retardateur pour se photographier soi-même, on relèvera le miroir (si le boîtier utilisé le permet), ou l'on fermera l'oculaire de visée.

Sur le plan théorique, il reste à parler de l'**angle de champ** mesuré par la cellule. Certains posemètres manuels ont un champ de 1° (cellules spot) équivalant à une focale de 2 000 mm en format 24 × 36 mm. D'autres mesurent un champ de 10° (mesures partielles équivalant à une focale de 250 mm). La majorité ont un angle de champ de 30°, ce qui correspond à une focale de 80 mm environ.

Les posemètres incorporés mesurent généralement l'ensemble du champ de l'objectif utilisé. On parle alors de mesure globale (ou intégrale). Elle est le plus souvent « pondérée ». On accorde alors une certaine prédominance au centre et au bas du cadrage horizontal pour compenser l'excès de luminosité produit par le ciel dans la plupart des photographies d'extérieurs.

D'autres appareils disposent d'une mesure semi-spot ou partielle permettant un travail plus précis. Le champ mesuré est alors indiqué dans le viseur.

D'autres appareils encore offrent une double possibilité : soit la mesure intégrale pondérée, soit une mesure spot, au choix de l'utilisateur.

Plus récemment, a été introduit le posemètre « intelligent » (par couplage avec un circuit micro-informatique), qui effectue plusieurs mesures (simultanément, comme chez Nikon, ou successivement, comme chez Olympus) et en tire une moyenne équilibrée.

Dans la pratique, on constate rapidement que la mesure intégrale pondérée présente un inconvénient en cadrage vertical, la mesure n'étant plus compensée dans le bon sens. Il faut alors réaliser la mesure en cadrage horizontal, effectuer les corrections d'automatisme éventuellement nécessaires et recadrer verticalement avant de déclencher.

Un autre très grand problème se rencontre lors de photographies réalisées en couleurs et en faible lumière ou au contraire au flash : c'est l'**effet Schwarzschild**. Sitôt que la pose nécessaire à une bonne exposition du film dépasse 1/2 seconde ou exige une vitesse plus rapide que le 1/1000e de seconde, la rapidité réelle des films couleurs diminue ce qui impose une prolongation du temps de pose. Simultanément, la balance chromatique de la pellicule change, parce que les différentes couches colorées du film ne réagissent pas de la même façon. Chaque fabricant de film indique les corrections nécessaires en filtrage et temps de pose (voir également sous photo de nuit, page 194).

■ **Comment se débrouiller sur le terrain dans certaines situations difficiles**

Si l'on est placé trop loin d'un sujet d'éclairement moyen en plein jour, on peut effectuer la mesure de la luminosité sur la paume de la main tendue de manière à occuper tout le champ de l'objectif. La main équivaut en effet sensiblement à la valeur d'une charte grise (carton gris servant à effectuer des mesures moyennes, car il réfléchit environ 18 % de lumière).

> **Règle de base :** en plein soleil à l'extérieur, un sujet éclairé directement doit être photographié à un diaphragme de f/16 et à une vitesse équivalente à la sensibilité ISO du film utilisé. Exemple : 1/125e de seconde pour une pellicule de 125 ISO.

Voici quelques compléments à cette règle qui permet à chacun de se débrouiller sans posemètre avec un peu d'habitude :
— par temps à demi couvert, on utilisera f/11,
— par temps couvert, on utilisera f/8,

— pour un sujet à contre-jour, on utilisera f/8,
— de nuit, pour un film de 125 ISO, on posera deux minutes à f/8.

Dans des conditions précises, certains films donneront de meilleurs résultats si l'on corrige leur sensibilité nominale. Ainsi, en montagne, on utilisera avec profit le Kodachrome 25 à une sensibilité de 50 ISO, alors que le même film sera exposé à une sensibilité de 32 ISO en plaine et en général. Le Kodachrome 64 sera meilleur à 100 ISO en montagne et à 80 ISO en général, pour saturer les couleurs.

Cherchez vous-même les meilleures corrections à apporter aux films que vous utilisez habituellement.

Guerrier Mursi, Ethiopie
Photo : Jean-Albert Marguelisch

Petit guide d'exposition avec un film de 100 ISO

Sujets	Eclairage	Diaph.	Vitesse
De jour, extérieur			
Personnage, objet	Soleil de face	f/16	1/125
idem, sur neige, mer	Soleil de face	f/22	1/125
idem, sur une plage	Soleil de face	f/22	1/125
Personnage, objet	Soleil latéral	f/13	1/125
Personnage, objet	Contre-jour	f/9,5	1/125
Personnage, objet	Soleil voilé	f/11	1/125
Personnage, objet	Très couvert	f/8, 5,6	1/125
Personnage, objet	A l'ombre	f/8	1/125
Paysage	Soleil vif	f/22	1/125
idem	Soleil voilé	f/16	1/125
idem	Très couvert	f/11, f/8	1/125
Mobile de face ou de dos	Soleil vif	f/16	1/125
Mobile en diagonale	idem	f/11	1/250
Mobile transversal	idem	f/11, f/8	1/250/500
Mobile transversal très rapide	idem	f/5,6	1/1000
A l'intérieur			
Au cirque, artiste	Projecteurs	f/2,8	1/60
Personnage	Lampe ordinaire	f/2,8	1/4
Personnage	Bougie	f/2,8	4 s
De nuit			
Rue peu éclairée	Lampadaires	f/5,6	8 s
Rue bien éclairée	idem	f/5,6	4 s
Rue très éclairée	idem + néons	f/5,6	1 s
Monuments	faible	f/5,6	8 s
Monuments	normal	f/5,6	1/4 à 2 s
Fête foraine	bon	f/5,6	1/2
Enseignes néon	interne	f/5,6	1/8
Vitrines	interne	f/5,6	1/15
Intérieur de café	tungstène fort	f/5,6	1/15
Paysage	lune pleine	f/4	3 min.

Remarque : ce guide ne constitue qu'une base indicative pour vos propres essais. Il ne saurait présumer des situations réelles dans lesquelles vous vous trouverez.

L'automatisme

Les appareils photographiques d'aujourd'hui se répartissent en diverses catégories suivant leur mode de fonctionnement. On trouve ainsi des boîtiers :

■ **manuels** sur lesquels les réglages de tous les paramètres se font manuellement et dont le fonctionnement est purement mécanique. Ce système ancien disparaît ;

■ **semi-automatiques** sur lesquels les réglages se font manuellement, mais qui sont dotés d'un posemètre incorporé. La mesure exacte s'effectue par coïncidence d'une aiguille dans un cercle, de deux aiguilles ou encore d'une aiguille entre deux repères marqués + et –. Sur les appareils plus récents, des diodes sont utilisées. Ce sont là d'excellents appareils qui passent partout et dont les réparations pourront être longtemps assurées ;

■ **automatiques**. Il s'agit ici de distinguer trois étapes d'automatisation de l'exposition. La firme Konica a ouvert la voie avec son Autoréflex T, boîtier à automatisme entièrement mécanique. Les autoréflex T2 et T3 des générations suivantes ont développé le procédé.

■ Puis l'on a vu apparaître toute une gamme d'appareils automatiques dits **« électroniques »**, mais qui n'étaient en fait que des automatiques électriques ou électro-magnétiques dans lesquels quelques fonctions seulement utilisaient une électronique simplifiée. Toutes les marques proposent aujourd'hui de tels boîtiers.

C'est la firme japonaise Canon qui, la première, a osé faire appel à une électronique sophistiquée pour équiper ses boîtiers destinés au grand public. Ces appareils voyaient leurs possibilités multipliées, se dotaient d'un entraînement motorisé de la pellicule et, en définitive, s'allégeaient par la disparition de près d'un tiers de leurs pièces mécaniques (boîtier AE 1).

Le succès foudroyant de ce modèle (80 000 exemplaires produits chaque mois) a obligé toutes les grandes firmes à emboîter le pas bon gré mal gré.

En 1977, Minolta a lancé le premier appareil compact doté d'un double automatisme (priorité à la vitesse ou au diaphragme, au choix), mettant ainsi fin à une vieille querelle. Puis, la firme Canon a riposté en produisant l'A-1, un appareil à quintuple automatisme (priorité à la vitesse, priorité au diaphragme, automatisme à diaphragme fermé, au flash et programmé) qui atteint un degré de perfectionnement tel que l'on ne voyait guère comment progresser encore dans cette voie. Dans le même ordre d'idée, la firme allemande Rollei avait présenté il y a quelques années un prototype d'avant-garde en format 24 × 36 mm, le Rolleiflex SL 2000, mais cet appareil n'a jamais connu de succès commercial. Depuis lors, toutes les firmes ont opté pour des systèmes d'automatisme assisté par la micro-informatique, l'automatisme s'étendant même à la mise au point.

□ *Avantages de l'automatisme :*
— rapidité d'exécution,
— expositions moyennes toujours réussies,
— photographie familiale à la portée d'un débutant.

□ *Inconvénients de l'automatisme :*
— l'appareil ne réfléchit pas. Il ne peut donc effectuer les nécessaires corrections lors de prises de vues difficiles (contre-jours, excès de contraste, sur la neige, en bord de mer, dans le désert, etc.) ;
— moins grande fiabilité à long terme que les systèmes mécaniques ;
— conditions de bon fonctionnement moins étendues qu'avec un appareil mécanique. Les automatiques électroniques ne supportent ni le froid, ni la chaleur, ni l'humidité, ni les champs magnétiques importants, ce qui réduit d'autant leurs possibilités ;
— dévaluation rapide de l'appareil en raison des constants progrès de l'électronique et de ses applications photographiques ;
— pas souvent de contrôle de la profondeur de champ en

position automatique. Il s'agit pourtant d'un élément capital en photographie créative ;
— les appareils comportant un tableau de contrôle de type LCD devraient utiliser un système de rétro-éclairage.

En conclusion de ce bref survol des problèmes spécifiques à l'automatisme, il faut affirmer :
— que tout automatisme doit pouvoir être débrayé et permettre le travail en position semi-automatique ;
— que tout appareil automatique devrait être doté d'un correcteur volontaire d'exposition de plus ou moins deux diaphragmes et avec, dans le viseur, un signal de rappel de la correction effectuée ;
— que tout appareil automatique devrait être muni d'une possibilité de mémorisation de l'exposition permettant ainsi tous les effets.

La question suivante traitera d'une autre sorte d'automatisme : celui de la mise au point. Mais auparavant, il faut encore parler d'un élément méconnu de qui dépend pourtant la bonne qualité d'une photographie : **le presseur**.

Pour que l'image photographique enregistrée sur le film soit nette sur l'ensemble de la surface impressionnée, il faut non seulement réaliser une mise au point correcte et utiliser un objectif de qualité, il faut encore que le film soit rigoureusement plan au moment de l'exposition.

C'est le rôle dévolu aux rails de guidage du film d'une part (au nombre de quatre idéalement) et au volet-presseur d'autre part. Ce volet, généralement solidaire du dos, est monté sur ressort et doit être largement dimensionné pour être efficace. On le nettoiera souvent pour éviter qu'il ne retienne des poussières qui rayeraient le support du film au moment de l'avancement de celui-ci.

La mise au point

La mise au point, ou réalisation de la netteté de l'image sur le plan du film est assurée par divers intermédiaires qui sont :
— le viseur de l'appareil photographique,
— le miroir, pour les appareils réflex,
— le mécanisme manuel ou automatique de mise au point de l'objectif.

■ **La visée proprement dite peut être soit directe, soit réflexe.**

La **visée directe** s'effectue par l'intermédiaire d'un viseur de type Galilée qui permet seulement de voir approximativement la surface d'image qui sera enregistrée sur le film (exemples : Minox 35, etc.). On utilise également des viseurs plus efficaces contenant un télémètre à coïncidence. Avec ce système, le photographe voit deux images décalées latéralement tant que la mise au point n'est pas correcte (la plupart des 24 × 36 compacts non réflex sont ainsi équipés). La *parallaxe* constitue le défaut de ces viseurs. Pour les sujets rapprochés, l'image est en effet décalée latéralement et verticalement. Il faut dès lors recadrer au jugé plus bas et vers la gauche pour ne pas « couper » une partie du sujet (combien de « têtes coupées » doit-on à ce système ?).

Les appareils réflex bi-objectifs permettent la mise au point par le biais d'un second objectif spécial (voir schémas). L'image est alors retournée latéralement (la droite se trouve à gauche et inversément). La parallaxe verticale existe toujours pour les sujets rapprochés.

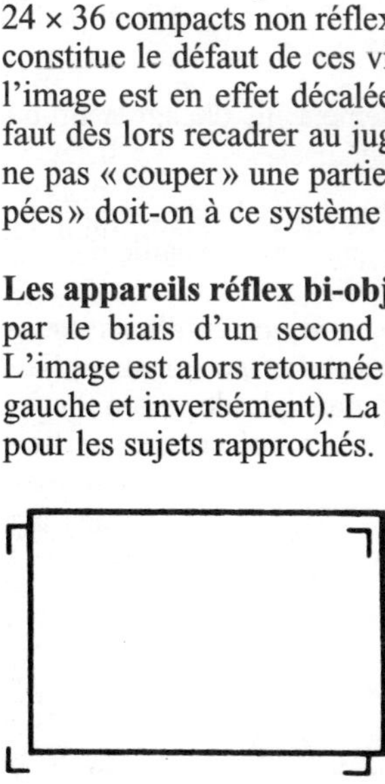

viseur à visée directe

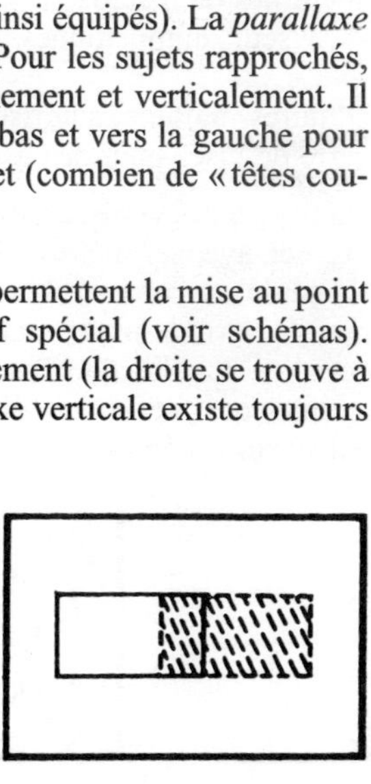

viseur direct à télémètre

bi-objectif
visée réflexe

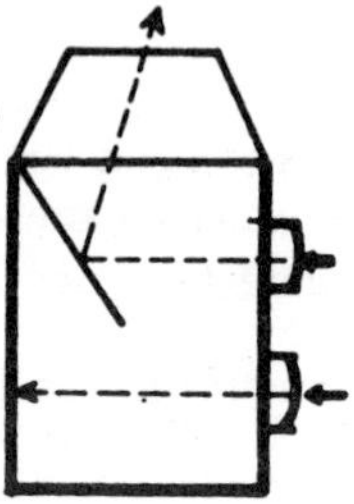

mono-objectif
visée réflexe

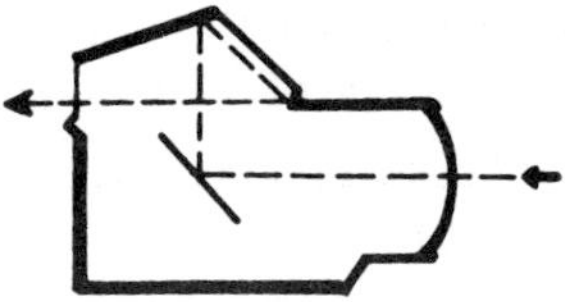

Les **appareils mono-objectifs à visée réflexe** redressent totalement l'image au moyen d'un pentaprisme à double réflexion. Certains boîtiers (Canon F1, Nikon F5, etc.) permettent le remplacement du viseur de base à pentaprisme par d'autres types de viseurs :

— viseur sportif (cadre collimaté pour l'action rapide) ;

— capuchon de visée (pour la visée verticale comme dans le système réflexe bi-objectif) ;

— viseurs-amplificateurs de lumière (pour prise de vues nocturnes ou macro) ;

— viseurs automatiques.

D'autres boîtiers autorisent seulement le changement du verre de visée pour des usages spécialisés.

On trouve des verres à simple dépoli, à dépoli avec lentille de Fresnel, avec télémètre à champs coupés, avec pastille ou couronne de microprismes, avec quadrillage, etc. En usage courant, le verre le plus pratique comprend une combinaison de dépoli à lentille de Fresnel avec une couronne de microprismes qui entoure un télémètre à champs coupés en diagonale (voir schéma).

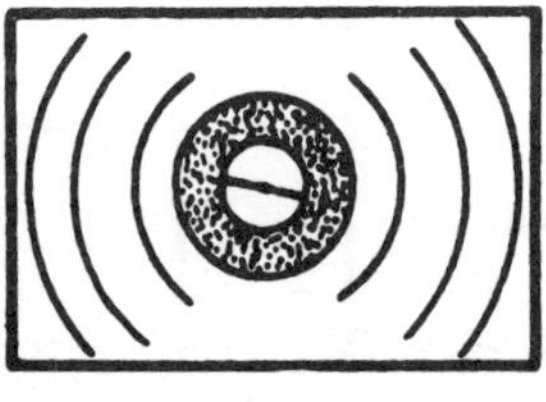

■ Le miroir

Dans les appareils réflex, le miroir, à retour instantané (cas des 24 × 36 mm) ou non (cas des 4,5 × 6 et 6 × 6 cm), joue un rôle capital. C'est lui qui permet la visée avant et après la séquence de prise de vue (voir également en page 21).

Le bruit caractéristique des boîtiers réflex lui est dû et reste important malgré tous les systèmes d'amortissement mis au point ces dernières années. C'est également le miroir qui provoque les vibrations si gênantes aux basses vitesses ou lors de l'emploi d'un long téléobjectif. Pour cette raison, il s'avère particulièrement intéressant de pouvoir disposer d'une possibilité de remontée manuelle du miroir lorsqu'on le souhaite. Quelques boîtiers disposent même d'un miroir fixe, semi-transparent.

■ La mise au point automatique

Depuis quelques années, les fabricants redoublent d'ingéniosité pour nous épargner la peine d'effectuer la mise au point manuellement. Divers systèmes d'automatisme ont vu le jour, parmi lesquels :
— le système basé sur le chip électronique d'Honeywell-Bull, le Visitronic (que l'on trouvait, à l'origine, sur des 24 × 36 compacts non réflex),
— le système « Sonar Autofocus » mis au point par Polaroïd pour ses appareils à photographies instantanées,
— le système, dit actif, à rayonnement infrarouge,
— le système, dit passif, à détection de phase, qui enregistre une image secondaire à travers l'objectif (type Canon EOS).

Aujourd'hui, seuls les trois derniers systèmes perdurent. En fait, les deux derniers sont les plus fréquents sur les boîtiers APS et 24 × 36 mm. Certains appareils cumulent d'ailleurs les deux systèmes et utilisent l'un ou l'autre en fonction des conditions de prise de vues.

Le système « Sonar Autofocus » est basé sur le principe du sonar. Comme les chauves-souris, les appareils équipés du **Sonar Autofocus** envoient un train d'ondes ultrasoniques dans l'axe optique. Le comparateur travaille dès lors sur le temps qui s'écoule avant le retour de l'onde. Passé un certain délai, l'optique se règle sur l'infini. Plus simple de conception, ce système paraît plus fiable à long terme. D'autre part, l'obscurité ne l'aveugle pas.

Les deux systèmes effectuent la mise au point sur le premier obstacle rencontré (verre de vitre, barreau, grillage, etc.).

Quels que soient les systèmes utilisés aujourd'hui comme demain, il est indispensable que le photographe puisse disposer d'un mécanisme de blocage de la mise au point déterminée automatiquement, ceci afin de lui permettre d'éventuels recadrages.

• ***Schéma simplifié des systèmes actifs (Sonar Autofocus, ou par rayonnement infrarouge) :***

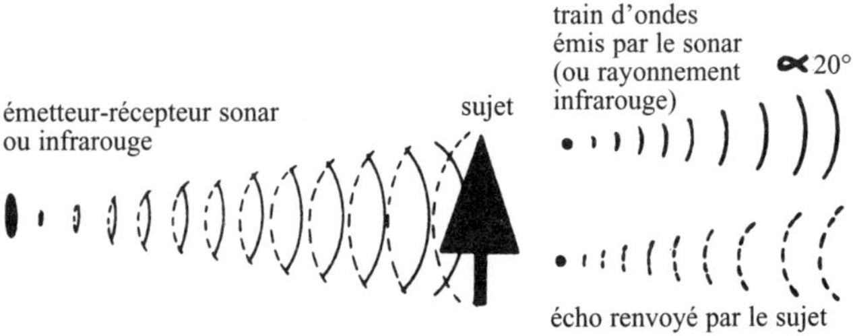

• ***Schéma simplifié du système à détection de phase :***

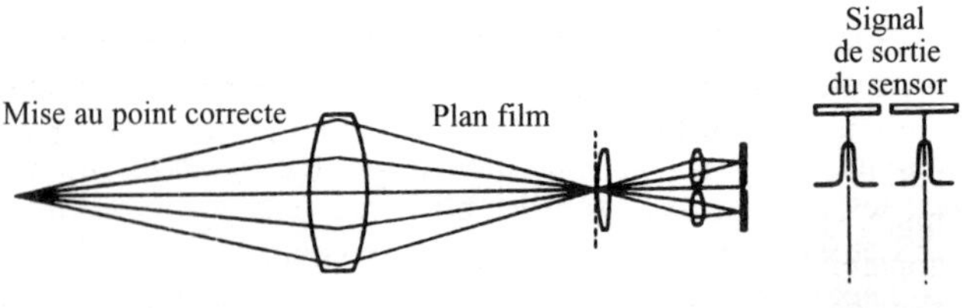

Remarque : les systèmes Visitronic et Sonar Autofocus ne convenaient pas aux boîtiers 24 × 36 mm ou 6 × 6 cm à objectifs interchangeables, d'où l'adoption des systèmes à infrarouges (incorporé au boîtier) ou à transfert de charge (par détection d'une image secondaire à l'intérieur même de l'objectif) qui constituent une synthèse des précédents.

Les différents types d'appareils photographiques

Quand on aborde le domaine de la photographie, il convient de distinguer les différents types d'appareils existant sur le marché et d'en préciser les caractéristiques principales.

■ Les formats subminiatures

Décrivons brièvement les formats subminiatures autres que le 110. Il en existe en fait deux. L'un utilise du film de 9 mm et produit des images de 8 × 11 mm. C'est l'apanage de la firme Minox et de quelques appareils très bon marché (si l'on excepte toutefois le domaine de l'espionnage !). L'autre utilise du film 35 mm en chargeurs à remplir soi-même et produit des images au format de 14 × 21 mm. Il n'existe qu'un appareil de ce type : le Tessina qui est un réflex bi-objectif de haute précision avec posemètre incorporé et de faible poids (175 gr environ pour un encombrement de 24 × 38 × 84 mm).

Ces formats sont appelés à disparaître dans un proche avenir, tout au moins sur le marché amateur.

■ Le demi-format

Le film classique de 35 mm conditionné en cartouches s'utilise couramment pour réaliser des vues au format 24 × 36 mm. Nous y reviendrons.

Ce film a également donné naissance à un type d'appareils produisant des images demi-format (18 × 24 mm). Après une période de relatif désintérêt pour la formule, on la voit réapparaître pour des modèles japonais. Que dire de cette formule, sinon qu'elle offre deux fois plus d'images qu'avec un appareil conçu pour le format 24 × 36 mm (à longueur de film égale), mais presque deux fois moins de surface utile qu'avec le système 126 (784 mm^2 pour ce dernier contre 432 mm^2 pour le 18 × 24 mm). Cela se traduit par une possibilité limitée d'agrandissement, mais par une plus grande autonomie (ainsi que par une certaine économie). Ce format convient pour la photo-souvenir de vacances et pour la photo familiale.

■ **Le nouveau format APS (ou : Advanced Photo System)**
Dès 1991, et pour faire face, semble-t-il, au plafonnement de leurs ventes, les grands fabricants d'appareils reflex (Canon, Minolta, Nikon) se sont associés aux plus importantes firmes de production de pellicules photo-argentiques (Fuji, Kodak) pour concocter un nouveau système photographique : l'APS.

Ce système complet vise à renouveler complètement le parc d'appareils de prise de vue, les pellicules photographiques, comme les systèmes de tirages en laboratoire et à changer les habitudes du consommateur. Ce faisant, on cherche aussi à augmenter sa consommation.

Lancé en avril 1996, à grands renforts d'interventions médiatiques, le système APS peine pourtant à pénétrer le marché. Echaudé par les échecs successifs des formats Disc, 110 et 126, les consommateurs sont devenus plus prudents. Mais c'est peut-être également la moins bonne qualité des tirages APS qui freine le développement de ce nouveau format.

Il faut, en effet, savoir qu'avec le format APS le format utile de la pellicule utilisée est plus petit de 42 % que celui du format 24 × 36 mm habituel. Il faut donc, nécessairement, utiliser un plus fort rapport d'agrandissement pour obtenir une photographie de même taille. Malgré l'amélioration des pellicules du format APS, la différence de qualité se voit. Remarquons d'ailleurs, au passage, que l'amélioration des pellicules profite aussi au format 24 × 36 mm.

Quoi qu'il en soit des considérations qualitatives, la machine industrielle cherche à imposer le nouveau format et ses multiples caractéristiques : couche magnétique d'enregistrement d'informations diverses (y compris des textes), possibilités d'automatismes plus nombreux, livret d'index, formats variables en cours de prise de vue (du standard HDTV 16,7 × 30,2 mm, au rapport 16 :9 cher à nos nouveaux téléviseurs, au format P, panoramique, 10 × 30,2 mm, au rapport 3 :1, en passant par le format C, classic, 16,7 × 25 mm, au rapport proche du 3 :2 habituel en 24 × 36 mm).

Mais les coûts actuels, tant du matériel que des tirages ultérieurs, sont difficiles à justifier pour un système universel destiné au grand public. Le succès du nouveau format passera donc par un abaissement des coûts du système. Développement à suivre, donc.

■ Le format 24 × 36 mm compact

Beaucoup plus intéressante pour l'amateur qui recherche la simplicité, nous paraît être la formule du format 24 × 36 mm utilisée dans des appareils compacts à télémètre. Ces boîtiers à objectifs fixes (de 35 à 50 mm de focale), peu ou prou automatisés, avec ou sans flash incorporé et, depuis peu, dotés de la mise au point automatique, répondent aux besoins de la photographie courante tout en permettant des agrandissements ultérieurs jusqu'à un format de 30 × 40 cm. Leur système de visée télémétrique provoque cependant des problèmes de parallaxe dans le cas de photographie rapprochée.

Il faut cependant dire également que l'absence de miroir-éclair dans cette conception d'appareils permet de photographier relativement silencieusement, et donc discrètement. L'appareil 24 × 36 mm à télémètre est d'ailleurs devenu l'arme des grands reporters dans sa version à objectifs interchangeables (dont Leica est le représentant-type que Cartier-Bresson a su utiliser à la perfection).

■ Le format 24 × 36 mm

L'appareil-roi de la photographie chez les amateurs, comme auprès de nombreux professionnels, est le réflex 24 × 36 mm à objectifs interchangeables (voir également en page 45).

Incontestablement, il a pour lui de nombreux avantages. Il est relativement compact (de plus en plus de nos jours et même trop), doté de possibilités de transformations quasiment illimitées qui lui permettent d'aborder tous les genres de la photographie (à l'exception des travaux réservés aux seules chambres professionnelles grand format avec décentrements et bascules avant et arrière), et d'un coût abordable (il en existe dans toutes les catégories de prix).

On trouve encore actuellement des appareils semi-automatiques qui laissent au photographe le choix du couple vitesse-diaphragme approprié pour réaliser des prises de vues à caractère artistique.

Mais la mode voit les appareils s'automatiser de plus en plus. L'avènement du microprocesseur en électronique n'a pas échappé aux fabricants de matériel photographique.

La firme japonaise Canon a, dès 1976, ouvert la voie à une véritable révolution technologique en incorporant un micro-ordinateur à ses nouvelles gammes d'appareils et en lui confiant le soin de procéder à tous les calculs et à tous les réglages (ou presque). En fait, l'utilisateur n'a plus que la responsabilité de choisir et cadrer le sujet, puis d'effectuer la mise au point avant de déclencher. Et dès 1985, la mise au point automatique elle-même (avec touche de mémorisation) est illustrée par Minolta.

Les autres firmes ne restent pas en arrière et la saturation du marché avec ce type d'appareils ne tardera plus guère. Est-ce un bien ?

Oui et non. Si l'automatisation délivre l'opérateur de tous soucis techniques et l'autorise à ne se concentrer que sur le sujet photographié, il faut bien dire qu'elle le dispense aussi de réfléchir et de se souvenir, entre autres, de ce qu'est la profondeur de champ et comment il faut s'en servir. Alors, disons oui au progrès pour les amateurs avertis qui sauront débrancher l'automatisme le moment venu.

■ Les appareils à jeter

Quelques fabricants de pellicules (Fuji et Kodak, notamment) ont introduit, à la fin des années 80, les boîtiers-pellicules simplifiés qui ne servent qu'une fois. Dans cette catégorie, on trouve des modèles standard, d'autres étanches, ou encore panoramiques. Remarquons que, de simples outils de dépannage convenant à la photographie au grand soleil, les jetables sont devenus une véritable gamme complète d'appareils pour toutes les situations. Certains modèles incorporent ainsi un mini-flash pour les photos de proximité, en intérieur, alors que d'autres ne craignent pas de plonger sous la surface de l'eau (à faible profondeur, il est vrai).

■ **Le moyen-format**

Si le format 24 × 36 mm est servi par les appareils les plus polyvalents, il n'atteint pas le niveau qualitatif des images fournies par les appareils de moyen-format.

C'est là chose facile à comprendre. Le format 24 × 36 mm produit des images de 864 mm^2 de surface que l'on doit agrandir 10 fois pour obtenir une image de 24 × 30 cm, ce qui entraîne une certaine perte de qualité.

Le format supérieur 4,5 × 6 cm (42,5 × 55,1 mm) fournit des images de 2 342 mm^2 (soit 2,7 fois plus grandes) qui ne nécessitent qu'un agrandissement moindre pour obtenir la même image de 24 × 30 cm. De plus, ce format au rapport de 3 sur 4 correspond mieux aux formats des papiers photographiques vendus sur le marché amateur. Il y a donc économie de papier et gain de qualité.

Les appareils 4,5 × 6 cm s'approchent des appareils 24 × 36 mm au niveau de la polyvalence d'emploi. Ils sont en général de forme cubique, plus grands et plus lourds qu'eux.

Ils visent avant tout le marché professionnel et celui des amateurs soucieux de qualité et habitués à agrandir notablement leurs images. Offrant une très intéressante alternative entre les formats 24 × 36 mm et 6 × 6 cm, ils ont peu à peu pris la place des appareils au format 4 × 4 cm aujourd'hui en voie de disparition.

Les appareils 6 × 6 cm, cubiques, relativement lourds et massifs, polyvalents, coûtent fort chers, à l'exception toutefois de certains modèles 6 × 6 bi-objectifs (l'un sert à la visée continue, l'autre à la prise de vues).

L'image 6 × 6 cm, de 3 249 mm^2 environ, fournit une image 3,7 fois plus grande que celle du 24 × 36 mm.

Que conseiller dans cette gamme des moyen-formats ? Les réflex mono-objectifs 6 × 6 et surtout 4,5 × 6 constituent des systèmes très complets qui remplacent les réflex 24 × 36 pour les amateurs fortunés. Par contre, les 6 × 6 bi-objectifs sont en général de prix plus abordable, mais leur champ d'action reste limité à la photographie de reportage, de paysage et de portrait (en pied de préférence).

■ Le format 6 × 7 cm

Avec le format 6 × 7 cm, nous entrons dans le domaine de la photographie professionnelle. Il existe bien quelques appareils utilisant ce format de négatif dans un boîtier simplifié et à portée d'emploi de l'amateur, mais leur prix déjà très élevé se double d'un gros désavantage : pour agrandir leurs images, il faut utiliser un agrandisseur grand format professionnel et il est impossible de trouver un projecteur de diapositives qui convienne.

■ Les grands formats

Les formats supérieurs sont exclusivement réservés au domaine professionnel et il n'entre pas dans notre propos d'en parler ici.

■ Les panoramiques

On peut signaler également l'existence d'une catégorie spéciale d'appareils photographiques : les panoramiques.

Uniquement conçus pour la photographie de paysage, ces appareils comprennent un objectif rotatif qui balaie latéralement le sujet lors de la prise de vue. Le format du négatif produit est de 24 × 59 mm ; ce qui autorise le travail sur un agrandisseur 6 × 6 cm ordinaire. Deux modèles existent actuellement sur le marché : le Widelux F 7, de fabrication japonaise (Panon), ainsi que l'Horizont, de fabrication soviétique.

A la Photokina 1978, on annonçait deux appareils rotatifs permettant de couvrir un champ de 360° et même plus (Arca-Swiss Rotocamera et Hulcherama).

Depuis, seul le boîtier-pellicule jetable Stretch de Kodak est venu compléter la série.

■ Les appareils à développement instantané

Une dernière catégorie d'appareils s'offre au choix de l'amateur : les appareils à développement instantané qui fournissent une image immédiatement utilisable sans intermédiaires.

Le marché actuel connaît un monopole du système mis au point par la firme Polaroïd en 1947 déjà.

Polaroïd fournit des images résistant bien au temps et de formats 85 × 85 mm, 85 × 105 mm, 80 × 80 mm, ou le nouveau 100 × 100 mm.

Remarquons que la plupart des appareils moyen-formats (4,5 × 6 et 6 × 6) offrent des magasins interchangeables pour films-packs Polaroïd.

Il en va de même pour les chambres professionnelles.

■ Les photoscopes ou appareils numériques

Après de longs balbutiements expérimentaux, la photographie numérique est arrivée en force sur le marché, dès la Photokina 1996.

C'est plus de cinquante modèles d'appareils de prise de vues qui ont commencé leur conquête réelle du marché, profitant du succès médiatique du réseau télématique Internet et de ses besoins en images numérisées.

Ces appareils, à la pauvre résolution (504 × 746, soit 376 000 pixels au mieux, en 1996 ; à comparer avec les 18 millions de pixels d'un équivalent d'une diapositive courante de 800 ISO en photographie 24 × 36 mm habituelle, soit environ 3 072 × 2 048 pixels), sont surtout destinés à tous les passionnés du traitement multimédia sur micro-ordinateur. Si l'on excepte quelques dos pour appareils 24 × 36 mm ou 6 × 6 cm (tels que les produits Dicomed Big Shot 4000 — qui atteint 16 millions de pixels — ou Phase One pour Hasselblad), ou quelques boîtiers professionnels coûteux, de type reflex (tels que les Minolta RD 175 ou Nikon E2N, par exemple), la majorité des photoscopes va, dès lors, servir à alimenter les logiciels informatiques grand public intégrant l'image, le son et les données. Nul doute que l'on retrouvera quelques-unes de ces prises de vue sur le réseau Internet.

Il n'y a, cependant, pas encore lieu de considérer les photoscopes comme des concurrents de la photographie traditionnelle, la qualité de cette dernière restant inégalée pour l'heure. Les tirages « papier » effectués à partir d'une image

« photoscopée » ne devraient pas dépasser une taille de 9 × 13 cm pour apparaître corrects à la vision.

Les marques et les sous-marques

Le fourmillement des marques d'appareils photographiques proposés aux amateurs tend à accréditer l'idée d'une concurrence effrénée, gage d'améliorations de qualité et de baisse de prix.

Une analyse un peu plus fine démontre cependant que le nombre de fabricants de matériel photo diminue d'année en année. Seules quelques grandes marques subsisteront vraisemblablement à l'avenir.

Certaines marques distribuent du matériel qu'elles ne produisent pas, mais qu'elles achètent à des usines comme Chinon qui alimente la plupart des petites marques du marché.

Dans le même ordre d'idée, on note une tendance à multiplier les appellations différentes pour une même gamme de produits. Ainsi Rollei distribuait également ses productions sous le nom de Voigtlander, car on s'était aperçu au département marketing de la firme que ce nom restait vivace dans la mémoire et dans le cœur des acheteurs potentiels. On augmente ainsi sensiblement les ventes et donc le taux d'amortissement des produits fabriqués.

D'autre part, de nombreux accords de coopération internationalisent la production mondiale. Ainsi en est-il de Canon et Texas Instruments, de Yashica et Contax, de Leitz et Minolta (le R3 de Leitz n'était qu'une version corrigée du XE 1 de Minolta).

Enfin, beaucoup de fabricants européens produisent leurs appareils en Asie (Singapour, Hong-Kong, la Corée du Sud, etc.) afin d'en abaisser le prix de revient (on peut citer, entre autres, Leitz et Rollei avant le démantèlement de la firme).

Lors d'un achat, il convient donc de comparer soigneusement les caractéristiques des appareils proposés et d'examiner s'il n'existe pas un boîtier identique, mais moins onéreux, sous une autre dénomination. Il en est de même pour les optiques qui ne proviennent pas des grandes marques (et encore, certaines optiques Leitz seraient produites par Minolta).

Le commerce parallèle

Dans beaucoup de pays, la mode du discount a touché le secteur photographique. Par des importations directes massives, par la distribution d'un matériel qui est parfois de seconde qualité, par une importation « grise » qui n'assure pas de service après-vente, ni d'ailleurs de réel service de conseil à l'achat, les prix baissent et attirent de plus en plus d'acheteurs.

Pour lutter contre ce système, discréditant en fin de compte les marques d'origine, celles-ci ont parfois adopté une dénomination ou une numérotation différenciée de leur matériel suivant le pays où il est vendu.

En guise de conclusion, on peut dire qu'un achat au marché parallèle procure un avantage immédiat, mais sans garanties pour le futur. A chacun de décider quel élément lui paraît primordial.

Le système photographique

De nombreux appareils actuels en formats APS, 24 × 36 mm, 4,5 × 6 cm ou 6 × 6 cm forment la base d'un véritable complexe photographique. C'est pour cela qu'ils s'appellent « appareils à système ».

Par un jeu d'accessoires variés et intelligemment conçus (voir pages 48 et 64), on peut compléter son appareil initial et aborder ainsi presque tous les genres de photographies.

Avec un même boîtier, et à condition qu'il soit à objectifs interchangeables (certains possèdent également des dos, des viseurs et des verres de visée interchangeables), l'amateur peut ainsi, au gré de sa fantaisie et de ses intérêts, aborder des domaines aussi différents que la photographie de paysage, la macrophotographie, la photographie sous-marine, ou la chasse photographique, pour ne citer que ceux-là.

Même si, au départ, vous n'avez pas d'autres ambitions que celles de ramener quelques souvenirs photographiques de vos vacances ou de conserver précieusement le souvenir de vos grands moments familiaux, vous avez intérêt à vous procurer un appareil à système.

En effet, qui peut le plus peut le moins, mais l'inverse n'est pas vrai. Aujourd'hui, les appareils conçus pour le format 24 × 36 mm sont devenus très compacts, légers, automatiques et ils permettent une utilisation simplifiée à l'extrême tout en offrant une variété d'usages quasiment infinie.

On peut les doter de multiples objectifs plus ou moins spécialisés, d'innombrables accessoires, d'un entraînement motorisé du film, de commandes de déclenchement à distance, de divers dos (dos 250 vues, ou dos-dateur).

Le format 24 × 36 mm rejoint ainsi, et dépasse même les possibilités du moyen-format 6 × 6 cm qui a fait le bonheur de générations de photographes professionnels.

Un intéressant compromis entre les atouts du 24 × 36 mm et la qualité d'image nettement supérieure du 6 × 6 cm nous est offert par la génération d'appareils au format 4,5 × 6 cm.

En définitive, le choix de l'un plutôt que l'autre de ces systèmes dépendra souvent de critères tels que le prix, le poids ou la tenue en main.

La tour du sel, Glis
Appareil : Minolta SRT 101. *Objectif :* Minolta Rokkor 55 mm f/1,7 avec doubleur de focale Admiral et filtre jaune (voir pages 67 et 154). *Film :* Kodak Tri-X 400 ISO

L'ÉQUIPEMENT EN FORMAT 24 × 36 MM

Les divers objectifs et leur usage

Dans ce chapitre, nous allons faire plus ample connaissance avec les diverses optiques destinées au format 24 × 36 mm. C'est en effet dans cette catégorie que la gamme offerte à l'amateur présente le choix le plus complet.

Un tableau des équivalences approximatives pour les divers formats vous permettra de tirer les parallèles utiles pour votre propre usage (voir page 62).

Généralités sur les grands-angulaires

Ils sont ainsi nommés parce que leur angle de vision couvre un champ plus large que celui des objectifs de focale normale. Le schéma suivant précise ce point :

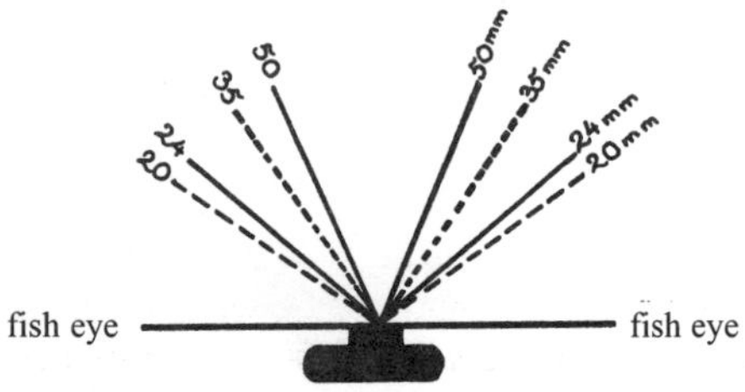

Les objectifs grands-angles présentent des caractéristiques communes : des distorsions dont certaines sont bien réelles, alors que d'autres résultent d'illusions d'optique. Ainsi en est-il de la *déformation apparente de la perspective.* Celle-ci résulte en fait de l'angle de champ embrassé par le grand-angulaire, ce qui accroît la grandeur de l'espace photographié. On est ainsi amené à se rapprocher du sujet, et c'est ce rapprochement qui entraîne la déformation de perspective, qui constitue d'ailleurs l'un des charmes du travail au grand-angulaire.

On remarque aussi que l'objectif grand-angle entraîne une *convergence des lignes verticales* vers le sommet de la photo lorsqu'on photographie des sujets élevés (tours, par exemple). En fait, tous les objectifs produisent le même effet. Le grand-angulaire accentue la distorsion parce qu'il montre une plus grande partie du sujet. Il est vrai, par contre, que les grands-angles provoquent une *distorsion en barillet* (les droites deviennent courbes). Mais les fabricants améliorent chaque année leurs produits dans ce domaine.

Voyons maintenant les différentes gammes de focales et leur utilisation.

Les super-grands-angulaires

■ **De 6 à 8 mm (fish-eye ou œil-de-poisson)**
Ils sont onéreux et fragiles. Leur angle de champ varie de 220° à 180°. L'image produite tient dans un cercle de 23 mm de diamètre. Enfin, ils engendrent d'importantes distorsions.

□ *Usage :* on les utilise essentiellement pour des effets spéciaux et pour la photographie publicitaire. On constate actuellement une certaine désaffection pour ce type d'optique, l'impact publicitaire diminuant avec l'accoutumance de notre regard pour ces prises de vues circulaires.

□ *La pratique :* il faut savoir que les posemètres incorporés ne sont plus guère utilisables avec ces optiques, sauf ceux du type spot, en raison de la trop grande importance donnée au ciel et de la différence d'angle de mesure de la cellule.

On effectuera donc la mesure de luminosité avec un posemètre indépendant, ou encore avec le posemètre du boîtier, mais avec une focale normale. On peut aussi essayer de surexposer systématiquement de 1 à 2 diaphragmes (f/8 au lieu de f/11 par exemple).

Au niveau du cadrage, on centrera de préférence les détails importants du sujet. On veillera, d'autre part, à ce que la ligne d'horizon soit rigoureusement horizontale. Une photographie qui « bascule » à droite ou à gauche est insupportable.

■ **De 14 à 17 mm**
Ces optiques existent en deux versions :
— les fish-eye plein cadre (l'image est en fait un cercle de 46 mm de diamètre ; elle remplit donc le format 24 × 36 mm, mais avec de considérables distorsions) ;
— les super-grands-angulaires rectilinéaires, dont les distorsions, quoique mieux corrigées, subsistent.

L'angle de champ de ces deux types d'optiques varie de 180° à 104°.

□ *Usage :* ces optiques servent également pour des effets spéciaux et pour la photographie publicitaire. La deuxième version rend de précieux services en photographie d'architecture et d'intérieur.

□ *La pratique :* ici encore, il convient de surexposer de 1 à 2 diaphragmes (voir en page précédente).

Avec les deux sortes d'optiques, on veillera à équilibrer les courbes de manière à produire un effet de lignes en barillet régulier et l'on soignera l'apparence des verticales.

En photographie de paysage, et pour varier les effets, on peut privilégier tantôt le sol (en lui donnant une grande part de la composition), tantôt le ciel.

Un cadrage vertical, avec l'horizon au centre et le sujet au milieu de la composition, donnera souvent d'excellentes photographies avec une grande profondeur de champ (cas typique d'un monument isolé sur une place, par exemple), ainsi qu'une correction totale des distorsions (avec les optiques rectilinéaires).

Les grands-angulaires

■ **De 18 à 24 mm**
C'est l'optique de l'espace, de la profondeur, celle des amateurs courageux. Son angle de champ varie de 100° à 83°.

Ces objectifs se caractérisent notamment par une très bonne

correction des aberrations et par un recours, de plus en plus fréquent, aux éléments flottants pour la mise au point.

□ *Usage :* ils peuvent déjà remplacer une focale normale dans un grand nombre d'usages. On les utilise le plus souvent pour les paysages, les couchers de soleil, les contre-jours, les photos d'intérieur ou d'architecture lorsqu'on ne dispose pas d'un recul suffisant. On les emploie aussi pour le reportage quand on veut suivre l'action de près (le 24 mm tend d'ailleurs à remplacer les 35 et 28 mm d'antan pour cet usage).

□ *La pratique :* ces focales demandent encore certaines précautions lors du cadrage, et notamment quand des lignes verticales entrent dans la composition.

Pour éviter les distorsions, on doit particulièrement veiller à maintenir le plan du film parallèle au plan du sujet.

Il convient d'utiliser au mieux la très grande profondeur de champ de ces optiques en fermant le diaphragme (f/11 ou f/16). En photographie de paysage, on peut ainsi obtenir un premier plan parfaitement net et proche de l'objectif (la mise au point minimale se situant entre 20 et 30 cm), associé à une zone de netteté s'étendant jusqu'à l'infini. Les paysages de Jean-Loup Sieff, réalisés au 20 mm, en sont une excellente illustration.

On peut aussi diminuer l'importance du premier plan en accentuant le ciel. Dans ce cas, il est judicieux d'utiliser un filtre polarisant en couleurs (avec une lumière formant un angle de 45° à 90° avec l'axe optique), et un filtre orange en noir/blanc.

■ de 25 à 35 mm

Cette catégorie comprend les objectifs grands-angulaires les plus faciles à utiliser. A tel point que ces focales ont, depuis longtemps, remplacé le bon vieux 50 mm chez les professionnels et auprès des amateurs avertis. L'angle de champ varie de 82° à 62°.

La correction des aberrations est quasiment parfaite dans

cette gamme de focale et la profondeur de champ offerte reste encore importante.

□ *Usage :* c'est avant tout l'optique-type du reportage. Mais elle représente un peu la « bonne à tout faire » de la photographie courante. On utilise même les 28 et 35 mm pour la macrophotographie.

□ *La pratique :* dans ce dernier cas, il est alors préférable de monter l'objectif à l'envers (au moyen de la bague d'inversion appropriée) à l'extrémité d'un soufflet. Si l'optique est construite selon le principe des éléments flottants, on effectuera la mise au point sur la distance la plus courte pour ce type de prises de vues.

Pour la photographie architecturale, on utilisera, de préférence, une variété particulière de 28 ou de 35 mm : les objectifs à *décentrement*, à *bascule* ou à *courbure de champ variable*. Ces dénominations signifient que l'on peut, avec ces optiques, contrôler la perspective et augmenter la profondeur de champ, tout au moins partiellement (tout comme cela se passe avec les chambres photographiques professionnelles).

Précisons toutefois que ces objectifs coûtent relativement cher et nécessitent un certain entraînement avant que l'on ne puisse en utiliser toutes les ressources. De toutes façons, il faut diaphragmer fortement (f/11, f/22, voire même f/32) et utiliser un trépied.

Les objectifs standard

Nous avons déjà vu (page 14) que c'est à « Monsieur Leica » (Oscar Barnack) que l'on doit, depuis 1913, la « norme » de l'objectif standard de 50 mm de focale pour les appareils au format de 24 × 36 mm.

En fait, cette norme n'en est pas une. En effet, la diagonale du format 24 × 36 mm est en réalité de 43 mm. Seuls quelques appareils simples à télémètre et objectif fixe ont adopté cette focale aujourd'hui. On a aussi dit que l'angle de champ du 50 mm (47°) correspond à celui de l'œil humain.

Cela n'est pas exact, puisque l'œil voit plutôt selon un angle qui correspondrait à une focale de 70 à 100 mm.

La réalité se situe sur deux plans :
— les optiques de 50 mm de focale sont les plus faciles à réaliser et, surtout, à corriger (aberrations). Ces focales permettent également les plus grandes ouvertures relatives (on a déjà fabriqué un 50 mm de f/0.95). Aujourd'hui, on trouve des optiques de f/1,2 ou f/1,4 ;
— les coûts de fabrication de ces optiques sont moindres, ce qui fournit un excellent argument de vente.

■ De 40 à 58 mm

Telles sont les focales considérées actuellement comme « normales ». Leur angle de champ varie de 57° à 41°.

□ *Usage :* ces optiques apparaissent comme les moins pratiques pour de nombreux usages. On leur préfère habituellement des objectifs de 28 et 35 mm ou de 70 à 100 mm de focale.

Leur domaine d'utilisation principal demeure la photographie en faible lumière sans flash, ainsi que la photographie familiale courante, le portrait en pied ou le nu, la macrophotographie et la reproduction de documents.

□ *La pratique :* sa simplicité d'emploi n'appelle pas de commentaires particuliers. Remarquons cependant l'existence d'une catégorie d'objectifs de 50 mm spécialement corrigés pour la macrophotographie, et qui s'emploient le plus souvent montés sur un soufflet. La focale de 50 mm s'avérant trop courte pour un usage sur le terrain, on préférera alors le 90 mm ou le 100 mm.

Les téléobjectifs

On désigne ainsi tous les objectifs dont la focale dépasse 58 mm et dont l'angle de champ vaut moins de 40°.

■ **De 60 à 110 mm**
Il s'agit, sans conteste, de focales parmi les plus intéressantes de l'arsenal du 24 × 36 mm. Leur angle de champ varie de 36° à 20° environ.

Presque aussi compacts et ouverts que les objectifs de focale dite normale, ils sont à peine plus chers.

□ *Usage :* le domaine privilégié de ces optiques est le portrait en buste ou la photographie de visages. Ils sont également très utiles pour le reporter qui ne peut, ou ne veut pas se rapprocher trop du sujet. On l'emploie également avec profit pour la photographie de paysage et la macrophotographie.

□ *La pratique :* pour le portrait, des focales de 85, 90 ou 105 mm sont idéales. Elles permettent de remplir le format 24 × 36 mm avec la tête et les épaules du sujet sans nécessiter de recul exagéré et sans déformer la perspective.

Il convient ici de préciser que ces focales offrent une profondeur de champ plus réduite que les focales normales et nécessitent donc une mise au point précise.

En ce qui concerne le domaine de la macrophotographie (voir en page 196), ces optiques prennent toute leur utilité lorsque l'on souhaite photographier des fleurs ou de petits animaux (papillons, par exemple), car elles permettent au photographe de conserver un plus grand recul qu'avec le 50 mm. Cela facilite notablement l'approche ainsi que les problèmes d'éclairage au flash.

Pour le reportage, ce sont les optiques des timides. Elles permettent des prises de vues plus discrètes, sans toutefois dénaturer l'image. Lorsque l'on doit travailler à une certaine distance du sujet (spectacles par exemple), elles rendent également de précieux services.

■ **De 135 à 300 mm**

Dans cette catégorie, on trouve les téléobjectifs d'usage courant en photographie à main levée.

Leur longueur et leur poids restent raisonnables avec respectivement de 9 à 20 cm et de 400 à 1 000 gr. L'angle de champ varie de 18° à 8°.

La profondeur de champ offerte par ces optiques demeure faible, tout comme leur ouverture maximale d'ailleurs.

□ *Usage :* le reportage, l'action, la photographie d'événements sportifs, la chasse aux petits animaux (les oiseaux par exemple), la photographie discrète, la photographie architecturale (pour saisir les détails d'un édifice), la macrophotographie et encore le portrait, constituent le champ de travail de ces objectifs.

□ *La pratique :* lorsqu'on les emploie pour le portrait, ces optiques favorisent les effets spéciaux. Leur faible profondeur de champ combinée avec un diaphragme assez ouvert (f/4, f/5,6) autorise la réalisation de visages nets se détachant sur un fond flou.

Dans tous les types de photographie, la mise au point devra être rigoureusement précise.

A ce sujet, signalons un problème particulier aux longues focales qui sont utilisées avec un boîtier doté d'un verre de visée permettant la mise au point par l'intermédiaire d'un télémètre à champs coupés (voir également en page 34) : l'une des moitiés du télémètre s'obscurcit si le regard n'est pas strictement dans l'axe optique. Avec les longues focales, on préférera donc un système de mise au point par microprismes ou directement sur le verre dépoli.

Rappelons que la vitesse minimum recommandée à main levée correspond à la focale utilisée (1/250e de seconde pour un 200 mm par exemple).

Les longs téléobjectifs

Avec ces optiques, le photographe entre dans le domaine de la photographie sportive et dans celui de la chasse photographique.

■ De 400 à 640 mm

En général pesantes et de dimensions assez importantes, ces optiques ont un angle de champ qui varie de 6° à 4° environ.

Dans cette catégorie existe une variété de téléobjectifs dits « catadioptriques » ou « à miroirs ». Ils sont plus petits et un peu moins lourds que les téléobjectifs classiques, mais ils ne comportent qu'un diaphragme fixe (f/8 ou f/11 le plus souvent). Leur principe de construction repose sur un double renvoi, par les miroirs, des rayons lumineux constituant l'image. Une exception : le Meta TS 500 E, catadioptrique de

500 mm (20,3 cm de long, 1100 gr.) à *cinq diaphragmes* (f/8 à f/32), adaptable sur tous les boîtiers 24 × 36 mm.

□ *Usage :* les longs téléobjectifs font merveille pour la chasse photographique, pour la photographie sportive ou pour photographier des sujets très éloignés (de 100 à 200 mètres).

Il existe une variété de fusils photographiques à mise au point rapide, spécialement conçus pour la photo d'action à main levée (Novoflex et Zenit Photosniper).

□ *La pratique :* d'une manière générale, l'emploi de ces volumineux engins exige de les monter sur un trépied stable, exception faite pour les fusils photographiques. De plus, ils nécessitent l'usage d'une vitesse d'obturation élevée (de l'ordre du 1/500e ou du 1/2000e de seconde) pour assurer des résultats suffisants.

Il faut également se rappeler que la portée vraiment efficace de ces longues focales dépend de la taille du sujet photographié.

Les super-téléobjectifs

Pour les passionnés, dotés d'un solide compte en banque, les fabricants ont prévu une gamme de super-téléobjectifs.

■ De 700 à 2 000 mm

Cette gamme d'optiques pour professionnels et amateurs très avertis se caractérise par un encombrement, un poids et un prix très importants. On trouve également des objectifs à miroirs dans cette catégorie. Il existe même des télescopes spécialement conçus pour la photographie et offrant une focale de 3 900 mm pour un diaphragme de f/11.

L'angle de champ couvert par ces optiques varie de 4° à 1° et même moins.

La profondeur de champ demeure infime et l'ouverture maximum ne dépasse guère f/5,6, f/8, ou f/11.

Ces optiques souffrent souvent du phénomène des images

colorées secondaires qui se traduit par un voile vert-pourpre, principalement visible dans les angles des photographies très contrastées, ainsi que dans les zones sombres de l'image.

□ *Usage :* le domaine de prédilection de ces très longues focales demeure la photographie à distance, la chasse photographique à l'affût, la réalisation d'effets spéciaux (par contraction des différents plans, ou en isolant le sujet de son environnement), ainsi que la photographie astronomique d'amateur.

□ *La pratique :* comme avec tous les téléobjectifs, la mise au point devra être rigoureusement précise pour compenser l'absence de profondeur de champ.

L'usage d'un trépied lourd s'avère indispensable. L'idéal consiste même à monter l'objectif sur un trépied, alors que l'on fixe le boîtier sur un second trépied. Une vitesse d'obturation de 1/500ᵉ de seconde ne constitue qu'un minimum. Il faut enfin beaucoup de lumière pour pouvoir utiliser ces optiques. Un film à très haute sensibilité s'impose.

De toutes manières, dans la photographie à longue distance, on constate que le voile atmosphérique diminue sensiblement la qualité des images obtenues.

Un dernier mot encore sur la tenue d'un ensemble boîtier-téléobjectif : pour un droitier, la main gauche soutient le corps du téléobjectif tout en assurant la mise au point, tandis que la main droite s'occupe des réglages situés sur le dessus du boîtier, ainsi que du déclenchement. Si l'on tient le boîtier à deux mains, l'ensemble paraîtra plus lourd et le flou du bougé sera difficilement évitable.

L'objectif universel

A côté des objectifs à focale fixe, les divers fabricants nous proposent depuis quelques années des optiques à focales variables, les **zooms**.

Le zoom, doté d'une bague supplémentaire ou d'un système « à pompe », permet de disposer d'un choix de plusieurs focales, et donc de différents rapports d'agrandissement, sur un seul objectif.

Certes, le prix d'un zoom de bonne qualité est assez élevé, mais il faut prendre en considération le fait qu'il remplace à lui seul plusieurs objectifs à focale fixe.

Il convient de préciser une chose : en optique, il n'est point de miracles. Un zoom capable de prendre des images de qualité équivalente à celles prises par une optique de focale fixe correspondante représente un investissement considérable. Le zoom bon marché ne peut prétendre à la qualité. Plutôt que d'acheter un mauvais zoom, il vaut mieux acquérir un objectif de la focale qui correspond à votre type de photographie. Ou alors, il vaut mieux attendre un peu et économiser la somme nécessaire…

Les *avantages* du zoom sur les optiques fixes correspondantes sont : l'encombrement et le poids moindres, ainsi que la polyvalence et la facilité qu'il offre de procéder à un cadrage précis et rapide.

Son *inconvénient* majeur, et tout relatif d'ailleurs, est son ouverture relative qui n'est guère meilleure que f/2,8 pour les petites focales et f/4 pour les grandes.

Sur un zoom bon marché, c'est au centre que la qualité d'image apparaît suffisante. On ne manquera donc pas de tester son rendu dans les angles (voir page 202).

On dénombre aujourd'hui trois grandes catégories de zooms, plus deux zooms hors catégorie.

■ Les zooms de longues focales

Ce sont les plus nombreux sur le marché, et aussi les plus faciles à réaliser. Leurs focales types vont de 70 à 150 mm, ou 70-210, 70-260, 80-200, 85-300, 90-250, 100-200, 100-500, 200-600, 300-500, ou encore de 600 à 1 200 mm.

Ils sont souvent dotés d'une position « macro » qui accroît leurs possibilités, bien qu'il faille dire que ces « effets-macro » ne donnent pas entière satisfaction.

■ Les zooms grands-angulaires

D'apparition relativement récente sur le marché, ils couvrent des focales allant du très grand-angle au grand-angle courant et jusqu'à la focale normale.

On en trouve de 21 à 35 mm, 24-35, 24-40, 24-48, 35-50, etc. La correction des aberrations a posé de nombreux problèmes aux constructeurs, mais elle est aujourd'hui satisfaisante, sans être exceptionnelle.

■ Les zooms de focales moyennes

Il s'agit en fait de l'objectif universel par excellence puisqu'il couvre à la fois l'angle de champ d'un grand-angle, celui de l'objectif dit « normal », et celui d'un petit téléobjectif pour le portrait.

On en trouve de 35 à 70 mm, 35-85, 35-105, 38-90, 38-100, etc. Certains d'entre eux couvrent seulement les focales normales et télé et sont moins complets. Tels sont les 43-75 mm, 43-86, 45-90, 45-100, 45-150, ou encore 50-135 mm.

L'assemblage d'un tel zoom et d'un boîtier peut répondre à tous les besoins courants de l'amateur. Le seul problème est le manque d'ouverture pour le travail en lumière ambiante. L'usage d'un flash s'impose alors.

■ Les spécialités

Au fil des ans, d'autres sortes de zooms ont fait leur apparition. Ils répondent à trois conceptions différentes.

1) Le zoom spécialement calculé pour la macrophotographie. Il couvre les focales de 90 à 180 mm et peut servir comme un petit téléobjectif ordinaire. En macro, ses résultats atteignent un excellent niveau qualitatif.

2) Le zoom qui préfigure peut-être ce que sera demain l'équipement de base de l'amateur. Il couvre les focales du très grand-angle de 28 mm au petit téléobjectif de 80 mm, voire au téléobjectif de 200 mm. Ce type de zoom s'avère très difficile à réussir, car les problèmes posés par un très

grand-angle se situent exactement à l'opposé de ceux posés par un téléobjectif sur le plan de l'optique.

Ces zooms sont habituellement satisfaisants sur l'une des plages de focales (par ex. grand-angle ou télé).

3) Le zoom à stabilisateur d'image (IS, pour : Images Stabilizer), inventé par Canon avec son EF 75-300 mm f/4-5,6 IS USM. Il intègre au zoom photographique un système déjà utilisé dans les camescopes (caméras vidéo). Le stabilisateur d'image optique compense les vibrations de l'appareil à l'origine d'images floues lorsque la vitesse d'obturation est trop lente. Le système comporte un ensemble de lentilles chargées de stabiliser l'image par une réaction immédiate aux tremblements. Cet ensemble se déplace sur un axe perpendiculaire à l'axe optique. La vitesse d'obturation autorisée est alors de quatre fois supérieure à la normale (1/60e de seconde là où le 1/250e de seconde est habituellement de mise). Avec cet objectif, et avec un peu d'habitude, on pourra réaliser des prises de vues au 1/15e de seconde avec une focale de 300 mm !

La pratique

L'emploi d'un zoom sur le terrain ne pose pas de problèmes bien différents de ceux posés par un objectif à focale fixe.

Comme l'on sait que les zooms produisent une image de meilleure qualité lorsqu'ils sont diaphragmés on travaillera de préférence avec un diaphragme inférieur de deux unités par rapport à son ouverture maximum (exemple : f/8 ou f/11 pour un zoom ouvrant à f/4).

La vitesse devra au moins égaler la plus longue focale disponible (soit 1/250e pour un 200 mm).

Enfin, la mise au point devra être absolument précise.

Le tableau de la page suivante appelle un commentaire : les focales sont équivalentes dans la mesure où la totalité du format est utilisé dans tous les cas.

Si, au contraire, on prend dans tous les formats une surface de négatif équivalente, la différence de longueur focale des diverses optiques demeure. Ainsi, en format 6 × 6 cm, si l'on cadre et n'utilise qu'une partie de négatif de 24 × 36 mm de surface, on obtient un effet de petit téléobjectif avec l'optique normale de 80 mm.

Tableau des équivalences de focales pour divers formats

Angles de champ	APS	24 × 36	4,5 × 6	6 × 6
180°	6 mm	7,5 mm (4)		30 mm (3,5)
180°		8 mm (2,8)		
180°	12 mm	15 mm (2,8)		
94°	16 mm	20 mm (2,8)		36 mm
90°/91°		21 mm (2,8)	35 mm (3,5)	38 mm (4,5)
88°				40 mm (4)
83°		24 mm (2,8)	40 mm (4)	45 mm (4,5)
75°		28 mm (2,8)	45 mm (2,8)	50 mm (4)
70°			50 mm (2,8)	
65°			55 mm (2,8)	
63°/64°	28 mm	35 mm (2)		60 mm (3,5)
57°		40 mm (2,8)		
53°			70 mm (2,8)	
51/52°		45 mm (2,8)		80 mm (2,8)
50°			75 mm (2,8)	90 mm (2,8)
46°/47°	40 mm	50 mm (1,4)	80 mm (2,8)	
43°		55 mm (1,2)		100 mm (3,5)
41°		58 mm (1,7)		
40°				105 mm (4,3)
36°		65 mm (3,5)		120 mm (5,6)
35°		70 mm (2,8)	110 mm (2,8)	
32°	60 mm	75 mm (3,5)		135 mm (5,6)
29°				150 mm (4)
28,3°		85 mm (1,8)		155 mm
26,3°		90 mm (2,5)	150 mm (4)	
24°	80 mm	100 mm (2,8)		180 mm
21°				200 mm (3,5)
19°			210 mm (4)	
18°		135 mm (2,5)		250 mm (5,6)
16°	120 mm	150 mm (2,8)	250 mm (5,6)	
15°				300 mm (5,6)

Angles de champ	APS	24 × 36	4,5 × 6	6 × 6
13°/14°		180 mm (2,8)	300 mm (5,6)	350 mm (5,6)
12°		200 mm (4)		
10°	200 mm	250 mm (4)		
9°				500 mm (8)
8°/8,15°		300 mm (5,6)	500 mm (8)	
6°		400 mm (4,5)		600 mm
5°	400 mm	500 mm (5,6)		950 mm
4°		600 mm (5,6)		
3°		800 mm (6,3)		
2,5°	800 mm	1000 mm (8)		
1,15°		2000 mm (11)		

Tableau des optiques les plus populaires

Quelles sont les optiques correspondant le mieux aux goûts d'aujourd'hui ? A titre purement documentairc, j'ai réalisé une statistique basée sur les photos 24 × 36 mm primées dans les grands concours récents. On peut ainsi découvrir que les objectifs les plus « primés » sont :

par catégories :
1. les grands-angulaires (de 15 à 35 mm)
2. les objectifs normaux (de 40 à 55 mm)
3. les petits téléobjectifs (de 75 à 200 mm)
4. les longs téléobjectifs (de 300 à 1 000 mm)
5. les zooms moyens (de 43 à 200 mm)

etc.

par focales :
1. les 50/55 mm
2. le 24 mm
3. le 28 mm
4. le 20 mm
5. le 35 mm
6. le 200 mm
7. les 80-200 mm (zooms)
8. le 135 mm
9. le 105 mm
10. le 300 mm

puis viennent les très longues focales (500, 1 000 mm), etc.

Exceptons les focales standard de 50/55 mm dont l'accès à la première place se trouve facilité par le fait qu'elles sont souvent imposées à l'acheteur d'un boîtier. On constate, dès lors, le net engouement actuel pour les perspectives audacieuses des grands-angulaires de prix abordable (20 à 35 mm).

Les accessoires précieux

Vous trouverez, ci-après, une description des principaux accessoires qui doivent, tôt ou tard, figurer dans la panoplie du photographe amateur.

■ **Le parasoleil** constitue un accessoire indispensable pour assurer une bonne exposition et un contraste correct de l'image enregistrée. La diffusion de lumières parasites abaisse en effet le contraste général de la photo. S'il est rigide, le parasoleil protège également la lentille avant de l'objectif contre les chocs et les rayures. Il sert également lors de la réalisation d'effets au moment de la prise de vue (voir page 163).

■ **Le trépied de poche** (ou de table) est le compagnon idéal du photographe soucieux de mobilité et de légèreté, mais refusant de sacrifier la qualité. Cet accessoire simple permet d'immobiliser le boîtier lors de poses longues. On peut l'utiliser en le posant sur le sol, sur une table, sur un capot de voiture ou en le pinçant sur un dossier de chaise, une branchette, une barrière, etc. Une vis incorporée permet également de le fixer sur un tronc d'arbre ou un poteau.

■ **Le trépied lourd** demeure un outil de travail élémentaire pour certains travaux difficiles (photographie sportive ou astronomique avec un long téléobjectif, par exemple). C'est l'accessoire à garder dans sa voiture ou à emporter pour des séances de prises de vues déterminées. On le choisira, de préférence, lourd (donc stable), muni d'entretoises assurant la rigidité de l'ensemble, et doté d'une colonne centrale que l'on peut monter à l'envers (pour les prises de vues à ras du sol). Sa tête doit se mouvoir aussi bien dans le plan vertical que dans le plan horizontal et cela sans à-coups. Un niveau à bulle incorporé peut faciliter le positionnement de l'appareil sur le terrain. Un matériel répondant à tous ces critères coûte relativement cher.

■ **Le déclencheur souple,** muni d'un dispositif de blocage à vis, doit absolument figurer dans l'équipement de base du photographe. On l'utilise conjointement avec la pose « B » de l'appareil pour réaliser des expositions prolongées, ainsi que pour déclencher sans vibrations dans les cas difficiles.

■ **Le déclencheur à distance** ne sert que rarement. Il en existe de plusieurs types. Le modèle mécanique n'est efficace qu'à courte distance. Pour les distances moyennes, on préfère utiliser un déclencheur pneumatique. Enfin, pour un éloignement pouvant atteindre 60 mètres, on emploie la télécommande à infrarouges (dispositif coûteux), ou une télécommande par radio, dont le coût ne se justifie guère.

■ **La rallonge de flash**, constituée d'un fil de contact torsadé, permet de mettre le flash « en extension », c'est-à-dire qu'on l'éloigne de l'appareil pour éviter le déplaisant éclairage de face (et notamment le phénomène des « yeux rouges » dans le cas du portrait en couleurs). Cet accessoire s'avère indispensable pour un travail de qualité au flash. Le sabot-contact situé sur le prisme des boîtiers modernes ne constitue qu'un pis-aller. La rallonge de flash la plus moderne transmet quatre fils simultanément, permettant ainsi tous les couplages automatiques des boîtiers les plus sophistiqués.

■ **La cellule de synchronisation du flash** (ou synchrocell), produite par divers fabricants (dans un rapport de prix allant de 1 à 6 !), rend de précieux services pour la photographie nécessitant un éclairage combiné au flash électronique. Il s'agit d'une cellule photo-électrique, à ventouse ou à sabot-contact, qui déclenche le flash auquel elle se trouve raccordée lorsque l'éclair produit par un autre flash la frappe. Avec deux cellules de ce type, on peut donc déclencher trois flashes simultanément.

■ **Le viseur coudé**, avec ou sans redressement intégral de l'image, constitue un précieux accessoire du photographe spécialisé en macrophotographie, en microphotographie ou dans la reproduction de documents.

■ **La loupe de visée** facilite notablement la mise au point précise des vues micro-, ou macrophotographiques. Elle amplifie cinq fois la visée au centre de l'image.

■ **Les capuchons d'objectifs** (ou couvercles) avant et arrière protègent parfaitement les lentilles de toute rayure. De plus, ils empêchent les dépôts et infiltrations de poussières. Lors du démontage d'un objectif interchangeable, il faut immédiatement songer à en protéger l'arrière. Certains ergots et diverses cames de couplage dépassent en effet de la monture et sont, de ce fait, vulnérables. Quant à l'avant de l'optique, il doit toujours être couvert en périodes de transport ou de non-utilisation.

A propos de capuchon d'objectif, l'usage constate leur perte fréquente. Une firme d'accessoires (Sima) a eu l'heureuse idée de fabriquer un accessoire précieux. Il s'agit d'une pastille autocollante qui adhère à l'extérieur du capuchon. Un fil solide relie cette pastille à un anneau plastique lui-même fixé à l'anneau de fixation de la courroie de l'appareil, ou à un double élastique enserrant le corps de l'objectif (cas des longs téléobjectifs notamment). Son nom ? Capkeeper.

■ **Le nécessaire de propreté** du matériel photographique comprend obligatoirement un *pinceau-souffleur* en poil de martre, un *chiffon antistatique* et un set de *papier pour nettoyer les lentilles* de l'objectif. On peut y ajouter un pinceau à élément de polonium annulant l'électricité statique, ou encore une bombe à air sous pression.

Les traces de doigts, appliquées par inadvertance sur une lentille, peuvent s'ôter avec un chiffon doux légèrement imbibé d'éther ou d'alcool pur. On ne frotte pas en appuyant, mais on effleure d'un mouvement circulaire la surface à nettoyer.

■ **Les bagues d'adaptation** existent en différentes versions. Elles permettent de monter un objectif en position inversée (voir page 71) ou de changer le diamètre de montage des filtres, ou encore de faciliter l'adaptation d'une optique d'une marque donnée sur un boîtier d'une autre marque.

■ **Le sac étanche**, ou le caisson étanche, n'ont d'utilité que pour la photographie sous-marine (voir page 174). Un sac en plastic transparent, associé à un élastique et à un filtre UV permettront de protéger valablement l'appareil et son objectif des intempéries.

■ **Le sac en plomb** pour protéger les films des rayons X lors du passage des contrôles dans les aéroports.

Les compléments optiques

Il s'agit d'accessoires qui, utilisés en liaison avec un objectif donné, lui permettent de remplir une nouvelle fonction.

■ **Les multiplicateurs de focale** sont assurément les plus connus des compléments optiques et se composent d'un tube-allonge contenant un bloc optique (présentement de 1 à 7 lentilles). Ils s'intercalent entre l'objectif interchangeable et le boîtier. On trouve des *doubleurs* de focale, des *tripleurs*, ainsi que des éléments mixtes à la fois doubleurs et tripleurs. Précisons tout de suite que seul le doubleur de focale présente un intérêt qualitatif suffisant sous certaines conditions. Il transforme ainsi une optique de 50 mm en petit téléobjectif de 100 mm de focale, mais avec une perte obligatoire de luminosité d'une valeur de deux diaphragmes (un objectif f/2 devient ainsi un f/4).

On a constaté que les doubleurs de focale ne peuvent s'utiliser valablement qu'en diaphragmant sérieusement (au minimum f/11 ou f/16 sur l'objectif de base, ce qui représente f/22 ou f/32). En fait, cela dépend également du nombre de lentilles qui composent le doubleur, ainsi que de la construction optique de l'objectif qui lui est associé. Seuls des essais nombreux et sérieux permettront à chacun de déterminer, pour chaque objectif, le meilleur diaphragme de travail possible avec un doubleur précis. Il faudra, dès lors, s'en tenir à ce diaphragme pour cet ensemble objectif-doubleur.

Pseudo-macro réalisée avec un doubleur de focale et un objectif standard

A ces conditions, les multiplicateurs de focale peuvent constituer une solution économique pour augmenter les possibilités photographiques de l'amateur sans trop grever son budget. Il convient toutefois de préciser qu'un multiplicateur de focale excellent et traité multicouches *ne remplacera jamais* un objectif fixe de focale correspondante. Ainsi, une association « optique de 100 mm + doubleur de qualité » n'équivaut nullement à un objectif de 200 mm. Il faut enfin ajouter qu'un doubleur de focale, même très bon, divise par deux le pouvoir séparateur (donc le « piqué ») de l'objectif qui lui est associé.

Il existe des doubleurs de focale dotés d'un bloc optique dévissable et amovible transformant l'accessoire en tube-allonge pour la macrophotographie.

■ **Le variofocus** est un accessoire macro qui est décrit en page 71.

■ **Le complément œil-de-poisson** (ou Ultrawider) se visse en bout d'objectif, à la place d'un filtre, et transforme une optique normale en objectif grand-angulaire, ou super-grand-angulaire. Contrairement aux multiplicateurs de focale, cet accessoire permet de diversifier les possibilités d'un boîtier à objectif fixe.

Avec ce complément, on obtient une solution peu encombrante et peu onéreuse qui s'avère satisfaisante si l'on n'oublie pas de diaphragmer fortement (f/11 ou f/16).

■ **Le complément « œil d'oiseau »** mis au point par la firme Beroflex consiste en un tube de verre monté sur l'avant de l'objectif par l'intermédiaire d'une bague contenant une bonnette macro qui autorise la mise au point de l'image sur un miroir vissant de forme conique situé à l'autre extrémité du tube de verre. Ce dispositif permet de réaliser des prises de vues *derrière* soi dans un angle de 220°.

Le trou noir de l'objectif, voire le boîtier lui-même ou l'opérateur (suivant la position choisie pour le miroir conique et l'emplacement du photographe) figurant toujours sur la photographie, l'intérêt d'un tel dispositif n'est pas évident.

■ **L'objectif-leurre**, fabriqué notamment par la firme Marexar, contient un miroir incliné à 45° et permet, par son ouverture latérale, une prise de vue discrète à angle droit. Ainsi, la visée s'effectue devant soi, alors que la photographie enregistre une image d'un sujet situé à droite ou à gauche.

Cet accessoire convient essentiellement aux téléobjectifs dès 100 mm de focale. Il inverse latéralement l'image sur le film (la droite passe à gauche et inversement). Lors de l'agrandissement, ou de la projection, il faut donc positionner le film à l'envers pour retrouver une vision correcte.

■ **L'amplificateur de luminosité** (Delnocta TS) est un accessoire pour passionnés de chasse photographique nocturne dotés d'un budget illimité. Il permet, en noir et blanc, d'amplifier notablement (25 fois environ) la luminosité d'un sujet par le biais d'un intermédiaire électronique et d'un tube cathodique. L'image visée prend une apparence verdâtre, mais permet de travailler dans des conditions de lumière extrêmement faible.

La firme Leitz a d'ailleurs construit un objectif de 210 mm de focale (le N-Mirotar) incorporant directement un tel amplificateur de luminosité pour les besoins de la photographie de surveillance (police, espionnage, etc.).

Les accessoires macro

En ce qui concerne l'utilisation de ces accessoires, il convient de consulter les pages 196 et 197.

■ **Les bonnettes d'approche.** Il s'agit de lentilles convergentes, d'une valeur de 1, 2, 3 ou 5 dioptries, que l'on visse au bout de l'objectif dans le porte-filtres. Elles permettent des prises de vues rapprochées à une distance fixe variant d'une quinzaine de centimètres à un mètre. La qualité de l'image demeure acceptable en diaphragmant fortement. Leur principale utilisation concerne les appareils à objectif fixe.

■ **Le variofocus.** Quelques fabricants produisent un accessoire intéressant pour les budgets limités : le variofocus. Il s'agit en fait d'une bonnette à dioptries variables. Il se visse également à l'extrémité de l'objectif. Les problèmes et champ d'action de cet accessoire sont les mêmes que pour les bonnettes d'approche.

■ **La bague d'inversion** permet aux possesseurs d'un boîtier à objectifs interchangeables de retourner l'objectif et de travailler avec le groupe de lentilles inversé. La solution s'avère intéressante au niveau du rapport qualité-prix, mais elle présente un petit inconvénient : l'objectif retourné présente ses parties proéminentes (cames, ergots) à l'avant sans protection. Il faut impérativement les protéger des chocs et des déformations par un capuchon spécial évidé en son centre.

■ **Les zooms** et **téléobjectifs macro** figurent dans cette énumération d'accessoires, car il ne s'agit pas réellement d'optiques macro (excepté le 90-180 mm, signalé en page 60), mais d'une possibilité-gadget ajoutée à un objectif destiné à un autre usage. La formule n'est pratiquement jamais satisfaisante ailleurs qu'au centre de l'image. Ces optiques ne constituent qu'une solution de dépannage qui ne remplace pas vraiment les optiques spécialement calculées pour la macro, ni les accessoires énumérés ci-après.

■ **Les tubes-allonges**, ou bagues-allonges. Les possesseurs d'un boîtier à optiques interchangeables choisiront de préférence cette méthode pour aborder la photographie rapprochée de qualité, sans devoir trop investir. Il s'agit de tubes, ou de bagues, qui s'intercalent entre l'objectif et le boîtier utilisé, allongeant ainsi le tirage de l'objectif. On peut combiner 1, 2, 3, ou 5 tubes ou bagues de tailles différentes. Chaque montage permet la prise de vue à une distance fixe.

■ **Le soufflet** constitue l'élément indispensable à un travail de qualité en macrophotographie. Monté sur rails, entre deux supports sur lesquels se fixent d'un côté le boîtier, de l'autre l'objectif, il repose le plus souvent sur un chariot de mise au point. Le soufflet travaille comme les tubes ou les bagues-allonges, mais il autorise un réglage continu du tirage, millimètre par millimètre, ce qui permet des prises de vues à des distances variables.

En format 24 × 36 mm, avec un objectif de 85 mm de focale, on parvient au rapport × 2, avec un 50 mm on arrive à un rapport de × 3,5, puis 3,9 environ avec un 35 mm, et 6,5 environ avec un 28 mm.

Avec les courtes focales, on obtient un rapport d'agrandissement du sujet plus important encore en retournant l'objectif au moyen de la bague d'inversion. L'intérêt de cette dernière méthode, c'est qu'elle autorise une distance plus grande entre le sujet et l'avant du montage « soufflet + objectif + boîtier ». Lorsque l'on sait que pour ces focales, la distance se calcule en millimètres, on comprend mieux la valeur de cet avantage. On trouve ainsi pour le rapport × 3 et une mise au point à l'infini (∞), des distances de :
41 mm environ pour l'objectif de 50 mm inversé,
33 mm environ pour l'objectif de 50 mm normal,
35 mm environ pour l'objectif de 35 mm inversé,
3 mm environ pour l'objectif de 35 mm normal,
33 mm environ pour l'objectif de 28 mm inversé,
5,5 mm environ pour l'objectif de 28 mm normal.

Le soufflet peut être monté sur un support vertical avec un plateau et il se transforme ainsi en petit banc de reproduction.

Les meilleurs soufflets sont automatiques et munis d'un double déclencheur. On voit même apparaître quelques soufflets avec décentrement et bascule (une solution à généraliser au plus vite, puisqu'elle permet de réaliser partiellement les effets réservés jusqu'ici aux chambres professionnelles de grand format).

■ **Le reprodia** est un dispositif qui se présente, soit sous la forme d'un accessoire qui se fixe au bout de l'objectif, lui-même monté sur un soufflet, soit comme un accessoire optique indépendant qui prend la place de l'objectif sur l'appareil (dupli-zoom). Le manque de possibilités réelles de recadrage, ainsi que la qualité moyenne de la copie obtenue avec ces

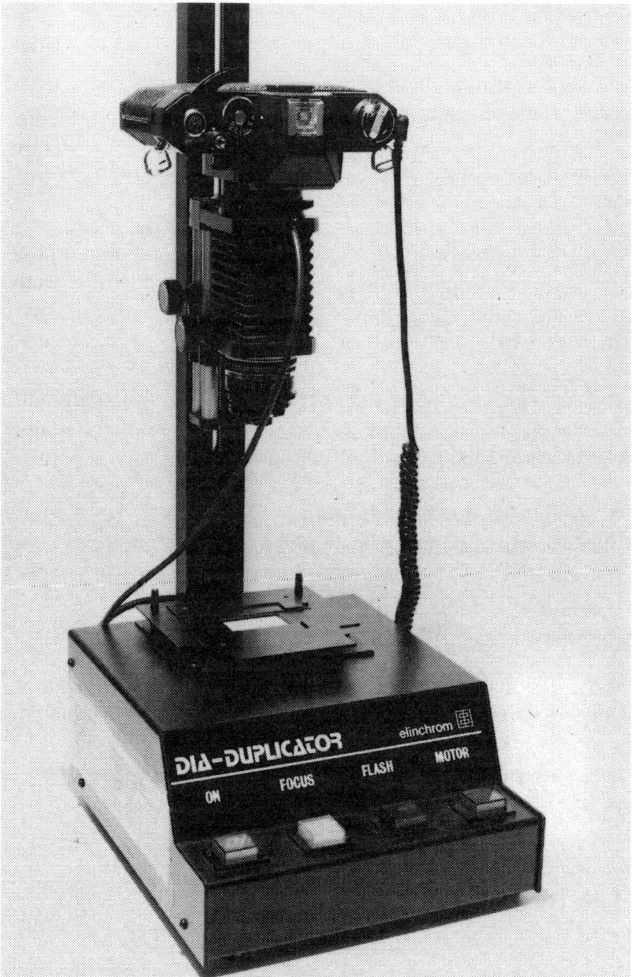

Reprodia Elinchrom (voir pages 72 et 194)
Appareil : Zenza Bronica ETR 4,5 × 6 cm — *Objectif* : Zenzanon 75 mm f/2,8
Eclairage : Lampe Kobold 500 watts (voir page 79) f/22 — *Film* : Ilford FP 4

systèmes, limitent leur usage à la seule copie de diapositives ou de négatifs courants.

Plus intéressants, mais plus coûteux, s'avèrent être les dispositifs reprodia fabriqués par les firmes Elinca (Reprodia Elinchrom) et Bowens (Bowens Illumitran). Ces appareils rendent possibles les réductions et les agrandissements importants tout en apportant, en exclusivité, la possibilité de modifier à volonté le contraste et le filtrage de la copie produite. Le problème posé jusqu'alors par l'inéluctable montée du contraste lors d'une opération de reproduction, trouve ainsi une solution complète et satisfaisante (voir également en page 194).

■ **L'adaptateur pour microscope** sert d'intermédiaire entre l'appareil photographique et un microscope ordinaire. L'amateur accède ainsi à la microphotographie.

■ **Les statifs de reproduction** existent sous diverses formes plus ou moins complexes. D'une manière générale, ils comportent un plateau porte-sujet, une colonne verticale supportant le boîtier photographique et deux ou quatre bras articulés portant les sources d'éclairage du plateau (voir en page 192).

■ **Le flash annulaire,** précieux accessoire en macrophotographie de petits sujets, se trouve décrit en page 77.

■ **La loupe de visée** et le **viseur coudé** ont été présentés en p. 66.

Les flashes et les lampes

L'éclairage a toujours constitué un problème en photographie. Des débuts héroïques où l'on enflammait la poudre de magnésium à la main jusqu'aux actuels flashes électroniques de studio avec lampe de mise au point incorporée et intensité variable, de nombreuses solutions furent expérimentées.

Aujourd'hui, subsistent sur le marché :

■ **Les lampes en cubes** pour appareils bon marché. On obtient quatre éclairs lorsque tout marche bien. La portée efficace ne dépasse guère 3 ou 4 mètres suivant les conditions ambiantes (murs clairs ou foncés, etc.).

■ **Les batteries de lampes** en cubes ou en barrettes dont le conditionnement augmente un peu les possibilités des appareils économiques.

■ **Les flashes électroniques simples** dont les possibilités ne sont plus compétitives.

■ **Les flashes électroniques à computer** et récupérateur de l'énergie inutilisée. Ils s'imposent sur le marché par leurs possibilités étendues et un prix sans cesse plus favorable.

Ce livre ne nous permet pas d'entrer dans les détails de conception des divers flashes. Précisons simplement que l'utilisateur se voit maintenant libéré de bon nombre de calculs fastidieux.

Il lui suffit de brancher son flash sur le sabot-contact du boîtier (solution de dépannage à déconseiller en raison de la mauvaise qualité de l'éclairage ainsi engendré), ou en extension. La firme américaine New Ideas Inc. a commercialisé un raccord à quatre contacts réalisant tous les couplages automatiques sur des boîtiers sophistiqués.

Sur tous ces appareils, une fois que l'utilisateur a programmé la sensibilité du film utilisé, ainsi que le diaphragme choisi (lorsque cela est possible), les flashes modernes commutent automatiquement la vitesse de synchronisation du boîtier au moment où ils sont prêts à libérer l'éclair. Tant que leur recharge n'est pas achevée, c'est l'automatisme de l'appareil qui détermine l'exposition.

Avec les boîtiers mécaniques et un flash à computer, la marche à suivre est la suivante :
— raccorder et brancher le flash,
— placer l'inverseur en position automatique,

— programmer la sensibilité ISO du film utilisé, à la fois sur le flash et sur le boîtier,
— choisir un diaphragme automatique, en fonction de la distance flash-sujet et de la profondeur de champ souhaitée, et le reporter sur l'appareil (cela bien entendu s'effectue si le flash employé en offre la possibilité. Dans le cas contraire, choisir et afficher sur le boîtier le diaphragme correspondant à la distance flash-sujet),
— afficher sur le boîtier la vitesse de synchronisation (1/60, ou plus jusqu'au 1/250 selon les appareils), ou une vitesse inférieure selon les effets souhaités,
— déclencher.

Remarque : les récupérateurs d'énergie autorisent aujourd'hui la prise de vues motorisée au flash à une cadence de 5 images-secondes environ à faible distance.

A l'achat d'un flash, et suivant les disponibilités financières, il faut choisir de préférence un modèle à nombre-guide élevé, gage de puissance.

Attention : le nombre-guide se calcule pour 100 ISO, mais certains fabricants l'annoncent pour 400 ISO, afin de « gonfler » les performances apparentes de leurs flashes de bas de gamme.

Outre la puissance, il est préférable de disposer d'un flash doté de plusieurs diaphragmes automatiques et couvrant un angle suffisant pour être associé à un objectif grand-angulaire (le 24 mm de préférence). Enfin, le « nec plus ultra » en la matière s'avère être une cellule détachable. On fixe alors la cellule du flash sur le sabot-contact et porte-accessoires du boîtier et l'on utilise le flash en extension.

Pour mieux comprendre l'avantage de ce système, examinons un peu comment fonctionne le **flash à computer**.

Au moment du déclenchement, l'éclair du flash est libéré. La lumière (qui parcourt environ 300 000 km à la seconde) frappe le sujet. Une partie de la lumière se perd, mais la plus grande part fait ricochet et revient vers l'appareil où elle est mesurée par la cellule photo-sensible du computer. Lorsque la quantité de lumière nécessaire pour assurer une exposition correcte de la pellicule utilisée est atteinte, le computer interrompt l'éclair du flash et l'énergie inutilisée est récupérée et stockée pour le prochain usage.

On perçoit très vite l'intérêt que présente la cellule détachable dans le cas de l'éclair indirect (bounce flash) où la lumière du flash ne frappe le sujet qu'après réflexion sur un mur ou au plafond. La cellule ne mesurant que la quantité de lumière réfléchie par le sujet, il n'est plus nécessaire de connaître la distance totale parcourue par l'éclair.

Lorsque l'on désire travailler avec deux ou plusieurs flashes simultanément, on peut utiliser une cellule de synchronisation (voir page 65).

■ Divers modèles de flashes spécialisés

Outre les flashes classiques, nous pouvons relever l'existence de modèles particuliers, tels que :

— les **flashes annulaires** dont le tube émetteur de lumière prend une forme d'anneau qui se fixe à l'extrémité de l'objectif. Un accumulateur-condensateur se porte en bandoulière. Il s'utilise idéalement avec une optique de 100 à 200 mm de focale ;

— les **flashes sous-marins**, étanches destinés à la photographie sous la mer ;

— les **flashes infrarouges** (tels que le Sunpak Nocto) dont l'éclair est bien entendu invisible à l'œil et qui s'emploie pour exposer une pellicule infrarouge (voir page 84).

Il existe également un complément maxi-flash pour la chasse photographique nocturne à longue distance. Dès la Photokina 1978, la firme Metz a présenté un accessoire pour son modèle 45 CT. Ce complément à lentille de Fresnel concentre l'éclair produit dans un angle de 19 × 13°, ce qui lui permet d'atteindre une portée de 75 mètres environ. Un filtre spécial lui permet également de travailler en infrarouge.

■ L'alimentation des flashes

Pour en terminer avec les flashes électroniques, on peut constater que leur énergie provient soit de piles sèches, soit d'accumulateurs rechargeables sur une prise de courant électrique ordinaire.

Les accumulateurs sont habituellement du type nickel-cadmium. Certains modèles utilisent encore des accumulateurs au plomb que l'on doit régulièrement remplir d'eau distillée. Des billes flottantes, au nombre de trois, indiquent alors le niveau de charge. Un tiers de la charge est épuisé lorsque la première bille coule et ainsi de suite.

■ Les lampes à incandescence

En studio, on utilise deux types d'éclairage : les flashes électroniques ou les lampes à incandescence de type « survoltées ». Les lampes de cette nature fournissent un éclairage continu d'une température de couleur de l'ordre de 3 200 degrés Kelvin, 3 400° ou encore 5 000°. Il faut donc les choisir en fonction du travail à réaliser et du film utilisé.

Leur plus grand défaut réside dans leur faible durée de vie (quelques heures en moyenne), qui rend leur coût prohibitif. Elles utilisent, de plus, une énergie considérable.

L'amateur a tout intérêt à travailler plutôt avec un ou plusieurs flashes électroniques, ou encore avec des lampes quartz-halogène qui sont vendues pour le cinéma et la vidéo.

Il existe des valises compactes (Kobold, notamment) comprenant tout le nécessaire (lampes, trépieds légers, parapluie, coupe-flux, verres de protection etc.) à des prix très intéressants.

La courroie

La courroie, livrée avec le boîtier, présente un désavantage lors d'un emploi intensif de l'appareil : elle irrite le cou du photographe, par son incessant frottement. On peut améliorer les choses en répartissant le poids supporté sur une grande surface.

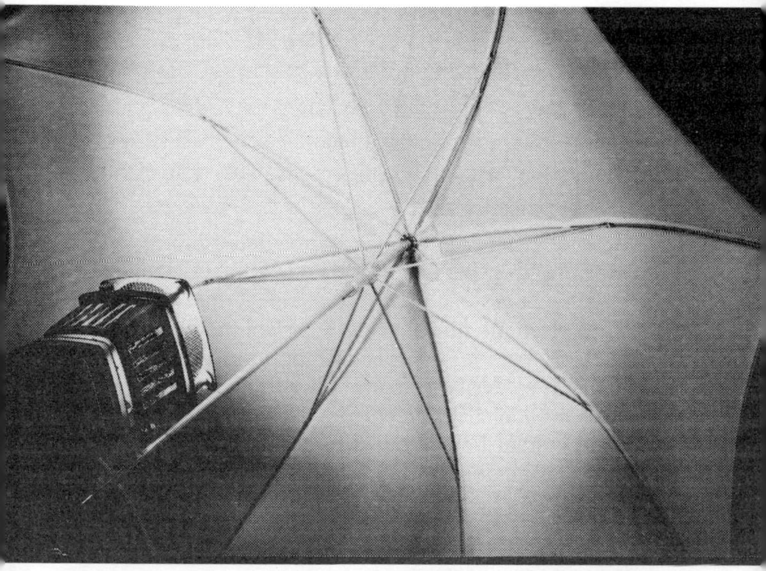

Lampe Kobold avec parapluie pour éclairage indirect diffus (voir pages 78 et 146)
Appareil : Zenza Bronica ETR 4,5 × 6 cm — *Objectif :* Zenzanon 75 mm f/2,8 — *Film :* Ilford FP 4

On recourt pour ce faire à une courroie large en coton décoré, en velours, ou en cuir.

La dragonne, assurant l'appareil autour du poignet s'avère moins fiable et ne peut être recommandée que pour les boîtiers de poche.

Le fourre-tout

Il s'agit d'un important accessoire en photographie dès que l'on possède un peu plus de matériel que le boîtier de base avec son optique.

Faut-il choisir un fourre-tout souple ou rigide ? Les avis divergent. Un sac rigide protège mieux l'équipement, mais est plus lourd à porter. La décision dépendra donc de ce critère : voyage-t-on souvent ? La rigidité est alors de rigueur. Ou marche-t-on longtemps dans la nature ? Et la légèreté s'impose.

Une solution pour les grandes randonnées consiste à utiliser un sac de montagne, peu élégant, certes, mais vaste et équilibrant bien la charge.

Pour le matériel photographique, la meilleure protection est assurément fournie par les valises métalliques étanches à l'eau et à la poussière. Elles contiennent une couche de mousse de plastique que l'on découpe soi-même à la taille exacte de son matériel. On peut les porter à la main ou en bandoulière. Il en existe des sombres, plus discrètes, mais qui emmagasinent la chaleur du soleil, et d'autres en aluminium brillant qui attirent l'attention, mais réfléchissent une bonne part du rayonnement solaire.

Quel que soit le choix arrêté, il vaut mieux prévoir un fourre-tout de taille suffisante pour accepter un complément ultérieur de son équipement.

Quel matériel se procurer ?

On me pose souvent cette question en s'imaginant qu'il existe une réponse toute prête.

En fait, ce n'est pas si simple. Seul le photographe (ou futur photographe) concerné peut y répondre. Cela dépend de divers critères que j'énumère de suite :

— *quel genre de photos* veut-on réaliser ? Les exigences du portrait, du paysage, de la macrophotographie, de la chasse animalière ou de la photo de reportage en faible lumière, divergent notablement ;

— avec *quels films* compte-t-on travailler ? Avec des diapositives (et le 35 mm suffit, et même s'impose en raison des multiples systèmes audiovisuels disponibles sur le marché), des négatifs noir/blanc (et c'est le format d'agrandissement souhaité qui déterminera le format du film à utiliser, et donc le système ou l'appareil qui convient), des négatifs couleurs (et c'est le même problème ; jusqu'au format 30 × 40 cm le film 24 × 36 mm peut convenir, au-delà, il faut employer du film 120), ou encore des films instantanés (et il reste alors à déterminer si l'on désire ou non un négatif réutilisable et c'est le système Polaroïd qui s'impose) ?

— à *quelle fréquence* travaille-t-on et dans *quelles conditions* ? Si l'on prend beaucoup de photos, et dans des conditions difficiles, un boîtier professionnel, simple mais robuste, doit avoir la préférence, malgré son prix. Accorde-t-on plus d'importance à la polyvalence (spécialité du format 24 × 36 mm), ou à l'étanchéité (et c'est alors le Nikonos que l'on retiendra) ?

— enfin, de *quel budget* dispose-t-on ? Il faut remarquer, à ce propos, qu'il vaut souvent mieux attendre un peu et se procurer un matériel donnant toute satisfaction que d'acquérir de suite un équipement en fonction du montant immédiatement disponible.

Dans le cas où le choix se porte sur un appareil à système, voici quelques combinaisons possibles en format 24 × 36 mm et en moyen format (4,5 × 6 cm, et 6 × 6 cm).

Comme nous pensons que chaque photographe se spécialise peu ou prou avec le temps, nous ne parlerons que de l'équipement de base propre à faciliter les débuts et suffisant pour la photographie courante.

■ En format APS

Un boîtier réflex équipé d'un flash et d'un zoom, dont la focale varie de 22 à 100 mm environ, s'avérera suffisant pour couvrir plus de 90 % des besoins.

■ En format 24 × 36 mm

Variante 1 : 1 boîtier réflex à optiques interchangeables,
1 zoom 35-70 mm ou équivalent,
le set d'accessoires (voir ci-après).

Variante 2 : 1 boîtier réflex à optiques interchangeables,
1 objectif de 28 mm (ou de 24 mm),
1 objectif de 50 mm ouvrant au moins à f/1,7 ou f/1,8 (le mieux serait f/1,4),
1 zoom 80-200 mm ou équivalent,
le set d'accessoires.

Variante 3 : 1 boîtier réflex à optiques interchangeables,
1 zoom 24-50 mm ou équivalent,
1 zoom 80-200 mm ou équivalent,
le set d'accessoires.

Variante 4 : 1 boîtier réflex à optiques interchangeables,
1 objectif de 28 mm (ou de 24 mm),
1 objectif de 50 mm (assez ouvert),
1 objectif de 85 mm (ou de 100 mm),
1 objectif de 200 mm,
le set d'accessoires.

Dans chacune de ces variantes, il convient de rajouter *les accessoires* suivants : 1 parasoleil par objectif, 1 filtre skylight ou anti-UV (traité multi-couches, comme le Hoya HMC 1 B ou les Vivitar) par objectif, 1 filtre orange (pour le ciel en noir/blanc), 1 filtre polarisant, 1 déclencheur souple, 1 trépied de poche, 1 bague-allonge de taille moyenne (ou le jeu complet), 1 pinceau-souffleur, 1 chiffon antistatique, 1 jeu de papiers pour nettoyer les optiques, 1 mini-tournevis, 1 fourre-tout.

Il est bien évident que ce matériel peut être acheté par étapes et se compléter en fonction des besoins.

■ En format 4,5 × 6 cm, ou 6 × 6 cm

En moyen-format, l'équipement peut se résumer à deux variantes :

Variante 1 : 1 boîtier réflex avec optiques et dos-magasins interchangeables (pour pouvoir passer rapidement de la couleur au noir/blanc, ou au film Polaroïd), 1 objectif standard de 75 ou 80 mm, 2 dos-magasins pour films 120 (ce film est plus résistant que le 220), le set d'accessoires déjà énumérés pour le format 24 × 36 mm (attention :

les bagues-allonges pour les boîtiers utilisant des optiques à obturateurs centraux coûtent assez cher).

Variante 2 : le même boîtier que ci-dessus,
1 objectif standard de 75 ou 80 mm,
1 objectif grand-angle de 40 ou 50 mm,
1 petit téléobjectif de 150 ou 200 mm,
2 ou plusieurs dos-magasins 120, ou Polaroïd,
1 bague-allonge de taille moyenne,
le set d'accessoires.

■ **En photographie numérique**

La qualité relative des photoscopes destinés au grand public oblige à choisir un appareil dont la définition (mesurée en nombre de pixels) est la plus grande possible. De préférence, choisir un modèle équipé d'un zoom transstandard (du grand-angle au petit téléobjectif, de 7 à 21 mm, par exemple).

Les films

Les tableaux des pages suivantes vous présentent la plupart des films actuellement disponibles, avec leurs caractéristiques. On distinguera six catégories.

■ **Les films à très faible sensibilité** (de 6 à 25 ISO) sont essentiellement destinés à la reproduction de documents et aux arts graphiques. Ils sont peu nombreux en conditionnement au format 24 × 36 mm, et ils n'existent pas en chargeurs APS. Leur contraste atteint un haut degré, alors que leur granulation demeure très faible. On doit les exposer avec précision.

Certains de ces films sont orthochromatiques, c'est-à-dire que le rouge ne les impressionne pas. Tous les autres films sont panchromatiques et leur sensibilité s'étend à toutes les couleurs du spectre visible.

■ **Les films à faible sensibilité** (de 25 à 64 ISO) permettent les meilleurs rapports d'agrandissement en raison de leur faible granulation et de leur contraste encore élevé. Ils doivent être exposés avec une certaine précision.

■ **Les films à sensibilité moyenne** (de 80 à 200 ISO) couvrent la plupart des besoins courants. Leur granulation reste moyenne, tout comme leur contraste. Leur exposition bénéficie d'une certaine latitude (voir page 94) et on peut en tirer des agrandissements intéressants (30 × 40 cm en format 24 × 36 mm).

■ **Les films à haute sensibilité** (de 320 à 800 ISO) s'utilisent en conditions de faible luminosité. Ils bénéficient d'une très large tolérance d'exposition, mais ne peuvent éviter une forte granulation et un contraste assez faible.

■ **Les films à très haute sensibilité** (de 1000 à 3200 ISO) sont réservés aux photographies à réaliser dans des conditions de lumière catastrophiques, lorsque la valeur du document importe plus que sa qualité. La granulation est très forte, contrairement au contraste qui apparaît très faible. Ces films demandent également une pose précise.

■ **Les films sensibles aux rayonnements infrarouges**. A notre connaissance, seuls les Russes et les Américains (Kodak) fabriquent de telles pellicules essentiellement destinées aux usages militaires. On peut cependant les employer pour repérer des feuillages malades ou morts, pour réaliser des effets spéciaux (en couleurs, notamment), ou pour percer la brume (en noir/blanc). La définition et le contraste de ces films demeurent assez moyens.

Tableau des films instantanés courants (Polaroïd, Fuji)

Dénomination	Type	Vues	Sensibilité	Format
Fuji FP 100 B	Photo n/b	10	100	85 × 108 mm
Fuji FP 3000 B	Photo n/b	10	3 200	85 × 108 mm
Fuji FP 100 C	Couleurs	10	100	85 × 108 mm
Fuji FP 100 C Silk	Couleurs	10	100	85 × 108 mm
Fuji FP 100 C 45	Couleurs	10	100	4 × 5 inches
Fuji FP 100 C 45 Silk	Couleurs	10	100	4 × 5 inches
Polapan CT	Dias n/b	12/36	125	24 × 36 mm
Polagraph HC	Dias n/b trait	12	400	24 × 36 mm
Polachrome CS	Dias couleurs	12/36	40	24 × 36 mm
Polachrome HCP	Dias couleurs	12	40	24 × 36 mm
Polablue BN	Dias bleu/blanc	12	8	24 × 36 mm
Supercolor 600	Couleurs	8		85 × 85 mm
SX70	Couleurs	10	100	80 × 80 mm
Image System	Couleurs			100 × 100 mm

Code : 1 = format APS
2 = format 135 (24 × 36 mm)
3 = format 120 (4,5 × 6 cm ou 6 × 6 cm)
4 = film en bobine (au mètre)
5 = plan-films

Tableau des films négatifs noir/blanc courants

Marque	Dénomination	Sensibilité ISO Jour	Sensibilité ISO lum. artif.	Définition paires de lignes/mm	Conditionnement (voir code)
Agfa	Agfaortho 25 Pro	25	25	350	2, 3, 4
Kodak	Kodalith Ortho 3	12	12		4, 5
Kodak	Technical Pan	25/200	25/200	400	2, 3, 5

Marque	Dénomination	Sensibilité ISO Jour	Sensibilité ISO lum. artif.	Définition paires de lignes/mm	Conditionnement (voir code)
Agfa	Agfapan APX 25 Pro	25	25	200	2, 3, 4
Ilford	Pan F Plus	50	50		2, 3, 4
Agfa	Agfapan APX 100 Pro	100	100	150	2, 3, 4, 5
Ilford	Delta 100	100	100		2, 3, 5
Kodak	T-Max 100	100	100	200	2, 3, 4, 5
Ilford	FP4 Plus	125	125		2, 3, 4, 5
Kodak	Plus X 125 Pro	125	125	125	2, 3, 4, 5
Agfa	Agfapan APX 400 Pro	400	400	110	2, 3, 4, 5
Ilford	Delta 400	400	400		2, 3, 5
Ilford	HP5 Plus	400	400		2, 3, 4
Kodak	Tri X Pan Pro	320	320		3, 5
Kodak	Tri X 400 Pro	400	400	100	2, 3, 4
Kodak	T-Max 400 Pro	400	400	125	2, 3, 4, 5
Kodak	Recording 2475	1 000	1 000	63	2
Fuji	1600 Professional	1600	1600		2
Kodak	TMax 3200	3 200	3 200	125	2
Agfa	Variospeed	400	200-3200		2
Ilford	XP-2	400	200-1600		2
Ilford	Infrared SFX 200	50-100	50-100		2
Kodak	High Speed Infrared	10-25-50-80	200	80	2,5
Konica	Infrared 750	12,5-25	12,5-25		2

Remarque : les amateurs de diapositives noir/blanc disposent d'une pellicule inversible Agfa Scala 200 pour l'usage courant.

Tableau des films inversibles couleurs courants (type jour)

Marque	Dénomination	Sensibilité ISO Jour	Sensibilité ISO 3200°K + 80A	Sensibilité ISO 3400°K + 80B	Définition paires de lignes/mm	Conditionnement (voir code)
Kodak	Kodachrome 25 Pro	25	6	8	100	2
Agfa	Agfachrome RSX 50 Plus Pro	50				2
Fuji	Fujichrome 50 D Professional	50	12	16		2, 3, 5
Kodak	Elite II 50	50				2
Kodak	Ektachrome Panther 50 Pro	50				2, 3, 4
Kodak	Ektachrome Panther 50 X Pro	50				2, 3
Kodak	Kodachrome 64 Pro	64	16	20	100	2
Kodak	Ektachrome 64 Pro	64	16	20	125	2, 3, 4, 5
Kodak	Ektachrome 64 X Pro	64	16	20	125	2, 3
Agfa	Agfachrome CTx 100	100				2
Fuji	Fujichrome 100 D Professional	100	25	32		2, 3, 5
Fuji	Fujichrome Sensia 100	100				2
Fuji	Fujichrome Astia 100 Professional	100				2

Marque	Dénomination	Sensibilité ISO Jour	Sensibilité ISO 3200°K + 80A	Sensibilité ISO 3400°K + 80B	Définition paires de lignes/mm	Conditionnement (voir code)
Kodak	Advantix Chrome 100	100				1
Kodak	Elite II 100	100				2
Kodak	Ektachrome E 100	100	25	32	100	2, 3, 5
Kodak	Ektachrome 100 Plus Pro	100	25	32		2, 3, 4, 5
Konica	R-100	100				2
Agfa	Agfachrome CTx 200	200				2
Agfa	Agfachrome RSX 200 Plus Pro	200				2
Fuji	Fujichrome Sensia 200	200				2
Kodak	Elite II 200	200				2
Kodak	Kodachrome 200 Pro	200	50	64		2
Kodak	Ektachrome 200 Pro	200	50	64	125	2, 3, 4, 5
Kodak	Ektachrome Panther 200 X Pro	200				2
Fuji	Fujichrome Sensia 400	400				2
Fuji	Fujichrome 400 D Professional	400	100	125		2, 3, 5
Kodak	Elite II 400	400				2
Kodak	Ektachrome Panther 400 X Pro	400				2, 3
Kodak	Ektachrome Panther P1600 X Pro	1600				2

Marque	Dénomination	Sensibilité ISO Jour	Sensibilité ISO 3200°K + 80A	Sensibilité ISO 3400°K + 80B	Définition paires de lignes/mm	Conditionnement (voir code)
Fuji	Fujichrome P 1600 D Professional	1600-4800	400			2
Kodak	Ektachrome Infrared	100			63	2

Tableau des films inversibles couleurs (type lumière artif.)

Marque	Dénomination	Sensibilité ISO 3200°K	Sensibilité ISO 3400°K + 81A	Sensibilité ISO Jour + 85B	Définition paires de lignes/mm	Conditionnement (voir code)
Fuji	Fujichrome 64 T Professional	64				2, 3, 5
Kodak	Ektachrome 64 T Pro	64	50	40		2, 3, 4, 5
Kodak	Ektachrome 160 T Pro	160	125	100	125	3
Kodak	Ektachrome 320 T Pro	320				2
Fuji	Fujichrome Duplicating (CDU)					5
Kodak	Ektachrome Slide Duplicating	8**		**	125	2, 3, 5

Remarques :

— Le film Kodachrome 40 est équilibré pour une lumière de 3 400°K avec laquelle il s'utilise sans filtre. A 3 200°K il nécessite un filtre 82 A, et en lumière du jour un 85 B.

— L'Ektachrome Slide Duplicating s'emploie avec un temps d'exposition de 1/1000e de seconde au flash électronique et avec filtrage. Un temps de 1 seconde s'impose avec une lampe à incandescence. Le diaphragme se détermine par une série d'essais.

Tableau des films négatifs couleurs courants

Marque	Dénomination	Sensibilité ISO Jour	Sensibilité ISO 3200°K + 80A	Sensibilité ISO 3400°K + 80B	Définition paires de lignes/mm	Conditionnement (voir code)
Kodak	Royal Gold 25	25				2, 3
Konica	Impresa 50 Professional	50				2
Agfa	Futura 100	100				1
Agfa	Agfacolor HDC 100	100				2
Fuji	Fujicolor Nexia D 100	100			125	1
Fuji	Fujicolor Nexia F 100	100				1
Fuji	Fujicolor Reala II	100				2
Fuji	Fujicolor Super G Plus 100	100				2
Fuji	Fujicolor Super HG 100	100				2, 3
Kodak	Advantix 100	100				1
Kodak	Ektapress Gold II 100 Pro	100	25	32		2
Kodak	Royal Gold 100	100				2
Konica	VX 100	100				2
Agfa	Agfacolor Optima 125 Pro	125				2
Fuji	Fujicolor NPS 160 Professional	160				2, 3, 5
Fuji	Fujicolor NPL 160 Professional	160				2, 3, 5

Marque	Dénomination	Sensibilité ISO Jour	Sensibilité ISO 3200°K + 80A	Sensibilité ISO 3400°K + 80B	Définition paires de lignes/mm	Conditionnement (voir code)
Kodak	Véricolor 160 Pro	160	40	50	100	2, 3, 4, 5
Konica	SR-G 160 Professional	160				2
Agfa	Futura 200	200				1
Agfa	Agfacolor HDC 200	200				2
Agfa	Agfacolor Optima 200 Pro	200				2
Fuji	Fujicolor Nexia A200	200				1
Fuji	Fujicolor Super G Plus 200	200				2
Fuji	Fujicolor Super HG 200	200				2, 3
Kodak	Advantix 200	200				1
Kodak	Royal Gold 200	200				2
Konica	JX 200	200				1
Konica	VX 200	200				2
Agfa	Futura 400	400				1
Agfa	Agfacolor Optima 400 Pro	400				2
Agfa	Agfacolor HDC 400	400				2
Fuji	Fujicolor Nexia H400	400				1
Fuji	Fujicolor Super G Plus 400	400				2

Marque	Dénomination	Sensibilité ISO Jour	Sensibilité ISO 3200°K + 80A	Sensibilité ISO 3400°K + 80B	Définition paires de lignes/mm	Conditionnement (voir code)
Fuji	Fujicolor Super HG 400	400				2, 3
Fuji	Fujicolor NPH 400 Professional	400				2
Kodak	Advantix 400	400				1
Kodak	Véricolor 400 Pro	400	100	125		2, 3
Kodak	Ektapress Gold II 400 Pro	400	100	125		2
Kodak	Ektacolor Gold II 400 Pro	400	100	125		2, 3
Kodak	Royal Gold 400	400				2
Konica	JX 400	400			100	1
Konica	VX 400	400				2
Fuji	Fujicolor Super G Plus 800	800				2
Kodak	Royal Gold 800	800				2
Kodak	Ektapress Multispeed	640-1600				2
Kodak	Royal Gold 1000	1000				2
Agfa	Agfacolor XRS 1000 Pro	1000	250	320		2, 3
Fuji	Fujicolor Super HG 1600	1 600				2, 3

Marque	Dénomination	Sensibilité ISO Jour	Sensibilité ISO 3200°K + 80A	Sensibilité ISO 3400°K + 80B	Définition paires de lignes/mm	Conditionnement (voir code)
Kodak	Ektapress Gold II 1600 Pro	1 600	400			2
Konica	SR-G 3200 Professional	3 200				2

Remarque : le film Konica SR-G 3200 donne de meilleurs résultats s'il est exposé à 2000 ISO plutôt qu'à 3200.
Les films Kodak Royal Gold s'appellent Ektar en France et en Belgique.

■ Echelle de comparaison du pouvoir séparateur

Insuffisant	0 à 49 paires de lignes/mm
Peu élevé	50 à 69 paires de lignes/mm
Moyen	70 à 99 paires de lignes/mm
Bon	100 à 139 paires de lignes/mm
Très bon	140 à 219 paires de lignes/mm
Excellent	220 et plus paires de lignes/mm

Cette échelle indique la mesure dans laquelle un film est capable de restituer les détails fins de l'image enregistrée.

■ Surfaces totales des films

Formats	*mètre carré*
APS/15	
APS/25	
APS/40	
135/12	0,022
135/20	0,032
135/36	0,050
120	0,050
220	0,100

Le nouveau format n'est pas encore destiné à un usage amateur pour le travail de laboratoire.

Cette indication est indispensable pour connaître le moment où un bain de traitement s'épuise.

Latitude de pose

La latitude de pose est une faculté qu'ont certains films de supporter une exposition différente de celle exigée par leur sensibilité originelle.

Il faut constater ici que la latitude de pose varie avec le contraste. Elle est peu importante avec des films de faible sensibilité, dont le contraste atteint par contre un niveau élevé. Les films très sensibles acceptent des expositions inexactes dans une plus grande proportion. Mais c'est avec les films courants de moyenne sensibilité que l'on obtient les meilleures tolérances d'exposition.

Relevons également que les films noir/blanc ont une latitude de pose supérieure à celle des films couleurs.

Enfin, il convient de dire que la latitude de pose d'un film donné dépend en fait du révélateur qui sera ensuite utilisé pour le développer, ainsi que des conditions dans lesquelles ce traitement sera effectué (voir tableau des pages 266 et 267). On peut soit prolonger le temps de développement dans le révélateur, soit utiliser un révélateur spécial, tels que l'Acufine de Baumann, le Microphen d'Ilford, le D-76 de Kodak, ou l'Acuspeed de Paterson, soit encore combiner les deux moyens.

Il faut noter qu'un développement poussé engendre automatiquement une augmentation du grain (sauf pour le film Ilford XP-2) et du contraste, ainsi que l'apparition progressive d'un voile.

Pour que l'on puisse encore obtenir au moment du tirage des photos toutes les valeurs enregistrées à la prise de vue, il faudra choisir des sujets de moins en moins contrastés pour un indice de pose de plus en plus élevé.

A condition de ne pas exiger une qualité absolue de l'image finalement produite, on peut dire que les films noir/blanc acceptent couramment des différences de 1 à 3 diaphragmes en plus ou en moins (exemple : le film HP 5 d'Ilford peut être utilisé de 200 à 1 600 ISO sans gros problèmes). Il en va de même pour les films dits « vario-speed » tels que l'Ilford XP-2 ou l'Agfa Vario-Speed.

En couleurs, la latitude de pose s'avère inférieure avec les films de faibles et moyennes sensibilités (tolérance de – 1/2 à + 1/2 diaphragme, soit de 75 à 150 ISO pour un film de 100 ISO), et meilleure avec les films de hautes sensibilités (tolérance de – 1 à + 2 diaphragmes, soit de 200 à 1 600 ISO pour un film de 400 ISO). Exemple : le Kodak Multispeed.

Ces indications ne tiennent pas compte de la norme théorique, mais des résultats de la pratique amateur courante. Il demeure qu'un film gagne en qualité lorsqu'on l'expose avec précision en suivant les indications du fabricant.

Détails importants : les nouveaux films à grains fins ne devraient pas être « poussés ». Par ailleurs, si l'on a « poussé » un film et qu'on ne le développe pas soi-même, il faudra indiquer visiblement, sur la cartouche ou sur l'emballage, la sensibilité ISO utilisée lors de la prise de vues.

Par la même occasion, nous venons d'indiquer comment « pousser » un film. Il suffit de modifier l'indication de la sensibilité ISO sur le posemètre indépendant ou sur le boîtier photographique. On expose ensuite toutes les vues d'un même film à cette nouvelle sensibilité. Si l'on augmente la sensibilité (400 ISO au lieu de 200, par exemple), on *sous-expose* en fait le film et inversement.

L'achat de films en gros

Si l'on dispose d'un réfrigérateur point trop encombré, il est judicieux d'acheter sa pellicule favorite en grosse quantité.

En veillant à ce que toutes les boîtes portent le même numéro d'émulsion (ce qui indique qu'elles proviennent toutes d'un même lot de fabrication), on sera ainsi assuré d'obtenir des résultats constants et comparables.

La conservation à basse température (– 18 à – 23°C), et à un taux d'humidité moyen (50 %), de films conservés dans leur emballage d'origine, étanche, interrompt le processus de maturation de la pellicule sensible.

La seule précaution à prendre lorsqu'on veut utiliser les films ainsi entreposés consiste à les sortir du congélateur deux à trois heures avant l'emploi pour les ramener progressivement à la température ambiante.

■ Origine des films Kodak

La firme Kodak fabrique ses pellicules aux USA, au Canada, en Grande-Bretagne, en France, etc. Si l'on veut éviter des différences de résultats, on veillera, lors de l'achat, à prendre des films de même origine.

Pour identifier la provenance d'une pellicule développée, Kodak dispose d'un code : un point change de place dans l'inscription « Kodak safety film » :

S.afety = USA	Sa.fety = Canada
Saf.ety = G-B	Safe.ty = France
Safet.y = Australie	Safety = Mexique

■ Rationalisation

Pour gagner de la place et du temps, ainsi que pour s'épargner erreurs et soucis, on peut supprimer les emballages cartons et garder les films dans des boîtes plastiques étanches (comme celles qu'utilisent les marques Fuji, Ilford ou Kodak).

Il suffit de marquer chaque emballage avec un morceau de toile isolante (une couleur par type de film, par exemple) sur lequel on peut écrire les informations que l'on juge indispensables (nombre de vues, ou sensibilité ISO, etc.).

Une fois le film exposé, on arrache l'étiquette pour pouvoir distinguer les films vierges des autres.

L'achat de films au mètre

En format 24 × 36 mm, on peut sensiblement abaisser le coût de la pellicule en l'achetant en bobines de 5, 17, 25 ou 30 mètres (suivant les fabricants) et en le bobinant soi-même dans les cartouches. Suivant les films, l'économie peut atteindre 30 % environ.

Pour ce travail, il n'est besoin que d'une bobineuse autorisant les manipulations en lumière normale. Il en existe divers modèles, plus ou moins onéreux (le Computrol de la firme Restem Ltd, Tel Aviv, est un modèle économique comme le Premier 1350, ou le Watson 100).

Ces appareils, dont le faible coût se compense vite, comprennent un compartiment-dévideur étanche à la lumière (et qui reçoit le rouleau de pellicule vierge dans une totale obscurité), un compartiment de travail en lumière normale (où se

Hérémence

Appareil : Zenza Bronica ETR 4,5 × 6 cm — *Objectif :* Zenzanon 75 mm f/2,8

place la cartouche vide une fois qu'on y a accroché le début du film), une manivelle de bobinage, un décompteur de 20 à 36 vues, un décompteur-totalisateur indiquant la quantité de film encore disponible.

On peut également se passer de bobineuse et travailler à la main dans l'obscurité totale. Il suffit de mesurer une longueur de 82 cm ou une de 51 cm sur un fil ou une baguette servant d'étalon, ce qui permet, par comparaison, d'obtenir les 164 cm de longueur d'un film 135/36, ou les 102 cm d'un film 135/20 (amorces comprises).

Expériences faites, il s'avère préférable de réutiliser des cartouches vides de films Agfa ou Ilford (les Kodak étant soudées à la fabrication ce qui empêche un second emploi), plutôt que les cartouches rechargeables vendues directement par Kodak. Ces dernières occasionnent souvent des rayures sur le film au moment du bobinage, leurs lèvres étant trop serrées.

II. La pratique

Généralités sur la prise de vues
Approche et analyse de l'image
Corrections et trucages
Comment photographier les divers sujets
Ce qu'il faut encore savoir

L'année de l'enfant

Appareil : Minolta SRT 101
Objectif : Minolta Rokkor 55 mm f/1,7 avec doubleur de focale
Vitesse 1/125e
Film : Kodak Plus-X poussé à 160 ISO
(voir page 94)

Le chargement de l'appareil

Pour introduire le film à l'intérieur du boîtier, il faut d'abord ouvrir le dos de l'appareil. Pour ce faire, il faut soit tirer la manivelle de rembobinage vers le haut, soit débloquer un verrou (muni ou non d'une sécurité), soit procéder aux manipulations simultanément.

En format APS, il suffit ensuite d'introduire la cassette de film dans le boîtier (une sécurité empêche de l'inverser latéralement).

En format 24 × 36 mm, on place la cartouche à gauche (tête en bas) et on accroche l'amorce du film, à droite, dans une bobine réceptrice multifentes. On procède ensuite à quelques armements et déclenchements jusqu'à ce que le film s'accroche sur les deux roues dentées, par ses deux rangées de perforations. On peut alors fermer le dos du boîtier.

La Photokina 1978 a vu apparaître de nouveaux types de boîtiers 24 × 36 mm dotés d'une motorisation incorporée qui accroche automatiquement le film et l'avance jusqu'à la première vue. Simultanément, l'obturateur s'arme, ce qui constitue peut-être le défaut majeur du procédé. Que sait-on, en effet, de la résistance des éléments composants l'obturateur lorsque ce dernier reste armé en permanence durant des jours, voire des semaines, entre deux prises de vues ?

Deux appareils de poche au format 24 × 36 mm possèdent un système de chargement et de défilement du film inversé. Les Agfa Optima ne tirent pas le film hors de sa bobine de gauche à droite, mais le poussent de droite à gauche dans une bobine réceptrice fixe et étanche à la lumière (une ouverture accidentelle du dos de l'appareil ne voile donc qu'une petite portion du film). Le levier d'armement sert également de levier de rembobinage, après avoir poussé un levier inversant son fonctionnement.

Quant aux moyen-formats (4,5 × 6 cm, et 6 × 6 cm), ils se

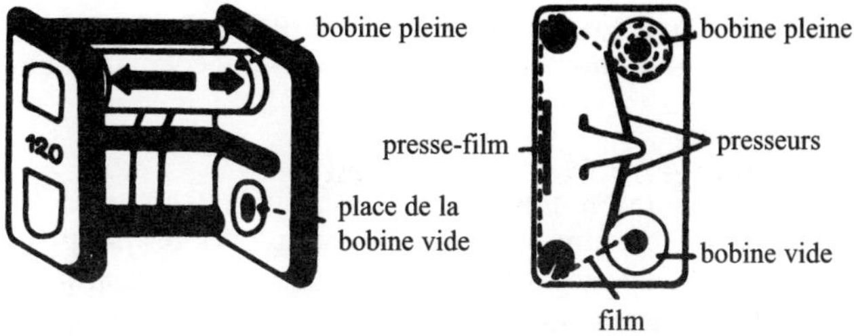

chargent de manière identique. Le film 120, ou 220, est enroulé sur une bobine, avec une bande de papier noir assurant sa protection par rapport à la lumière. La bobine pleine se monte dans un chargeur de la manière suivante :

A partir de l'exemple du Zenza Bronica 4,5 × 6 cm (voir second schéma ci-dessus), nous pouvons voir que la bobine débitrice est placée en haut, alors que la bobine réceptrice prend place en bas. Le film se déroule dans le sens indiqué par la flèche, passe sur un rouleau tendeur, puis contre le presse-film (qui assure la planéité voulue, comme dans le format 24 × 36 mm), puis contre un nouveau rouleau-tendeur, et s'enroule enfin sur la bobine réceptrice (en sens inverse, pour maintenir la tension du film).

Il faut ensuite impérativement enrouler un bout du film et de son papier protecteur jusqu'à faire coïncider la double flèche imprimée sur le papier

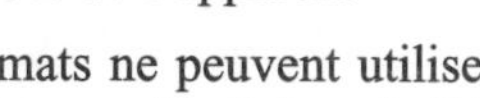

avec la flèche marquée sur le châssis porte-bobines. Cette opération se fait à la main et sert à synchroniser le départ du film avec celui du compte-vues de l'appareil.

Certains boîtiers moyen-formats ne peuvent utiliser que des châssis porte-bobines (ou chargeurs) préchargés (Mamiya M 645). La plupart des autres appareils de ce format disposent par contre de la possibilité capitale de changer de dos-magasin (et donc de pellicule) en cours de prise de vues. Cela permet de réaliser une vue en noir/blanc, puis une en diapositive couleurs, ou en négatif couleurs, ou encore sur film instantané, du même sujet.

■ Précautions à prendre lors du chargement

Avec un film normal, il est préférable de procéder aux manipulations indispensables à l'abri de la lumière directe (en tournant le dos au soleil, par exemple).

Avec un film infrarouge couleur (diapositives), on procédera comme avec un film ordinaire, tandis qu'avec le film infrarouge noir/blanc (négatif), on ne peut effectuer le chargement ou le déchargement qu'en obscurité absolue.

Quel que soit l'appareil, ou le film, utilisé, il convient de vérifier le bon accrochage de la pellicule lors de la prise de la première vue. Si tout est correct, la manivelle de rembobinage doit tourner au moment de l'armement (ceci est valable en 24 × 36 mm). Certains boîtiers possèdent une fenêtre de contrôle dans laquelle se meut un voyant rouge et blanc, lorsque le film défile correctement.

■ Règle importante

Dès que l'on a terminé le chargement de l'appareil, si l'on ne dispose pas du système DX, il faut impérativement, et immédiatement, procéder au réglage de la sensibilité ISO, du film utilisé, sur le posemètre (indépendant, ou incorporé au boîtier), sous peine de sérieux déboires ultérieurs !

■ Dépannage sur le terrain

Signalons ici un « truc » utile lorsque survient une rupture de film (ou un blocage) durant une séance de prise de vues en plein air. On peut transformer un veston épais en chambre noire de secours. Il suffit de le plier par la moitié, après avoir mis l'appareil à l'intérieur. En repliant le col contre le sol, et en enfilant les bras par les manches (à l'envers), on pourra souvent se dépanner sans ennuis pour la pellicule.

La tenue des divers appareils

Les différents modèles d'appareils photographiques ont été décrits aux pages 37 à 44. Précisons quelques éléments concernant la prise en main, le poids, l'encombrement et la maniabilité des divers boîtiers.

■ L'appareil APS

L'appareil APS différant peu de ceux du format 24 × 36 mm, si ce n'est une réduction de volume d'environ 10 à 20 %, les problèmes de tenue en main seront les mêmes (voir ci-dessous). A noter que le chargement de la cassette de film est simplifié : on ouvre, on introduit, on ferme !

■ L'appareil de format 24 × 36 mm

Plus volumineux, d'un poids oscillant entre 500 gr et un kilo, il reste l'appareil se prêtant le mieux à une bonne tenue en main.

Mieux équipé que les formats miniatures, il se tient de deux manières suivant les habitudes de chacun. La main droite occupe une position identique dans les deux façons : elle pince le boîtier verticalement, le pouce en arrière et les doigts en avant, l'index sur le déclencheur. Certains boîtiers comportent une poignée-déclencheur anatomique, ou un renflement spécial, pour appuyer les doigts.

C'est la position de la main gauche qui différencie les deux pratiques. Dans l'une, la main encercle l'objectif par le dessus et procède aux réglages du diaphragme avec l'index et le pouce, alors que le majeur, ou l'annulaire, règle la netteté en agissant sur la bague de mise au point. Dans la seconde manière, l'appareil repose dans la paume de la main, alors que le pouce et l'index enserrent alternativement les bagues de réglage du diaphragme et de la mise au point. Avec un long téléobjectif, c'est l'objectif qui repose sur la paume de la main gauche, et non plus le boîtier.

■ Les appareils de moyen-format

Plus lourds (ce qui diminue d'autant les risques de flou de bougé), un peu plus encombrants, leur maniabilité demeure inférieure à celle des appareils 24 × 36 mm.

Leur tenue en main se trouve toutefois nettement améliorée par l'usage d'un prisme de visée (les rendant semblables à un 24 × 36) et d'une poignée anatomique. La plupart des grandes marques proposent ces accessoires en option. Le Zenza Bronica ETR 4,5 × 6 cm dispose d'ailleurs d'un modèle de poignée avec déclencheur incorporé, et levier d'armement en deux temps qui permet de le tenir comme un boîtier 24 × 36 mm. Sans la poignée, le moyen-format repose dans la main gauche qui assure également le réglage du diaphragme et de la netteté, ainsi que la sélection des vitesses. La main droite réalise alors l'avancement du film et l'armement de l'obturateur au moyen de la manivelle située sur le flanc droit du boîtier. L'index droit appuie enfin sur le déclencheur habituellement placé sur l'avant de l'appareil, en bas, et à droite.

■ **Pour tous les appareils**
Afin d'assurer une netteté optimum, il faut disposer de trois points d'appui au moment du déclenchement.

La technique de prise de vues

Une fois la pellicule chargée dans l'appareil, les opérations permettant l'enregistrement d'une image sont les suivantes.

■ **Procéder au réglage de la sensibilité ISO** sur le posemètre, ou le contrôler.

■ **Enclencher la cellule** du posemètre incorporé (si l'appareil ne le fait pas automatiquement et si l'on n'utilise pas une cellule indépendante).

■ **Armer l'obturateur et positionner le film** sur l'image à enregistrer. Cela s'effectue pas le biais du levier d'armement. La plupart des appareils n'exigent qu'un seul mouvement d'armement, quelques autres en demandent cependant deux (notamment les modèles de poche, tels que les Minox 35, ou Olympus). Les moyen-formats s'arment par un tour de la manivelle située sur leur flanc droit. Dans certains cas, l'obturateur demande un armement séparé (Lubitel 2, Mamiya C 220).

■ **Choisir le sujet**, l'observer et déterminer la partie que l'on désire mettre en évidence en le cadrant à travers le viseur. Il convient de ne pas se contenter d'un premier cadrage hâtif, mais de changer de point de vue en se déplaçant, en s'élevant, ou en s'abaissant s'il le faut.

■ Dans le cas où l'on possède plusieurs objectifs, ou un zoom ; **choisir la focale** qui exprimera le mieux l'idée, ou l'impression, que l'on veut transmettre par la photographie.

■ Dans la mesure du possible, **choisir l'éclairage** susceptible d'exprimer l'essence du sujet. Soulignons, une fois encore, que le parasoleil doit faire partie intégrante de l'objectif.

■ Si l'appareil utilisé le permet, **sélectionner le diaphragme** qui assurera la profondeur de champ nécessitée par le sujet. Ceci concerne un sujet statique. Pour un sujet mobile, **sélectionner la vitesse** imposée par son mouvement. Dans les deux cas, adapter l'autre paramètre aux conditions de luminosité.

Les appareils 24 × 36 automatiques de l'ancienne génération imposent une priorité déterminée (soit le diaphragme, soit la vitesse). On peut cependant toujours débrayer l'automatisme pour imposer l'autre paramètre, si l'on n'est pas satisfait du choix effectué par l'automatisme. Certains boîtiers permettent également une correction de plus ou moins deux diaphragmes en position automatique.

■ **Effectuer la mise au point** précise et définitive en fonction du cadrage retenu (voir également « l'hyperfocale », en page 108).

La **netteté** pose d'autant plus de problèmes que : la focale est plus longue (car la profondeur de champ diminue) ; le diaphragme est plus ouvert, donc que son chiffre est plus petit (dans ce cas aussi la profondeur de champ diminue) ; la distance film-sujet est plus courte (dans ce cas encore, il s'agit d'un problème de profondeur de champ).

■ **Contrôler la profondeur de champ** obtenue avec le diaphragme que l'on a choisi (cette opération est malheureuse-

Photo : Etienne Roux

ment impossible en automatisme avec les appareils automatiques à choix préalable de la vitesse).

On en profite pour vérifier la composition de l'image (voir page 113 à 147) et prêter attention à la constitution de l'arrière-plan (souvent gênant, voire catastrophique !)

Attention : il vaut mieux éviter de déclencher avec un appareil automatique lorsque la profondeur de champ est testée sur un objectif conçu pour la mesure à pleine ouverture, sinon la mesure pourra être faussée de 1 à 2 diaphragmes. Il vaut mieux relâcher d'abord le testeur de profondeur de champ.

■ **Déclencher** fermement, mais sans brutalité (la course du déclencheur est généralement de 2 mm). Avec une vitesse relativement lente, il faut retenir sa respiration au moment du déclenchement. En position debout, les pieds du photographe seront légèrement décalés pour assurer un meilleur appui.

Conseils

Il faut toujours multiplier les prises de vues en variant le choix du cadrage, ou l'angle de vue.

De toutes manières, on doit tripler chaque vue que l'on juge intéressante, par mesure de sécurité. On photographie une fois normalement, puis une fois en surexposant d'une valeur de diaphragme (exemple : f/5,6 au lieu de f/8, ou encore 1/125 au lieu de 1/250) et enfin une fois en sous-exposant d'une même valeur de diaphragme (exemple : f/11 au lieu de f/8, ou encore 1/500 au lieu de 1/250). L'une des trois expositions correspondra assurément à ce que l'on avait vu au moment de déclencher.

La pellicule n'est pas ce qui coûte le plus cher en photographie. Une photo manquée ne peut presque jamais être refaite dans des circonstances identiques.

A propos de coûts, on diminue sensiblement ses dépenses photographiques lorsqu'on travaille en négatifs noir/blanc ou couleurs. Il suffit pour cela qu'au moment où l'on apporte sa pellicule à développer chez le marchand-photographe l'on demande expressément un développement du film avec un simple tirage-contact.

On reçoit en retour le négatif développé, ainsi qu'une reproduction à l'échelle 1 : 1 (24 × 36 mm dans ce format) de chaque photo réalisée. On peut ainsi choisir calmement les meilleures images et ne faire développer que ces dernières. A la longue, on réalise une substantielle économie si l'on sait garder un œil critique devant la planche-contact. Cette manière de procéder facilite également l'archivage ultérieur des négatifs (voir aussi en page 287).

Mieux encore : on peut réaliser soi-même ses travaux de laboratoire (à condition de disposer de la place et de l'équipement nécessaire — voir la 3e partie : Le laboratoire).

Règles fondamentales de la prise de vues

— Une photo accidentellement mal cadrée au moment de la prise de vue peut être quelquefois recadrée à l'instant du tirage en laboratoire (à condition d'effectuer ce travail soi-même). Ce n'est pourtant jamais une raison d'excuser un mauvais cadrage d'origine. Cadrez donc avec précision.
— Rapprochez-vous du sujet pour améliorer votre cadrage.
— Déterminez ce que vous voulez « dire » par votre photographie, ce que vous désirez communiquer à ceux qui regarderont votre image.
— Il vous faut notamment choisir entre montrer le naturel d'une situation (cas le plus fréquent), ou créer une situation artificielle afin d'exprimer une idée ou un concept abstrait.
— De même, il vous faut choisir l'instant de votre prise de vue. Cet instant dépend essentiellement des conditions de lumière et de la situation atmosphérique (dans le cas de photographie de plein air).
— Jouez sans crainte avec la perspective, les contrastes et les couleurs (ou les divers tons de gris si vous travaillez en noir et blanc). Les pages 139 à 144 vous apporteront quelques indications à ce sujet.

L'hyperfocale

L'hyperfocale est la plus courte distance où l'on assure la netteté d'un sujet donné, lorsqu'on effectue la mise au point sur l'infini (∞).

A titre d'exemple, en format 24 × 36 mm, au soleil, avec optique de 50 mm de focale, un film de 125 ISO, une vitesse de 1/125e de seconde et un diaphragme de f/16 (cas le plus fréquent), l'hyperfocale se situe à 5 mètres. En d'autres termes, et dans ces conditions, tout sera net entre 5 mètres et l'infini.

L'hyperfocale présente une propriété que tous les reporters utilisent à leur profit chaque fois qu'ils photographient une scène d'action et que la mise au point sélective est rendue impossible par la rapidité de déroulement de l'événement.

Au lieu de régler la mise au point sur l'infini, on la règle sur la distance hyperfocale et l'on gagne ainsi la moitié de cette distance. Dans notre précédent exemple, si l'on effectue la mise au point sur 5 mètres au lieu de l'infini, tout sera net entre 2,5 mètres et l'infini. Tant que l'action ne se déroule pas à moins de 2,5 mètres de notre objectif, la mise au point ne nécessite aucune correction !

Avec une optique de 35 mm de focale (courante en reportage), dont la profondeur de champ est plus importante que celle d'une optique de 50 mm, et une mise au point effectuée sur 1,75 mètre (les autres conditions étant égales), la zone de netteté s'étend de 0,87 mètre jusqu'à l'infini.

■ Marche à suivre lorsqu'on ne connaît pas la distance hyperfocale :

— sélectionner une vitesse passe-partout (1/125 ou 1/250) avec un film assez rapide (125 ou 400 ISO) ;
— choisir le diaphragme correct en fonction de la luminosité ;
— déplacer le repère de l'infini (∞) qui se trouve sur la bague de mise au point de l'objectif, et l'aligner en face du repère du diaphragme choisi qui se trouve sur l'échelle de profondeur de champ (attention, quelques objectifs ne possèdent pas cette échelle) :

réglages : normal

sur l'hyperfocale

— viser et déclencher.

Remarque : avec un appareil automatique avec priorité à la vitesse (on choisit la vitesse et l'appareil règle le diaphragme automatiquement), il est impossible de régler l'hyperfocale en fonctionnement automatique, puisqu'on ne peut choisir un diaphragme fixe.

La lecture de l'image

Dans un premier temps, l'image est perçue globalement au niveau purement affectif/instinctif (on « aime », ou on « n'aime pas »). L'image fait alors référence à un événement — ou une sensation — connu du seul observateur et cela peut se situer aussi bien au niveau conscient qu'inconscient.

Dans un deuxième temps, la partie consciente de notre esprit s'empare de l'image, l'analyse, décode les signaux qu'elle contient (réels ou imaginaires, d'ailleurs), et finalement l'interprète.

On peut, dès lors, constater que l'œil occidental aborde toujours l'image de la même manière. Diverses recherches ont démontré que, sauf contraintes, la lecture d'une image commence à l'angle supérieur gauche du cadre délimité par le format de l'image, revient vers la droite, descend en zigzag de gauche à droite, puis de droite à gauche, pour aboutir finalement à l'angle inférieur droit.

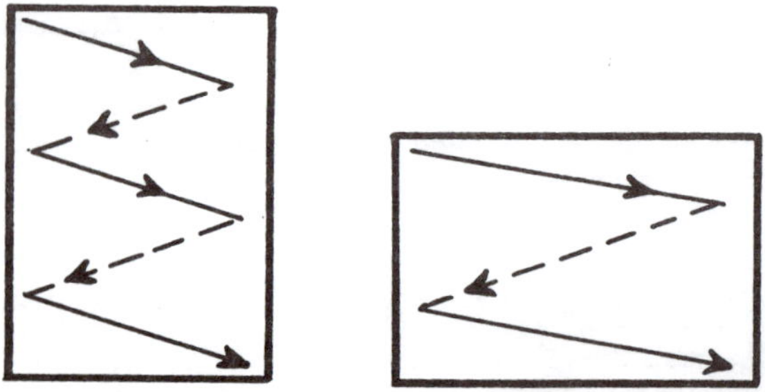

C'est d'ailleurs l'exact cheminement des points lumineux formant l'image qui apparaît sur l'écran de votre poste de télévision.

Bien entendu, on peut, par divers artifices de composition, contraindre l'œil à suivre un cheminement différent. Les pages 113 à 147 sont consacrées à l'étude de ces moyens.

Paul Almasy s'est penché, lui, sur le problème de la hiérarchisation des composants d'une image homogène. Il a constaté que certains de ceux-ci sont perçus avant d'autres, et cela dans l'ordre suivant :
1) les *composants vivants* (êtres humains, animaux),
2) les *composants mouvants* (nuages, fumées, eaux courantes, moyens de transports, etc),
3) les *composants stables* (montagnes, pierres, murs, ponts, objets, végétaux, arbres, etc.).

Il a également remarqué que l'influence, dans l'image, des éléments vivants prime généralement sur celle des éléments mobiles, dont l'influence prime, elle, sur celle des éléments statiques.

L'élément dominant sera, par conséquent, lu en premier et reconnu, par l'observateur, comme le *sujet principal* de l'image.

Cette théorie fut par la suite vérifiée et confirmée par un chercheur de l'Université de Valenciennes, M. J.B. Carpentier, qui a constaté qu'une image construite selon cette hiérarchie obtenait trois fois plus d'impact qu'une image ne respectant pas ce classement des composants.

Il a encore précisé que l'effet optique — produit par les tonalités, la forme ou la surface d'un élément — peut modifier l'influence de tel ou tel composant dans l'image. Cela se vérifie notamment dans le cas d'images hétérogènes (c'est-à-dire formées d'éléments disparates).

Nous y ajouterons encore l'influence de la place de chaque élément dans le cadre de l'image.

En réalisant une photographie, nous chercherons donc toujours soit à éliminer du cadrage les éléments perturbant l'influence du sujet que nous désirons valoriser, soit à diminuer leurs influences en jouant sur la taille respective des composants, leur forme, leurs tonalités, leur place dans l'image. La première solution revient à supprimer les éléments vivants du cadrage si le sujet principal est un élément mouvant, ou un élément stable.

Jouer sur la taille des éléments constitutifs de l'image équivaut à équilibrer ou à déséquilibrer les masses (voir page 128), ainsi qu'à augmenter ou diminuer leurs surfaces respectives.

Jouer sur les formes revient à en privilégier certaines par rapport à d'autres. Là encore existe une forme de hiérarchisation (voir page 126).

Tenir compte des tonalités respectives des éléments, c'est jouer sur les différentes valeurs de tons gris, ou sur les nuances, l'intensité et les contrastes des couleurs (voir page 139).

Enfin, disposer les divers composants de notre photographie en utilisant au mieux les meilleurs endroits de l'image (voir pages 113 et 118) revient à jouer sur la place des éléments.

APPROCHE ET ANALYSE DE L'IMAGE

Voyons d'un peu plus près ce qui différencie une bonne photographie d'une image ordinaire, ainsi que les parties-clés de cette photographie.

La bonne photographie

A notre avis, la bonne photographie s'appuie en général sur trois critères : la technique, le contenu et la composition.

Sur la **technique**, nous ne dirons que peu ici, car nous en parlons abondamment dans d'autres chapitres du présent livre. On peut simplement rappeler qu'il s'agit essentiellement de maîtriser le fonctionnement de son appareil, les problèmes de netteté et de flou (flou qui peut être statique, ou de mouvement), ainsi que la lumière (voir page 144).

Le **contenu** de l'image doit frapper les autres comme nous-mêmes. En fait, une photographie qui ne «parle» pas à celui qui la contemple, qui n'apporte aucun élément original, qui n'accroche pas le regard, qui n'exprime rien, est à rejeter quel que soit son intérêt au niveau du souvenir (ceci dit dans la perspective esthétique qui sera la nôtre dans ce chapitre).

La **composition** reste le point qui retiendra tout particulièrement notre attention. Ses principes de base s'énumèrent simplement : il faut éliminer l'inutile, suggérer le tout par le détail, n'exprimer qu'une idée par image, veiller à un cadrage judicieux. Enfin, une bonne photo doit conduire le regard de l'observateur sur le sujet principal et l'y maintenir.

Pour mieux comprendre les lois internes qui régissent la bonne image, celle qui persiste dans les mémoires, nous allons décomposer totalement l'image, puis aborder successivement chacun de ses éléments constitutifs, afin de la reconstruire.

Parallèlement à cette analyse théorique, nous vous proposons, dans notre «plan d'étude suggéré» (page 289), une série d'exercices pratiques destinés à favoriser l'assimilation des données développées ci-après.

La composition

Examinons rapidement les principales règles classiques de la composition.

La division des surfaces et la règle d'or

La règle d'or en matière de division des espaces en parties inégales a été définie à l'origine par l'architecte romain Marcus Vitruvius Pollio (époque d'Auguste). Selon lui, une telle division paraîtra agréable et esthétique à notre œil si le rapport entre la plus petite et la plus grande partie équivaut au rapport entre la plus grande partie et le tout.

D'après cette règle, une surface quelconque doit être divisée en parties représentant les 3/8 et les 5/8 de la totalité de la dimension considérée. Mathématiquement, on multiplie la dimension en question par 0,618 pour obtenir cette division.

Nous obtenons ainsi un partage dissymétrique qui se révèle infiniment plus « dynamique », et donc plus puissant, que le partage symétrique plus « calme ».

Il faut remarquer ici que les bonnes compositions symétriques présentent plus de difficultés de réalisation, car la symétrie apparaît bien souvent comme un synonyme de platitude en photographie.

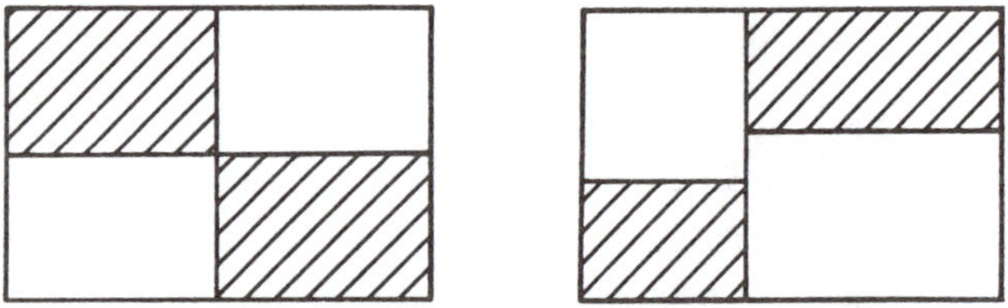

Exemples : Partage symétrique Partage dissymétrique

On peut également baser sa composition sur la division en diagonale. On obtient ainsi un moyen terme entre symétrie et dissymétrie. Les compositions en diagonales conviennent particulièrement bien aux images dont le sujet est vu en perspective. Cette forme de composition illustre une règle déjà vue :

> Une bonne photographie doit conduire le regard de l'observateur sur le sujet principal et l'y maintenir.

On peut construire sa composition sur la diagonale habituelle qui va d'un angle à l'autre de l'ensemble du format, ou sur une des diagonales basées sur la division par le nombre d'or (et dans les deux sens).

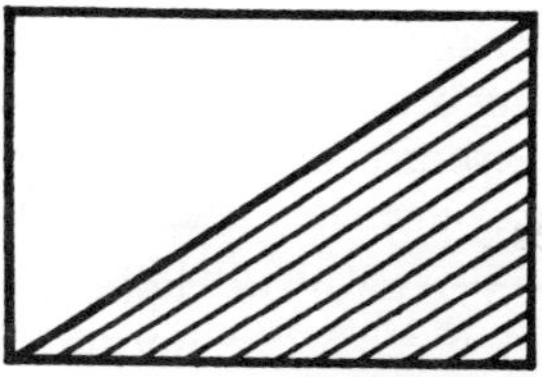

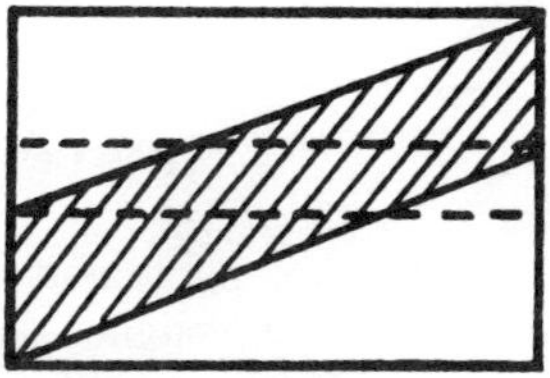

Les trapézistes urbains
Appareil : Minolta SRT 101 — *Objectif :* zoom 80-200 mm

Enfin, il faut aussi rappeler que l'image a un format et que l'on peut jouer avec cet élément pour atteindre une unité de structure et d'atmosphère. On peut « sortir » des formats normalisés usuels et recadrer de diverses manières. Des images en bandes horizontales ou verticales sont parfois du plus heureux effet (par exemple : une bande de 18 × 30 cm dans un format de 24 × 30 cm ou de 30 × 40 cm).

Les points forts

L'application photographique de la règle d'or permet de déterminer des « lignes de force » horizontales (A-B et C-D sur le schéma), et verticales (E-F, G-H). On constatera que cela équivaut approximativement à diviser l'image en tiers.

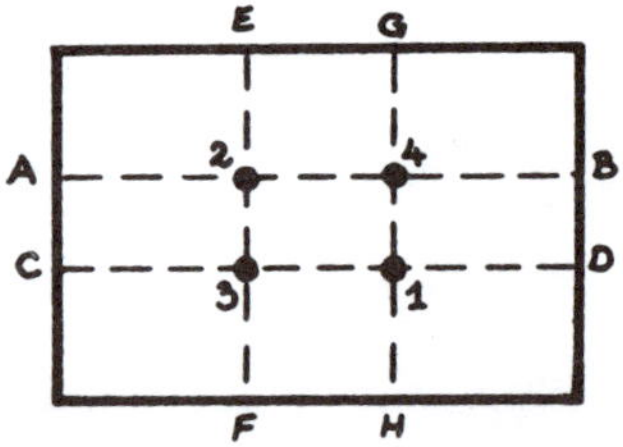

L'intersection de ces lignes de force produit quatre « points forts ».

Une construction photographique basée sur ces éléments sera assurément équilibrée. On tâchera donc toujours de placer sur les lignes de force l'horizon (en haut ou en bas), ou les yeux d'un personnage (le plus souvent au tiers supérieur). De même, on placera sur un point fort l'élément principal de l'image.

Exemples :

On peut subdiviser une nouvelle fois chacune des surfaces ainsi obtenues, en appliquant la même règle, et l'on obtient des « lignes de force » secondaires, ainsi que des « points forts » secondaires. Une construction basée sur ces éléments sera également équilibrée, mais semblera moins puissante.

Schéma des lignes et points secondaires :

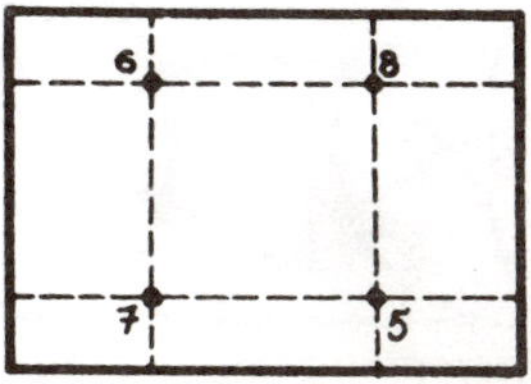

Il est aussi possible de combiner des lignes ou points forts primaires avec des lignes ou points forts secondaires.

Exemples :

Deux points forts, situés à la même hauteur dans le cadrage, ont tendance à s'affaiblir l'un l'autre. Il convient donc d'employer cette dernière formule avec prudence.

On constate enfin que le centre de l'image n'est quasiment jamais le point le plus important de l'image. Il ne faudrait donc pas y placer le centre d'intérêt du sujet photographié.

On peut toutefois remarquer que dans certains cas la ligne d'horizon peut se situer au milieu de l'image. Cette dérogation à la règle d'or doit s'appuyer sur deux moitiés d'image particulièrement équilibrées et dont les détails sont mis en valeur dans les mêmes proportions. Cela pose un problème d'exposition et de mesure correcte de cette dernière.

Une autre manière de trouver des points forts secondaires consiste à tracer un demi-cercle sur chaque côté du rectangle de l'image 24 × 36 mm.

Exemple :

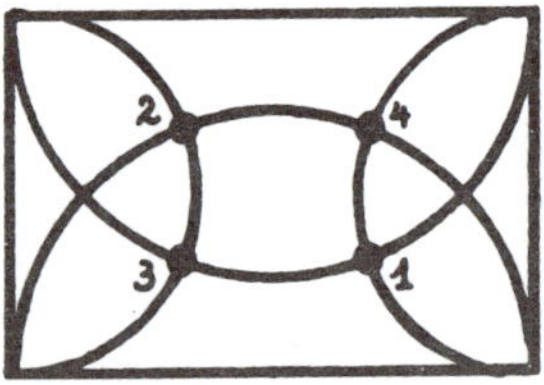

L'importance des points forts s'avère d'autant plus grande qu'ils se situent dans un rectangle construit sur la « divine proportion » (voir page 127).

Les angles forts

Les recherches modernes ont démontré qu'il existe dans la nature des constructions angulaires remarquables, et surtout généralisées.

Une photographie, dont les éléments principaux s'articulent selon l'un de ces *angles forts*, acquiert un impact considérable.

Voici quelques exemples de constructions photographiques basées sur les angles forts :

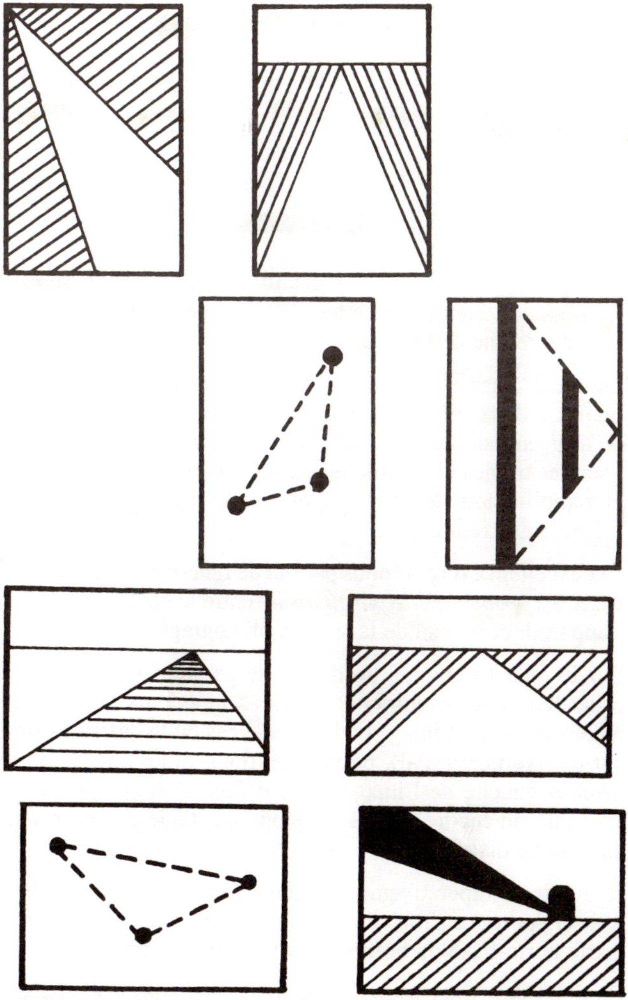

Les valeurs de quelques-uns de ces angles sont : 18,4°, 22,2°, 30°, 45°, 72°, etc.

On peut évidemment construire une image sur des angles forts identiques, ou au contraire sur des angles forts différents.

Les éléments constitutifs de l'image

Dans ce chapitre, nous allons examiner les éléments suivants : la surface, le point, les lignes, les formes, les masses, l'espace.

La surface

Lorsqu'on aborde l'analyse détaillée de l'image, le premier élément qui retient notre attention est la surface délimitée par le cadre même de l'image.

On peut imaginer de ne photographier que des surfaces planes à deux dimensions, en supprimant ainsi l'impression de troisième dimension (par exemple, lorsque l'on désire réaliser des trames économiques). Le sujet sera, dès lors, unique et remplira tout le format (portion de mur, de bitume, de rideau, par exemple).

Cet excellent exercice nous permet de rencontrer puis de maîtriser les *problèmes de parallélisme* entre le plan du film dans l'appareil, et le plan de la surface photographiée.

Sur le plan technique, un défaut de parallélisme, lors de la prise de vue, se traduira par des flous supérieurs et inférieurs à la médiane de l'image (cela dans le cas où le défaut se situe sur un axe horizontal), ou par des flous situés sur les bords droit et gauche de l'image (si le défaut se situe sur un axe vertical), ou encore par des flous opposés (si le défaut se situe sur un axe diagonal).

Il faut donc impérativement veiller à ce parallélisme. On peut utiliser, pour ce faire, un niveau à bulle qui se fixe sur la griffe porte-flash du boîtier (Rowi, ou autres fabricants).

En photographiant une surface, nous rencontrons également des *problèmes de profondeur de champ et de netteté*, et cela d'autant plus que l'on s'approche du sujet. Le défaut se caractérise par des angles flous en dégradé. Un seul remède s'impose : effectuer une mise au point précise. Le sujet étant une surface unie, il est plus facile d'utiliser le dépoli du verre de visée pour faire la mise au point, plutôt que les microprismes ou le stigmomètre. Outre ce premier remède, il convient de fermer le diaphragme de plusieurs divisions pour augmenter la profondeur de champ.

Le point

Le point succède immédiatement à la surface dans l'ordre d'importance des éléments constitutifs de l'image. Avec lui, nous franchissons un nouveau degré dans la recherche de l'impact.

Le point fixe automatiquement l'attention du regard s'il est seul à l'intérieur d'une surface unie.

Bien entendu, on peut utiliser plusieurs points dans la même image et produire ainsi un effet visuel plus complexe. L'œil doit alors suivre un cheminement précis à l'intérieur du cadre délimité par le format.

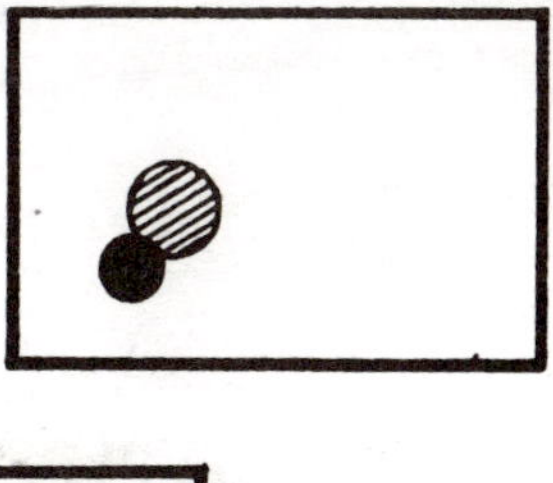

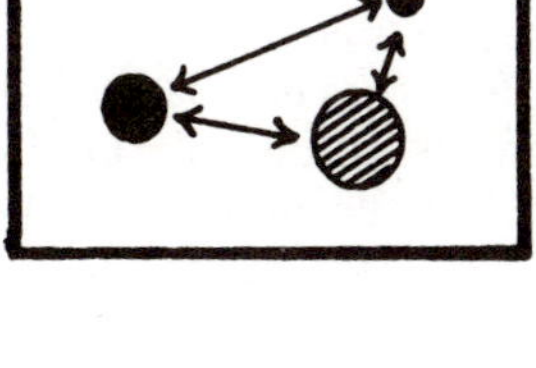

Hérémence
Appareil : Zenza Bronica ETR 4,5 × 6 cm — *Objectif :* Zenzanon 75 mm f/2,8

Les lignes

Une succession de points conjoints engendre la ligne. L'utilisation judicieuse des lignes dans la composition d'une image constitue un élément primordial. La ligne peut prendre diverses apparences : ligne droite, ligne optique, ligne brisée, ligne courbe.

Nous avons déjà vu les « lignes de force » horizontales et verticales (page 116). Précisons encore quelques notions.

Une **ligne fine** évoque la tendresse, la fragilité, alors que **l'épaisseur** transcrit la vigueur, voire la rudesse.

Une image construite sur des **lignes horizontales** produit un sentiment de calme et de tranquillité. Cela s'avère d'autant plus vrai si l'on utilise le format de l'image horizontalement, ce qui correspondra d'ailleurs à notre vision courante.

Au contraire, les compositions basées sur des **lignes verticales** produisent une impression de solidité et de puissance, ou encore d'élévation. Elles conviennent particulièrement aux effets dramatiques, surtout si l'on utilise le format de l'image verticalement. La verticalité attire le regard vers le bord supérieur de l'image.

Exemples :

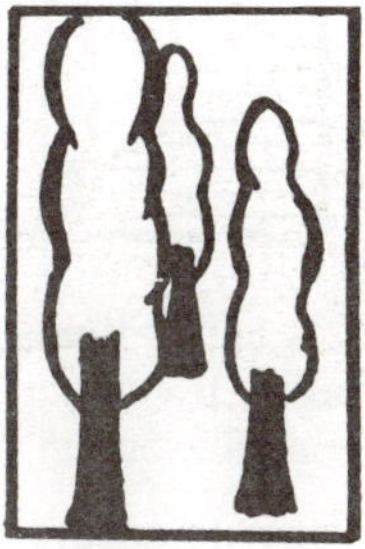

Un problème que l'on rencontre fréquemment dans les photographies incluant des lignes verticales est le phénomène bien connu du « basculement » dû à la perspective. On ne peut éviter ce défaut qu'en maintenant le plan du film strictement parallèle au plan du sujet vertical photographié. Si cela ne s'avère pas possible avec un objectif normal, il convient d'utiliser un grand-angle ou une optique à décentrement (voir page 52).

On peut aussi accentuer volontairement l'effet de basculement si l'idée que l'on veut exprimer s'y prête.

Les **diagonales** se situent à mi-chemin des verticales et des horizontales. Elles créent une impression de profondeur, d'énergie, et de mouvement dans l'image.

La **diagonale ascendante**, qui relie le coin inférieur gauche au coin supérieur droit, est la plus harmonieuse. Une composition utilisant cet élément se suffit à elle-même.

La **diagonale descendante** (du coin supérieur gauche au coin inférieur droit) paraît plus puissante, en raison de l'axe de lecture de notre œil (voir page 110). Cette diagonale présente donc un risque de « sortir » le regard de l'image. Il faut alors inclure des éléments horizontaux ou verticaux forts sur son trajet pour freiner l'œil.

Exemples :

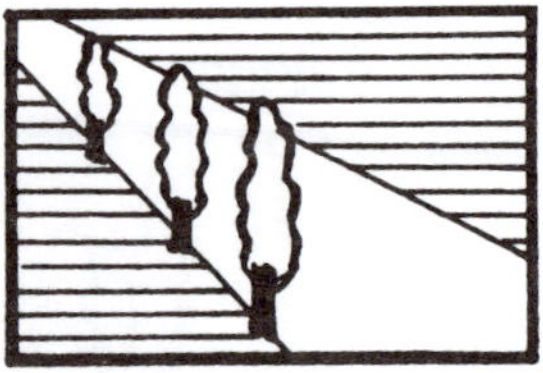

Les autres **lignes obliques** engendrent un sentiment d'instabilité. Il convient alors de les renforcer par des lignes horizontales, ou par des verticales.

Il existe encore un autre type de ligne droite en photographie : la **ligne optique** suggérée par une succession de points importants.

Exemple :

Les **lignes brisées** irrégulières provoquent une impression d'instabilité, voire d'échec, alors que les lignes brisées issues d'un motif répétitif produisent une impression de régularité, de mouvement.

Exemples :

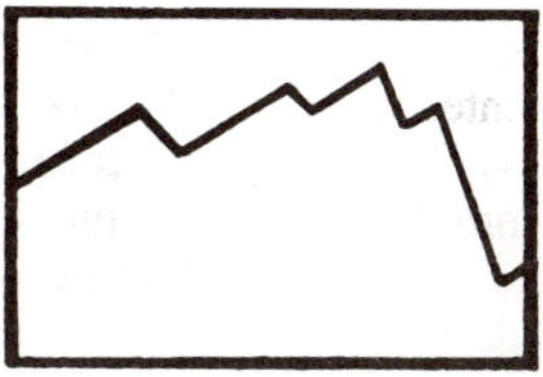

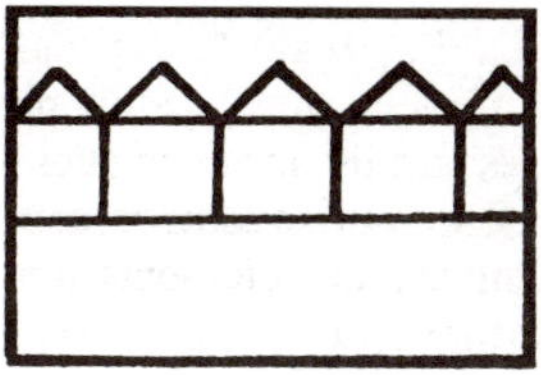

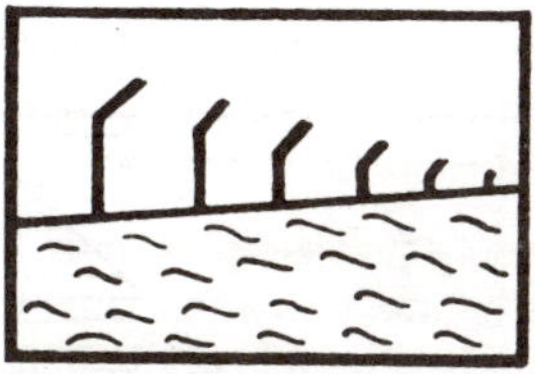

Les **lignes courbes** suggèrent la douceur et réjouissent l'œil. Les ondulations ne manquent pas d'une certaine chaleur. Les images basées sur des formes en « S », ou sur le cercle, paraissent équilibrées et se regardent avec plaisir.

On peut, bien évidemment, combiner des courbes ou des cercles avec des lignes droites et construire une image plus complexe. On veillera alors à ne pas surcharger inutilement la composition. L'éternel coucher de soleil sur la mer constitue un exemple de ce type de construction.

Exemples :

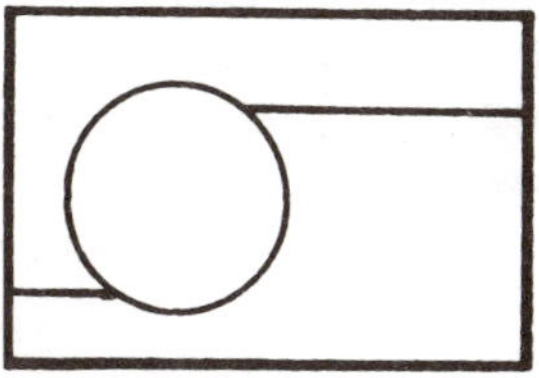

Les formes

La ligne qui retourne à son point de départ donne naissance à la forme.

Les formes géométriques simples constituent des bases naturelles pour construire une bonne composition. Ici encore, on veillera à ne pas surcharger l'image. On peut d'autant mieux valoriser une forme qu'elle se détache sur un fond uni (exemple ; une fenêtre noire sur un mur blanc).

On s'aperçoit, à l'usage, que toutes les formes n'ont pas la même valeur, ni la même signification. On se trouve, encore une fois, en présence d'une hiérarchisation.

D'abord, viennent les formes géométriques simples, puis les formes auxquelles la nature nous a habitués : les animaux, les plantes, etc. Enfin, viennent les formes dues à la seule imagination et construites sans logique mathématique ou naturelle.

On peut essayer de répertorier les formes du premier groupe et tenter d'en dégager les significations symboliques issues de la vie quotidienne. On obtient le tableau suivant que vous compléterez vous-même :

Formes	**Impressions**
Carré	Stabilité, calme
Rectangle horizontal	Tranquillité, repos, lourdeur, froideur
Rectangle vertical	Puissance, dramatisation, chaleur
Triangle ascendant	Elévation, spiritualité
Triangle descendant	Insécurité, opposition, écrasement
Triangle sans côtés parallèles avec le format	Homogénéité
Losange horizontal	Equilibre
Losange vertical	Malaise, étroitesse
Losange avec 4 angles égaux	Pesanteur

Formes	Impressions
Trapèze horizontal	Activité
Ovale horizontal	Mouvement, tristesse, mélancolie
Ovale vertical	Changement, instabilité
Cercle	Harmonie, équilibre, douceur, introversion

En ce qui concerne les formes, relevons encore qu'il en existe de plus fortes que d'autres. Le photographe travaillant essentiellement en formats carrés ou rectangulaires, c'est à ces formes que nous nous limiterons ici.

Le **carré** peut acquérir une certaine dynamique, bien qu'il soit habituellement ressenti comme un élément statique (c'est également une des raisons pour lesquelles l'ancien format 126 — 28 × 28 mm — fut abandonné au profit du format 110, rectangulaire, lui-même disparu depuis).

Nous avons déjà vu que le **rectangle** horizontal symbolisait plutôt le calme, mais aussi le froid et la profondeur, alors que le rectangle vertical apporte une notion de puissance et de chaleur, voire d'activité. Il convient de préciser que les rectangles sont plus ou moins dynamiques ou statiques, selon le rapport qui existe entre leur petit et leur grand côté.

La **loi de la divine proportion**, développée par Fra Luca Pacioli di Borgo, à Venise en 1509, précise qu'un rectangle doit être construit sur le rapport 1,618 pour être conforme au nombre d'or et prendre une valeur dynamique. On multiplie donc le petit côté par 1,618 pour trouver le grand côté idéal. Tel est le cas des formats suivants : 10,5 × 17 cm, 13 × 21 cm, 18 × 30 cm, 24 × 39 cm, 30 × 48,5 cm, 40 × 64,7 cm, etc.

Un autre rectangle dynamique, la **porte d'harmonie**, se construit sur le rapport 1,415. Tels sont les formats suivants : 10,5 × 14,85 cm, 13 × 18,4 cm, 18 × 25,5 cm, 24 × 34 cm, 30 × 42,5 cm, 40 × 56,5 cm, etc.

Dans la mesure du possible, on préférera donc un rectangle

dynamique à une rectangle statique. Dans le cas où l'on tire soi-même ses photos (voir pages 212 à 261), on devra couper les papiers photographiques qui ne sont malheureusement jamais conditionnés dans ces formats.

Pour varier les effets, il est évident que l'on peut également jouer sur la taille respective des formes utilisées en photographie. De même, on peut juxtaposer des formes différentes dans un même cadrage.

Pour clore ce problème, soulignons que les formes peuvent être soit clairement délimitées, soit seulement suggérées (exemple : trois points suggèrent un triangle).

Les masses et leur équilibre

L'une des règles fondamentales de la photographie étant de chercher à créer un centre d'intérêt, et à le valoriser, on peut se demander par quels moyens y parvenir.

On s'aperçoit alors qu'ils sont multiples. Dès l'instant où l'on a trouvé le sujet (reportage, ou chasse photographique, par exemple), ou qu'on l'a créé (nature morte), on peut le mettre en valeur par une disposition intentionnelle des lignes de force et des formes, par une judicieuse utilisation des points forts, ou par une distribution judicieusement calculée des espaces et des masses.

On peut noter, qu'à l'instar de la physique, les masses ont un poids en photographie. Ce poids s'exprime par le volume et, en noir et blanc, par les différentes densités de gris. En fait, plus le gris s'approche du noir, plus il « pèse », et inversement. En photographie couleur, la couleur influe autant par sa tonalité (jaune/rouge = plutôt lourd, alors que bleu/vert = plutôt léger), que par sa densité (sombre = lourd, alors que clair = léger).

Les masses, ainsi que les espaces qui les séparent, sont subordonnées aux lois de l'équilibre.

La règle est la suivante :

Pour assurer l'équilibre de l'image, il faut compenser les masses entre elles.

Et pour assurer cette compensation des masses entre elles, nous disposons de plusieurs moyens.

On joue sur la **dimension** des masses, ainsi que sur les **distances** qui les séparent. On notera que les petites masses s'éloignent vers la marge de l'image, tandis que les grandes masses se rapprochent du centre.

Exemples :

On peut également travailler sur la **densité** des masses en variant les teintes de gris ou les couleurs.

Si l'on équilibre deux masses sur des **points forts**, il est préférable de placer la plus petite en haut, et la plus grande en bas, pour « asseoir » la photo, selon l'exemple typique des deux bateaux sur la mer. Bien entendu, le construction en diagonale sera préférée à toute autre dans ce cas.

Exemples :

Bon

Mauvais

Il est souvent judicieux d'asseoir la photographie sur une base foncée.

Dans le cas d'une image construite sur des **plans différents** et avec des **masses de surfaces inégales**, il est sans importance que ce soit la grande ou la petite masse qui soit au *premier plan* (du moins, en ce qui concerne l'équilibre, car il en va autrement au niveau de l'accentuation de l'importance qu'elles prennent par rapport à l'observateur).

Exemples :

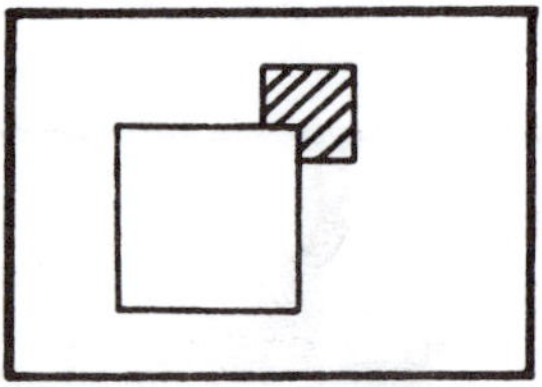

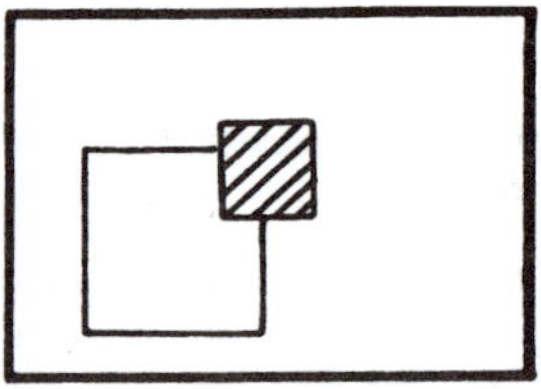

En résumé, on peut dire que la sensation d'équilibre des masses résulte d'une disposition au sein de laquelle les zones sombres contrastent avec les zones plus claires, les formes simples s'opposent à des structures plus complexes, et les plages détaillées alternent avec des surfaces vides.

La liaison des masses entre elles, ainsi qu'avec le sujet principal de l'image (exception faite du cas où les masses constituent le sujet principal), peut être réalisée par la perspective, les couleurs, la texture (voir page 135), ainsi que par l'action des lignes principales.

Il faut enfin retenir qu'une masse de grande surface monopolise l'attention au détriment des masses plus petites. Son impact est donc plus important.

L'espace, les plans, la profondeur de champ

C'est ici que nous rencontrons le problème fondamental de la photographie. Jusqu'à maintenant, nous nous sommes efforcés de ne voir la photographie qu'en deux dimensions (largeur/hauteur).

Le pas suivant consiste à essayer de « rendre » photographiquement la notion de *troisième dimension* (la profondeur, l'épaisseur).

Le film photographique étant, par définition, à deux dimensions seulement (nous ne nous occupons pas ici des procédés holographiques qui sont encore du domaine du futur), il nous faudra utiliser des « trucs » basés sur l'illusion d'optique pour redonner cette impression de profondeur.

On obtient le résultat souhaité :
— premièrement en jouant sur les *rapports spatiaux* entre un ou plusieurs premiers plans et un ou plusieurs seconds plans ;
— deuxièmement en utilisant à notre profit le fait que les objets semblent diminuer de *taille* au fur et à mesure qu'ils s'éloignent de l'appareil photographique ;
— troisièmement en renforçant encore cet effet par l'utilisation du phénomène de la *perspective géométrique* ;
— quatrièmement en utilisant les diverses *valeurs de gris ou des couleurs*.

La plupart des photographies qui cherchent à rendre l'espace et la troisième dimension allient deux ou plusieurs de ces effets.

Revoyons donc d'un peu plus près ces éléments :

■ Les plans

On peut établir une liste des différents plans disponibles :
— L'*avant-plan*, net ou flou, très proche, dont on a vu qu'il est souvent judicieux de le concevoir en teintes sombres ;
— le *premier plan*, toujours net, à mi-distance, il contient le sujet principal ;
— le *second plan*, net ou flou, peut apporter un complément d'information au premier plan ;

— l'*arrière-plan*, suggéré et flou, se situe à plus longue distance et donne un fond à l'image ;
— les *lointains*, ou l'*infini*, ferment le sommet de l'image.

Toutes les photographies ne font pas nécessairement appel à la totalité des plans, mais il en faut au moins deux pour exprimer une réalité à trois dimensions.

Une photographie gagne toujours à s'appuyer sur un premier plan fort. Ce peut être une surface sombre, une branche d'arbre, un porche en contre-jour, une portion de terrain conduisant le regard vers les lointains d'un paysage, par exemple.

Il est à noter que l'arrière-plan gâche souvent la photographie. L'attention du photographe se concentrant sur le sujet principal, un fond inopportun peut s'inscrire sur l'image. Seule la distraction en est la cause. Il faut donc toujours veiller à composer également le fond, ou à le rendre flou.

■ La perspective géométrique

En ce qui concerne la perspective géométrique, il faut se rappeler que les lignes droites parallèles, s'allongeant en profondeur devant l'appareil, ne se déplacent plus parallèlement au plan du film et convergent, tout naturellement, vers un point de fuite.

Ce dernier peut se situer approximativement au centre de l'image, et la perspective nous paraîtra « naturelle ». Si ce point de fuite prend place près du sommet de l'image (à l'intérieur, ou à l'extérieur du cadre), la perspective produira un effet de vue prise en contre-plongée (du bas en haut). Enfin, un point de fuite situé près du bas de l'image engendrera un effet de vue prise en plongée (de haut en bas).

■ Les couleurs

En photographie couleur, la notion de troisième dimension peut également être rendue par un *effet d'éloignement apparent* de certaines couleurs.

D'une façon générale, les tons jaunes/rouges semblent se rapprocher de l'observateur, alors que les tons bleus/verts semblent s'éloigner de lui.

La combinaison judicieuse de ces divers effets permet de reproduire assez efficacement la profondeur et le volume.

Pour compléter une règle déjà vue auparavant (page 114), on peut noter que l'on peut amener le regard de l'observateur sur le sujet principal en utilisant un premier plan (avec ou sans effet de perspective). D'autre part, on élimine de la composition les éléments inutiles et marginaux susceptibles de faire « sortir » le regard du cadre de l'image.

L'utilisation de teintes graduées allant des tons chauds (jaune/rouge) vers des tons plus froids (bleu/vert) peut également amener le regard à l'endroit où on le désire.

■ Les valeurs de gris

En photographie noir et blanc, la sensation de profondeur peut également être reproduite au moyen des différentes valeurs de gris. Habituellement, le passage du foncé au clair indique l'éloignement. Dans certaines photographies cependant, l'impression peut être exactement contraire (cas d'un visage clair sur fond sombre, ou low key, voir page 167).

■ D'autres moyens

En jouant sur le choix de l'objectif, la mise au point sélective, et la profondeur de champ, on augmente, ou diminue, la sensation d'épaisseur, ou de profondeur d'un sujet :

— l'*objectif :* le grand-angle accentue la sensation de perspective géométrique, alors que le téléobjectif la diminue. Le téléobjectif, par contre, permet un rapprochement du sujet, ainsi d'ailleurs qu'un écrasement des plans allant à l'encontre de l'effet recherché ici. Il faudra donc trouver le compromis idéal en essayant diverses focales ;

— la *mise au point :* en effectuant la mise au point sur un premier plan rapproché, avec une grande ouverture de diaphragme, on obtiendra peu de profondeur de champ et donc un rendu faible, ou inexistant, de la troisième dimension.

Avec le même cadrage et le même diaphragme (ouvert), mais avec une mise au point effectuée sur une distance moyenne, on obtiendra une photo à trois plans échelonnés en profondeur (un flou, un net et à nouveau un flou).

Avec le même cadrage et la même mise au point effectuée sur une distance moyenne, mais avec un diaphragme fermé (f/11, f/16), on obtiendra une plus grande profondeur de champ, et donc un meilleur rendu de la troisième dimension.

— la *profondeur de champ :* nous venons de l'apercevoir au paragraphe précédent, on peut aussi jouer sur la variation de l'ouverture du diaphragme pour mieux rendre la troisième dimension en augmentant la zone de netteté en profondeur.

Les impressions visuelles

Après les notions de composition, et l'analyse détaillée des éléments constitutifs de l'image, examinons les différentes sortes d'impressions visuelles que l'on peut exprimer par la photographie, à savoir : la texture, l'équilibre, le rythme, le mouvement, le symbolisme de direction, l'atmosphère.

Le masque de pierre
Appareil : Zenza Bronica ETR 4,5 × 6 cm — *Objectif :* Zenzanon 75 mm f/2,8. Avec trépied de poche (voir page 64)

La texture

Lorsqu'elle est photographiée plein cadre, la texture est toujours une surface (voir page 120). Ce type d'approche permet cependant de montrer la caractéristique physique du sujet, et donc d'apporter une information sur la matière même de ce sujet.

La texture renforce la notion de profondeur en l'évoquant, sans toutefois aller jusqu'à exprimer le volume. La texture apporte une sensation de troisième dimension. On peut dire qu'elle nous fait percevoir le microrelief des choses.

En toute logique, la meilleure manière de reproduire la texture d'un sujet consiste donc à l'agrandir et, par conséquent, à le photographier à relativement courte distance.

Une autre possibilité importante de mettre en valeur la texture d'un sujet est de jouer avec la lumière. Les meilleurs types d'éclairage en ce domaine se rapprochent du plan du sujet (éclairages obliques ou rasants). L'éclairage de face s'avère, par contre, inutilisable.

En guise de conclusion, relevons qu'on ne devrait supprimer la texture des choses, que si l'on veut particulièrement insister sur les formes ou sur les lignes (effets graphiques).

L'équilibre

Une bonne photographie retient d'autant mieux l'attention qu'elle dégage une impression d'équilibre, et d'harmonie entre ses divers composants.

L'équilibre se trouve aussi bien dans la notion de division de l'espace, que dans la répartition des masses, l'utilisation de la couleur ou de l'éclairage.

L'équilibre obtenu par une équivalence d'éléments de même nature sera de type statique. Meilleur sera l'*équilibre dynamique* obtenu par les influences contraires de deux ou plusieurs éléments de nature différente. A titre d'exemple, on peut équilibrer une disproportion de taille entre deux surfaces en privilégiant la plus petite par une couleur plus forte.

Le rythme

Nos aspirations esthétiques, en photographie, ne se nourrissent pas d'équilibre seul, mais aussi de rythme (qui est d'ailleurs une autre façon de parvenir à l'équilibre).

Le rythme se fonde sur la répétition d'éléments semblables. On peut donc obtenir des rythmes basés sur des lignes, des masses, des couleurs, des formes ou motifs.

Cette répétition peut être soit naturelle, soit obtenue par un trucage. On peut, par exemple, réaliser la répétition d'un même sujet par le biais d'une exposition multiple, ou encore par l'emploi d'un prisme (voir en page 164).

Dans la mise en valeur du rythme, l'éclairage joue un rôle considérable, comme toujours en photographie.

Enfin, on peut également jouer sur une cassure du rythme — ce que les musiciens nomment la syncope — pour retenir l'attention de l'observateur et désigner le centre d'intérêt de l'image.

Le mouvement

Nous l'avons déjà dit, la bonne photographie conduit le regard sur le centre d'intérêt de l'image. Cela revient à dire que l'impression de mouvement engendrée par le déplacement dirigé du regard constitue un élément fondamental qu'il convient d'utiliser chaque fois que possible.

Un mouvement vif sera plus dynamique qu'un mouvement progressant par valeurs très proches les unes des autres. Soulignons à ce propos que l'esquisse du mouvement peut s'avérer autant, et même plus, efficace que la représentation même de ce mouvement.

Diverses techniques permettent de suggérer, ou d'illustrer, le mouvement en photographie (voir à ce sujet en pages 132, 144, 161, 163, 166, 184, 261).

Le symbolisme de direction

Le format carré, ou rectangulaire, de la photographie privilégie huit directions : le haut, le bas, la droite, la gauche et les diagonales. Ces directions ne prennent pas la même signification subjective. En voici la clé :

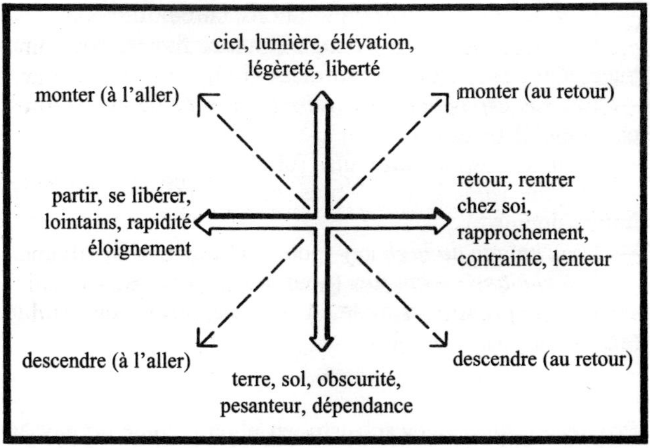

On peut toujours renforcer dans une certaine mesure (ou au contraire atténuer) ces impressions subjectives. La technique des contrastes d'éléments de nature différente sera préférée, pour ce faire, lors de la construction de l'image.

L'analyse de la photographie de couverture, que vous trouverez en page 148, illustre également ce propos.

L'atmosphère

L'atmosphère est synonyme d'impact, de sensation ressentie en premier lieu par le photographe au moment de la prise de vue, puis par l'observateur de l'image finale.

L'atmosphère résulte avant tout d'une «relation» qui s'établit entre le sujet et le photographe, d'une bonne observation, du choix du moment, et d'une judicieuse utilisation de la lumière et/ou de réverbérations.

On peut accentuer l'atmosphère d'une photographie par divers moyens techniques dont :
— l'*utilisation de filtres* (colorations, chromofiltres),
— l'*adoucissement de l'image* (brume, fumée, bas nylon, buée, lentilles spotlens ou softlens, etc.),
— La *sous-exposition volontaire* (effet clair de lune, ou coucher de soleil, etc.),
— la *sur-expositon volontaire* (effet pastel),
— le *flou volontaire*, et plus ou moins prononcé (effet impressionniste),
— la *technique du high key* (pour toutes prises de vues),
— la *technique du low key* (pour toutes prises de vues),
— la *surimpression*, simple ou multiple, précise ou tremblée (au moteur, par exemple),
— etc.

Problème : un danger subsiste, en photographie de paysage notamment. Le photographe se sent tout à coup attiré inexplicablement par un coin de paysage, il le photographie et s'aperçoit par la suite que la photo ne rend pas l'effet escompté. La raison en est simple.

La photographie enregistre d'un seul coup l'ensemble de son champ d'observation (variant avec la focale de l'objectif et le format du film), alors que l'œil n'enregistre qu'une série de visions partielles (voir à ce sujet la page 14). Il faut donc soigneusement sélectionner la portion du sujet susceptible de rendre l'effet désiré et surtout la profondeur dans le cadre du paysage.

Enfin, d'autres facteurs, étrangers à la photographie (et à ses possibilités), influencent le photographe au moment de la prise de vue. Ce sont : les sons, les senteurs, les conditions atmosphériques, divers facteurs émotionnels ou psychologiques, ou encore des associations d'idées momentanées.

La meilleure technique de prise de vue, pour éviter ces écueils, consiste à multiplier les vues. On prendra la (ou les) première(s) photo(s) d'instinct, puis on réfléchira et on cherchera quels sont les éléments caractéristiques du sujet. Ceci déterminé, il convient de les mettre en valeur de manière appropriée. On prendra alors d'autres vues.

La couleur

La couleur apporte une dimension nouvelle à la photographie : le reflet de la vie. Mais l'approche de la photo couleur peut se faire sous deux aspects :
— la **reproduction** aussi fidèle que possible de la « réalité » telle que se la représente notre œil ;
— l'**interprétation** subjective de cette « réalité » en s'attachant à observer et à localiser certains aspects des choses que l'on valorise par l'harmonie des formes et des couleurs selon une démarche proche de celle des peintres. La macro-, ou proxi-photographie, ainsi que l'usage du téléobjectif, s'avèrent souvent utiles pour isoler un élément du tout.

Le tableau des pages suivantes présente les principales caractéristiques des couleurs, de leur effets sur notre vision et sur notre perception (vous pourrez le compléter ultérieurement au gré de vos recherches).

Notions générales concernant l'analyse de la couleur

— Les couleurs primaires sont : le rouge, le jaune, le bleu.
— Les couleurs secondaires sont : le vert, le violet, l'orangé.
— Une couleur pâle devient d'autant plus claire que la couleur qui l'entoure est plus foncée.
— Une couleur intense devient d'autant plus foncée que la couleur qui l'entoure est plus claire.

Température apparente	Couleur	Valorisée par	Complémentaire	Formes privilégiées
1. NEUTRES	Noir	Toutes couleurs	Blanc	Carré Ligne horiz.
	Gris clair	Toutes couleurs		Ligne diagon.
	Gris foncé	Toutes couleurs		Ligne diagon.
	Blanc	Variation de la densité (ombres)	Noir	Ligne vertic.
	Brun, marron	Toutes couleurs		
2. FROIDES	Violet	Mélange avec tons chauds et froids	Jaune	Ovale
	Bleu-violet		Jaune-orangé	
	Bleu	Fond blanc	Orange	Cercle Ligne oblique Angle obtus
		Fond noir	Orange	Cercle Ligne oblique Angle obtus
	Bleu-vert (cyan)		Rouge-orangé	

Symbolisme	Sensation psychologique	Impression	Effet sur l'œil. Réaction du globe
Nuit, deuil Cécité, terreur Ignorance, Solitude	Dramatise Refroidit Amincit	Relativement neutre, renforce les couleurs en les fonçant	Il avance, d'où : vision sélective comme une mise au point rapprochée
Gravité Austérité	Compense, lie, tiédit	Neutre	Sans effet
Désespoir	Tiédit	Neutre	Sans effet
Innocence Paix Timidité Jour	Illumine Chauffe Grossit	Relativement neutre, affaiblit les couleurs en les éclaircissant	Il recule, d'où : vision globale comme une mise au point à l'infini
Sévérité, gravité Matérialisme	Apaise, conclut	Assez neutre	
Tristesse Mélancolie Dignité			Il recule
			Il recule
Profondeur Eloignement Transparence Idéal, rêve	Repose Incite à la médi-tation	Couleur fuyante	Il recule
Introversion Passivité Vertu	Déprime	Enferme le regard	Il recule
Froid absolu	Agresse		Il recule

Température apparente	Couleur	Valorisée par	Complé-mentaire	Formes privilégiées
	Vert	Fond clair contre-jour	Pourpre	Triangle avec côtés arrondis Diagonale
	Jaune-vert		Rouge-violet	
3. CHAUDES	Jaune	Fond sombre	Violet	Triangle Angle aigu Oblique
		Fond blanc	Violet	Triangle Angle aigu Oblique
	Jaune-orangé		Bleu-violet	
	Orange	Fond sombre	Bleu	Trapèze
	Rouge-orangé		Bleu-vert	
	Rouge	Blanc = chaud Noir = éclatant	Vert	Carré, angle droit, diagon.
	Rouge-violet		Jaune-vert	

— La juxtaposition de deux couleurs, d'une valeur différente, les fait ressortir en éclaircissant la claire et en obscurcissant la sombre.
— On obtient un contraste maximum en juxtaposant deux couleurs complémentaires (exemple : jaune/violet).
— Deux couleurs complémentaires d'égale valeur ne peuvent s'harmoniser (exemple : vert/pourpre). Pour ce faire, les valeurs doivent être inégales.
— Il en est de même entre une couleur froide et une couleur

Symbolisme	Sensation psychologique	Impression	Effet sur l'œil. Réaction du globe
Espoir Fertilité	Apaise, calme	Neutre	Sans effet
Activité, joie	Réjouit, égaie		
Soleil, lumière Prudence Rouerie	S'impose	Accroche l'œil Sans agressivité	S'étire sur les côtés
Soleil, lumière Pureté, joie Richesse	Enerve	Agresse	Subit des tensions périphériques
Chaleur absolue Soleil couchant Feu, progrès Vanité	Réchauffe	Attire l'œil, Très visible	Tend à avancer
			Il avance
Extraversion, action, désirs violents, amour	Stimule	Rapprochement Force, puissance, intensité	Il avance
Hésitation	Effraie, mécontente	Bouge	

chaude (la surface de cette dernière devra être d'autant moins importante qu'elle sera plus intense).

— Il faut se garder d'abuser des couleurs. Deux suffisent souvent, à condition qu'il y ait un contraste entre elles.

— Le contraste peut se fonder sur une opposition de couleurs de base et couleurs complémentaires, clarté et obscurité, quantité (bleu/jaune = très forte sensation), température (chaud/froid).

— Dans les forts contrastes de couleurs, l'adjonction d'une

tache blanche, dans le cadre de l'image, peut atténuer l'effet obtenu.
— Les adultes préfèrent, dans l'ordre décroissant : le bleu, le rouge, le vert, le violet, l'orange, le jaune, etc.
— Les enfants préfèrent d'abord le rouge, puis le bleu, le vert, etc.
— D'une façon générale, la couleur prime sur le noir et blanc.
— En photographie noir et blanc, les couleurs sont traduites par diverses valeurs de gris. En passant du clair au foncé, le gris évolue symboliquement de l'austérité, ou de la tristesse, au désespoir.
— Le relief, ou le volume d'une image, peuvent être suggérés par la couleur seule (en utilisant par exemple les oppositions de couleurs « qui rapprochent » et « qui éloignent »). Voir page 132 à ce sujet.
— Le mouvement peut être également rendu par une judicieuse disposition des couleurs les unes par rapport aux autres, ainsi que par rapport au cadre de l'image. On le recrée aussi par l'utilisation de dégradés mono-, ou polychromes.
— La lumière est indissociable de la couleur en photographie.

L'éclairage

La maîtrise de la lumière (ou des lumières, en cas d'éclairages combinés) constitue l'élément fondamental en photographie. Le mot lui-même veut d'ailleurs dire « écrire avec la lumière ».

On distingue deux types de lumières : la lumière naturelle et la lumière artificielle. On peut d'ailleurs subdiviser chacune de ces deux catégories en deux nouvelles classifications : la lumière principale et la lumière secondaire.

Statue ou réalité ?
Appareil : Canon F-1 avec zoom 80-200 mm

La lumière naturelle

La lumière naturelle, ou lumière du jour, fournit un éclairage idéal tôt le matin (peu après le lever du soleil) et tard l'après-midi (à partir de 16 heures en été, sous nos latitudes).

En photographie couleur, la lumière diffuse que l'on trouve lorsqu'il pleut est excellente. Il en va de même pour la lumière après l'orage.

La lumière principale (provenant directement du soleil, ou de la lune) situe le sujet dans l'espace, tandis que la lumière secondaire — surtout diffuse — a pour effet d'en mieux préciser les contours.

En lumière naturelle, les éclairages conseillés sont :
— le 3/4 arrière qui restitue bien les notions de relief et de profondeur (dans un paysage, par exemple) ;
— l'éclairage frisant qui détaille mieux les surfaces et valorise les textures (murs, par exemple) ;
— l'éclairage latéral qui bonifie le relief ;
— le contre-jour, éclairage spécifique pour l'obtention d'effets particuliers (on dirige l'appareil en direction de la source de lumière et le sujet s'inscrit en silhouette sur la pellicule).

Par contre, les éclairages qu'il faut éviter, dans la mesure du possible, sont :
— l'éclairage de face (la source de lumière se trouve dans le dos du photographe) qui aplatit et banalise tout ;
— l'éclairage du dessus (soleil de midi, en été, par exemple) qui efface le relief.

La lumière artificielle

Mentionnons de suite deux problèmes qui se posent lorsqu'on utilise de la lumière artificielle en guise d'éclairage.
— Si l'on ne veut pas voir apparaître des dominantes colorées (jaune/rouge) du plus mauvais effet, il faut utiliser des émulsions spéciales dont la balance chromatique a été modifiée (pellicules type lumière artificielle, équilibrées pour 3 200° Kelvin). On peut également filtrer lors de la prise de vues. Le flash électronique fournit une lumière de type « jour » et ne nécessite donc pas de corrections.
— Il faut équilibrer la puissance des sources lumineuses de façon à obtenir une lumière principale dominant nettement. Ainsi, les ombres se dirigent toutes dans le même sens et la (ou les) lumière(s) secondaire(s) adoucit (adoucissent) les ombres, afin qu'on y trouve encore des détails.

Les différents types d'éclairages artificiels sont :
— l'éclairage frontal (la lumière vient de face et au-dessus) qui provoque des ombres courtes et dures ;
— l'éclairage de face (le plus mauvais) qui efface tout relief ;

— l'éclairage du dessous qui ne peut s'employer que dans le cas où l'on désire dramatiser fortement le sujet (effet « surnaturel ») ;
— l'éclairage à 45° (la lumière vient d'en haut, en biais, et sous un angle latéral de 45° environ) qui correspond à l'éclairage naturel. C'est l'éclairage classique par excellence ;
— l'éclairage latéral (ou frisant) qui met particulièrement en valeur le sujet dont on veut accentuer le relief (bas-reliefs, mur, etc.) ;
— l'éclairage à contre-jour vient de derrière le sujet et n'en révèle que la silhouette (effet « auréole »). Il s'avère préférable de réaliser des semi-contre-jours en plaçant la source lumineuse des 3/4 arrière plutôt que dans l'axe optique ;
— l'éclairage indirect (ou bounce-flash, lorsqu'on utilise un flash électronique) donne une lumière diffuse qui convient à beaucoup de sujets, bien que manquant un peu de « caractère ». La source de lumière n'éclaire le sujet que par réflexion sur un mur, un plafond, ou un écran clair ;
— les éclairages combinés qui utilisent plusieurs sources de lumière. Ils permettent un contrôle du contraste général de l'image. C'est avec eux que le problème de l'équilibre des sources lumineuses se pose dans toute son acuité (voir page précédente).

Le contenu

En complément de ce qui a été dit à la page 112, on peut distinguer diverses catégories de photographies :
— la *photo familiale*, dont le contenu porte témoignage des diverses étapes de la vie d'une famille, et pour laquelle les préoccupations esthétiques ne sont pas évidentes ;
— la *photo de vacances*, dont le contenu s'apparente à celui de la précédente catégorie ;
— la *photo de hobby*, dont le contenu peut aborder tous les sujets, mais de façon le plus souvent superficielle ;
— la *photo de reportage*, dont le contenu expressif prime sur la qualité esthétique ;
— la *photo scientifique*, dont le contenu constitue un docu-

ment de travail, qui ne se rapproche de l'esthétisme que par hasard ;

— la *photo commerciale et utilitaire*, dont le contenu est subordonné aux impératifs de rentabilité. Elle dépend ainsi des goûts des clients sans références évidentes à l'esthétisme ;

— la *photo philosophique et sociologique* (à laquelle se rattache l'école américaine du *snap shoot*), dont le contenu cherche à porter témoignage d'une réalité sociale, économique, ou politique. Là encore, la force du message importe plus que les canons de l'esthétique ;

— la *photo artistique*, qui est le fait, soit des amateurs avertis (formés, le plus fréquemment, par des photo-clubs), soit des artistes professionnels. Le contenu dépend alors totalement des préoccupations esthétiques de chaque photographe. Dans cette catégorie de photographies, l'imagination novatrice et l'expressivité originale doivent régner.

Une règle s'impose dans ce cas plus qu'en d'autres encore :

> L'image photographique doit chercher à mettre en valeur une idée ou un sujet donné. Tout ce qui ne concourt pas directement à la réalisation du but visé doit être éliminé.

L'important, c'est d'avoir quelque chose à dire et de le dire simplement.

Comment réaliser une photo de couverture

Nous avons achevé le cycle d'analyse détaillée de la photographie et de ses éléments constitutifs.

A titre d'exemple d'application de ces théories, penchons-nous sur la réalisation d'une photographie de couverture de livre photographique.

Quel est le problème initial ? Assurément, réaliser une couverture attrayante, attirant le regard et signifiant que le livre parle de photographie, qu'il s'adresse aux amateurs de tous niveaux, et qu'il convient de l'ouvrir sans tarder.

Comment ce problème a-t-il été résolu? La construction repose sur une *masse lourde* (un boîtier 24 × 36 mm noir au premier plan à gauche) et sur un *mouvement* ascendant en diagonale incurvée vers la droite. Une suite d'appareils de taille décroissante va suggérer le mouvement et entraîner le regard à sa suite.

Pour atténuer la pesanteur et assurer un certain équilibre, nous pouvons jouer sur un *éclairage* différencié. D'abord clair sur la masse sombre, il s'assombrira progressivement au fur et à mesure de la diminution des masses. Le tout baignera dans une *teinte monochrome*, le bleu, qui s'harmonise avec le sujet principal et exprime la réflexion calme qui doit présider à la réalisation de l'œuvre photographique.

De plus, la *ligne optique* conduira le regard sur le titre au sommet de l'ouvrage, puis le bord du cadre à droite « descendra » le regard jusqu'au moment où une masse sombre (un boîtier moyen-format coupé verticalement par le cadre) incitera le lecteur à tourner la page et à ouvrir le livre.

Autre élément intervenant ici : le *symbolisme*. Les boîtiers à photographier au premier plan proviendront du Japon, principal producteur actuel, alors que l'Europe sera représentée par les chefs-d'œuvre allemands de la miniaturisation. L'Amérique, quant à elle, présente le plus vaste marché « grand public » du monde. C'est donc très normalement qu'elle est représentée par un appareil compact jetable.

S'il peut étonner, le choix d'un appareil 24 × 36 mm « classique » au lieu d'un boîtier plus moderne s'impose. En fait, il s'agit de réaliser une photographie qui ne soit pas facilement « datable » et qui ne se démodera pas trop vite. Le classicisme s'impose donc.

Pour terminer, la photo représentera l'éventail complet du marché amateur, du compact de « Monsieur tout le monde » au 24 × 36 mm à système de haut de gamme, pour arriver au plus sophistiqué des appareils 4,5 × 6 cm destiné à l'amateur très averti (et fortuné !).

Petite histoire de cette réalisation

Il faut premièrement trouver l'idée susceptible de répondre aux *critères* préalablement déterminés. L'*image « mentale »* de cette photographie se décante peu à peu pour surgir un soir dans toute sa netteté.

Une *esquisse* est immédiatement réalisée. En réfléchissant aux *moyens techniques* à mettre en œuvre pour produire l'image définitive, il est apparu que seule une chambre grand format, avec décentrements et surtout bascules, pourra convenir. Contact sera donc pris avec un studio photographique de la place pour obtenir le prêt du fameux et indispensable engin.

Sitôt dit, sitôt fait, avec en prime le studio et l'appui de l'opérateur patenté. Une fois la *disposition idéale* trouvée sur le vaste plancher du studio, recouvert d'un fond de carton bleu pâle, s'ensuit une longue séance de réglage de la *lumière*. En définitive, un seul flash électronique, de type spot, doté d'un coupe-flux en nid d'abeilles, sera nécessaire.

Quelques *essais sur film Polaroïd* noir-blanc au format 4 × 5 inches (10 × 12,5 cm) seront indispensables pour déterminer avec précision les *paramètres* de la prise de vue et « fignoler » l'éclairage.

La *photographie définitive* sera enfin enregistrée sur film Ektachrome de 64 ISO en format 4 × 5 inches, avec une chambre Sinar, une optique de 180 mm et un diaphragme de f/32. Deux *vues supplémentaires* « de sécurité » seront encore prises à 1/2 diaphragme d'écart en plus et en moins. Temps total : 5 heures ! Une paille.

Conclusion du chapitre en forme d'interrogation

Les diverses notions théoriques, que nous venons de passer en revue, nous amènent à nous demander si la photographie doit être *instinctive* ou, au contraire, *mûrement réfléchie* ?

La réponse nous paraît contenue dans la constatation suivante : les chefs-d'œuvre photographiques sont toujours basés sur une composition rigoureuse. Brassaï a d'ailleurs dit un jour : « J'ai toujours tenu la structure formelle d'une photo, sa composition, pour aussi importante que le sujet lui-même. La mémoire ne retient pas des images inconsistantes où tout a été laissé au hasard. »

On peut, bien entendu, toujours photographier d'instinct à condition que nos photos soient « composées ». Comme cette possibilité n'est pas donnée à tout un chacun, connaître les principales règles de la composition ne peut faire de mal.

Insistons fortement sur une règle de composition qui domine toutes les autres : la nécessité de la simplicité. N'essayons pas d'appliquer toutes les règles dans une même image. Au contraire, sélectionnons soigneusement le ou les effets qui serviront le mieux notre idée.

Il reste enfin à préciser que toute règle, une fois parfaitement maîtrisée, peut être transgressée, mais à condition d'obtenir une photographie qui plaise et qui frappe le regard, et le cœur, de l'observateur.

Brassaï, à qui nous emprunterons notre conclusion, a d'ailleurs ajouté : « Seules les images fortement *saisies* ont la faculté de pénétrer profondément dans la mémoire, d'y rester, de devenir, en somme, *inoubliables*. C'est pour moi le seul critère d'une bonne photographie. »

De la notation des prises de vues

S'il est une pratique qui nous paraît indispensable au photographe soucieux de progresser, c'est bien celle de la notation.

Il s'agit tout simplement de compléter son équipement photographique de base avec un stylo et un bloc-notes, puis de *s'en servir* pour noter les différents paramètres de la prise de vues.

Cette manière de procéder comporte plusieurs avantages. Citons :

— nous obliger à réfléchir lors de la prise de vues ; allons-nous utiliser un filtre, un éclairage d'appoint, un trucage, etc. ; quelle focale allons-nous choisir ; quel angle mettra le mieux en valeur le sujet ; à quelle heure sera-t-il préférable de prendre la photo ?
— faire apparaître d'éventuelles erreurs de réglage (exemple typique : le réglage de la sensibilité ISO... Qui n'a jamais oublié une correction qui se voulait temporaire ?) ;
— permettre une étude comparative des photos enregistrées et, par là, mettre en évidence les causes d'un éventuel échec ;
— favoriser une meilleure connaissance, d'où une plus grande maîtrise, de son appareil et de ses réactions propres ;
— déterminer les corrections à apporter lors de la prise de vues en fonction des divers types de pellicule utilisés ;
— fournir d'utiles renseignements ultérieurs lors d'une inscription à un concours ou lors de la reproduction d'une photo.

Voici un exemple de la fiche que nous utilisons dans notre photo-club :

FILM : *Ektachrome Prof.* DATE : *3.5.79*
ISO NORMAL : *200* POUSSE : *400*

VUE N°	APPAREIL	OBJECTIF MARQUE	OBJECTIF FOCALE	ADDITIFS	FILTRES	TEMPS DE POSE	DIAPHRAGME	FLASH EVENTUEL	TRUCAGE EVENTUEL	LIEU / HEURE	TITRE
00											
0	*Canon*	*id.*	*200*	–	*UV*	*250*	*5,6*	–	–	*15 h.*	
1	«	«	*50*	*Doublon*	*UV*	*125*	*4*	*Oui*	–	*20 h.*	
3											
4											
5											
6											

CORRECTIONS ET TRUCAGES

L'utilisation des filtres

Le filtre est un accessoire que l'on place généralement à l'extrémité de l'objectif, afin de :
— protéger la lentille avant,
— corriger une dominante colorée,
— modifier le contraste en noir et blanc,
— réaliser des effets spéciaux.

Aujourd'hui, tous les objectifs reçoivent un traitement multicouches lors de leur fabrication. De plus, on calcule leur formule optique de manière à corriger la plupart des aberrations chromatiques. Il n'est donc plus besoin de filtres pour cet usage.

Les filtres existent sous deux aspects :
— feuilles de gélatine à glisser dans un porte-filtres ad hoc,
— verres (teintés ou non) en montures circulaires que l'on visse en bout d'objectif.

La seconde version convient mieux à l'usage amateur en raison de sa solidité plus grande, mais il en coûte un peu plus à l'achat. Les meilleurs filtres reçoivent eux aussi un traitement multicouches.

En ce qui concerne la mesure de l'exposition, le posemètre incorporé effectuera automatiquement les corrections nécessaires (excepté pour le filtre polarisant linéaire). Avec un posemètre indépendant, il suffit d'opérer en tenant le filtre devant la cellule, avant de le monter sur l'objectif.

Les filtres en noir et blanc

Il convient, dans cette catégorie, de distinguer les **filtres de correction,** des filtres de contraste.

Les premiers s'emploient pour que le film puisse restituer toutes les nuances du sujet.

Ainsi, en lumière artificielle, il est bon de munir son objectif d'un filtre vert-jaune pour atténuer l'excès de rayonnements ultraviolets et rouges émis par l'éclairage.

Alors qu'en lumière du jour l'emploi d'un filtre jaune clair s'impose pour corriger les excès de rayonnements ultra-violets et bleus. Un filtre anti-UV produit les mêmes effets. Il s'avère d'ailleurs très utile de le monter en permanence sur chaque optique utilisée, car il les protège des rayures intempestives (et toujours coûteuses !).

Les **filtres de contraste** servent à accentuer la différence de gris entre deux teintes qui, normalement, se traduisent par une même valeur.

La règle de base, en la matière, s'énonce ainsi :

> Le filtre de contraste doit, en noir et blanc, avoir la même couleur que celle que l'on désire éclaircir.

L'action du filtre se traduit, en effet, par un éclaircissement des teintes identiques, ou proches, de la sienne propre. D'autre part, le filtre renforce les couleurs complémentaires de la sienne en les fonçant.

On trouve les filtres ci-après :

- **filtre jaune :** il a pour principal effet de rétablir un contraste correct entre les nuages et le ciel, ainsi qu'avec l'avant-plan. Il se fabrique en trois versions : jaune clair, jaune moyen, jaune foncé. L'effet produit s'avère plus ou moins prononcé, selon que le filtre est foncé ou clair. Le filtre jaune éclaircit le rouge et le vert, mais fonce le bleu ;

- **filtre orange :** il renforce les contrastes entre les tons jaunes et rouges et produit un certain effet d'orage dans le ciel. Il sert essentiellement en photographie de paysage, et notamment lorsqu'on utilise un téléobjectif. Il éclaircit le rouge, mais fonce le vert et le bleu ;

■ **filtre rouge :** surtout utile pour les prises de vues éloignées, car il supprime la brume, il existe en version rouge clair ou rouge foncé. Il éclaircit le rouge et fonce le vert et le bleu ;

■ **filtre vert :** indispensable pour les photographies de paysages avec végétation, il améliore, de plus, le rendu des portraits réalisés sous un soleil voilé (attention : il fonce les taches de rousseur). Il éclaircit le vert, mais fonce le rouge et le bleu.

■ **filtres jaune-vert** et **jaune-orange :** ils produisent des effets intermédiaires entre ceux des filtres jaune et vert pour le premier (il fonce le bleu et éclaircit le vert, sans influencer le rouge. Il renforce donc le contraste du ciel et éclaircit les feuillages), ainsi qu'entre ceux des filtres jaune et orange pour le second (il éclaircit le rouge, fonce le bleu et n'a pas d'influence sur le vert) ;

■ **filtre bleu :** il donne un meilleur rendu des teintes en noir/blanc (et notamment du rouge). Il renforce également le voile atmosphérique, ce qui augmente la perspective aérienne dans la photo de paysage. Excellent pour le portrait, il faut toutefois se rappeler qu'il a pour effet secondaire de faire ressortir les taches de rousseur et les impuretés de la peau. Il éclaircit le bleu et fonce le rouge, ainsi que le vert.

Remarque : le filtre bleu, spécialement conçu pour l'usage en noir et blanc, ne peut s'utiliser comme filtre de conversion en couleur, alors que l'inverse est possible.

■ **filtre infrarouge** (ou filtre noir) : c'est en réalité un filtre rouge très foncé qui s'utilise en photographie infrarouge noir et blanc afin d'obtenir un effet maximum. Un filtre rouge foncé ordinaire ne donne qu'un effet infrarouge partiel, alors que le filtre infrarouge ne laisse passer que les rayons IR jusqu'à 1 000 nm. Il est coûteux.

Les filtres mixtes

Ces filtres conviennent aussi bien en noir et blanc qu'en couleurs. Ce sont :

■ **le filtre gris :** de densité neutre, ce filtre s'utilise pour diminuer l'intensité de la lumière, aussi bien en noir et blanc qu'en couleurs. Il existe en diverses versions (× 2, × 4, × 8) suivant sa densité. Il s'avère surtout utile pour les photographes qui travaillent avec des films de haute sensibilité en intérieur (ou au téléobjectif), et qui doivent soudainement photographier en pleine lumière, à l'extérieur (photos de mariages, notamment) ;

■ **le filtre polarisant :** indispensable pour la photographie en couleurs et à l'extérieur, il sature les couleurs, fonce un peu le ciel bleu et élimine en bonne partie la brume atmosphérique.

En noir/blanc, comme en couleurs, il a un effet supplémentaire particulièrement intéressant : suivant l'angle d'orientation adopté, il supprime les reflets sur les surfaces non métalliques (vitrines, vitres mouillées, fenêtres d'autobus, lacs, piscines, etc.).

Remarques : ce filtre en monture tournante n'est efficace que sous un angle de 40 à 60° environ, pour supprimer les réflexions.

Pour assombrir le ciel bleu, il faut diriger l'axe optique à 90° par rapport au soleil. On obtient ainsi un effet maximum. Un bon truc consiste à pointer le pouce vers le soleil et à tendre l'index pour trouver la zone d'efficacité du filtre.

Les posemètres incorporés, dont la cellule reçoit la lumière à travers un miroir semi-transparent, sont inutilisables en lumière polarisée.

Les filtres pour la couleur

Outre les filtres gris neutre et polarisant, on utilise :

■ **le filtre skylight :** il produit le même effet que le filtre anti-UV. Il diminue la dominante bleue en retenant les rayons ultraviolets. De plus, il renforce le contraste de l'image. Son usage s'avère indispensable en haute altitude ;

■ **les filtres de conversion :** ils améliorent le rendu des couleurs et suppriment les dominantes dues à des températures de lumière différentes de la température de lumière admise par le type de film utilisé. Ils existent en diverses versions pour :
— film lumière du jour avec éclairage par lampe flood, le filtre est bleuté (type 80) ;
— film lumière artificielle utilisé à la lumière du jour, le filtre est rosé (type 85) ;
— film lumière du jour utilisé par temps pluvieux ou nuageux ;
— film lumière du jour utilisé tôt le matin, ou tard le soir ;
— film lumière du jour utilisé avec un éclairage fluorescent.

Les filtres les plus utiles, dans cette catégorie, sont en général le bleu (jour-flood) et le filtre pour lumière néon (éclairage fluorescent). Pour un filtrage précis des divers éclairages fluorescents, on se reportera au classique tableau ci-après :

Eclairage	**Films**		
	Type jour	Type lumière artificielle	
		3200°K (Poses B)	3400°K (Floods)
Jour (LJL)	30Y = 40M[1]	10Y + 30M + *	10Y + 30M + **
Blanc	30M + 20C	40Y + 40M	30Y + 40M
Blanc chaud (BSL)	40M + 40C	20Y + 30M	10Y + 30M
Blanc chaud Deluxe	30M + 60C	10Y	Sans filtre

Eclairage	**Films**		
	Type jour	Type lumière artificielle	
		3200°K (Poses B)	3400°K (Floods)
Blanc industrie	30M	60Y + 50M	50Y + 50M
Blanc brillant Deluxe (BBL)	20M + 30C	30Y + 10M	20Y + 10M

Y = Yellow (jaune)   M = Magenta (mauve)   C = Cyan (bleu-vert)
* = filtre de conversion rosé 85B
** = filtre de conversion rosé 85
1 = avec les films Kodachrome 25 et 64, utiliser une correction de 30Y + 40C

D'autres filtres servent à réaliser des effets créatifs. Parmi la continuelle floraison de nouveaux filtres de ce type, on peut citer :

■ **les filtres pop :** il s'agit d'une série de filtres à effets colorés destinés à transformer les teintes originales d'un sujet en teintes fantastiques à dominante bleue, ou verte, ou orange, ou rouge, ou pourpre, ou violette (Firme B + W). Pour réaliser ce genre d'effets, on peut également utiliser en couleurs les filtres de contraste fabriqués pour le travail en noir et blanc ;

■ **les chromofiltres :** ces filtres, inventés par Jean Coquin, sont orientables et à moitié colorés. Ils servent à réduire les écarts de luminosité dans un sujet à très fort contraste (par exemple : ciel ensoleillé au bord de la mer, le rivage se trouvant à l'ombre d'une falaise). On s'en sert également pour donner un effet dramatique à certaines photos, le premier plan se voyant renforcé par la même occasion. Enfin, ils s'utilisent pour créer des effets fantastiques, tout en donnant du volume au sujet situé en contre-jour.

Autre point intéressant, les chromofiltres permettent de compenser, dans une certaine mesure, les écarts d'exposition des divers plans, lors d'une photographie au flash (premier plan toujours trop clair habituellement).

Les chromofiltres existent en deux densités (moyen et fort), ainsi qu'en sept couleurs (gris, tabac, émeraude, mauve, bleu, jaune, rose) ;

■ **les filtres bicolores :** on en trouve de plusieurs sortes (on peut également les fabriquer soi-même).

Les filtres bicolores par moitié. Ils associent, en une seule monture, deux demi-filtres aux couleurs complémentaires.

Les filtres colorés avec centre incolore, dont l'effet se marque plus ou moins selon que l'on ferme ou non le diaphragme.

Les filtres monochromes à effet variable, associant un filtre monochrome à un filtre rotatif polarisant, ce qui permet d'accentuer, ou non, la coloration de l'image.

Les filtres polychromes à effets variables, associant deux filtres rotatifs polarisants et teintés en couleurs complémentaires. On peut ainsi produire des couleurs différentes, suivant les positions respectives des filtres.

Les filtres, lentilles et prismes à effets

Avec les filtres énumérés précédemment, nous sommes déjà entrés dans la catégorie des effets spéciaux que l'on peut réaliser au moment de la prise de vue. Poursuivons sur cette voie avec :

■ **le filtre de flou régulier :** également dénommé filtre estompeur, il permet d'adoucir les portraits pour donner une impression romantique (voir les photos de David Hamilton !). On peut aussi le remplacer par de la vaseline étendue sur un filtre UV (ou encore de l'huile) ;

■ **le spotlens :** aussi appelé Centerlens, il s'agit d'un filtre de flou dont la partie centrale reste nette. Ce filtre adoucit progressivement en allant du centre vers les bords. Il permet de mettre en évidence un détail d'un monument, ou d'isoler une personne dans une foule, etc. ;

■ **le cross-screen :** également connu sous le nom de vario-cross, il permet de transformer une source lumineuse, ou plusieurs, en autant d'étoiles à 2, 4, 6, ou 8 branches. Il existe en versions à simple couche ou à double couche montées sur disques rotatifs permettant de varier l'effet à volonté ;

■ **le filtre bifocal :** il s'agit d'une demi-bonnette d'approche associée à un filtre transparent. On peut ainsi effectuer deux mises au point différentes sur la même vue (l'une rapprochée, l'autre éloignée) ;

■ **les prismes multiplicateurs :** ils reproduisent 2 ×, 3 ×, 4 ×, 5 ×, ou 6 ×, l'image, telle qu'elle est, ou en la colorant (effet arc-en-ciel). On les nomme également lentilles multivision (voir page 164) ;

■ **les filtres à diffraction :** on grave leur surface de milliers de sillons qui décomposent toutes les sources lumineuses, à l'instar des prismes. L'effet varie suivant l'écartement des sillons et le filtre tourne pour favoriser un meilleur contrôle de l'image ;

■ **les sets de trucages divers :** dès la Photokina 1978, le photographe français Jean Coquin commercialise, sous la marque Cokin, un set de trucage permettant des effets quasiment illimités. Il s'agit d'une monture porte-filtres qui se fixe à l'avant des objectifs au moyen de bagues interchangeables (jusqu'à un diamètre de 58 mm au maximum — ce qui est un peu court, à notre avis). La monture peut recevoir jusqu'à trois filtres, ou accessoires de trucage, simultanément.

Les filtres, prismes, et accessoires, à nouveau disponibles dans ce système, recouvrent pratiquement tout ce que nous avons énuméré depuis la page 153. On trouve en plus des filtres de brouillard, des diffuseurs en tous genres, et des masques de trucages de toutes formes, et, entre autres, un demi-masque permettant les dédoublements d'un même personnage. Deux ensembles masque/contre-masque favorisent l'insertion d'une image centrale dans une autre image (pour des optiques de 50 à 105 mm). On trouve également des doubles filtres pour sujet et fond (Color back filters) qui permettent de colorer un fond sans modifier les couleurs naturelles du sujet principal. Enfin, un obturateur à fente (Linear) autorise la réalisation de photos déformées avec un objectif de 24 mm par exemple (on rembobine le film durant l'exposition). Le même cache, utilisé avec une optique de plus de 85 mm (à pleine ouverture), détache le sujet situé à l'avant-plan sur un fond filé simulant le mouvement.

Que voilà un système stimulant pour la photographie créative ! Son prix relativement abordable (puisqu'on peut acquérir les éléments séparément) constitue un avantage indéniable.

Les trucages simples

Il peut, parfois, s'avérer judicieux de procéder à une prise de vue truquée. Nous distinguerons ici deux sortes de trucages simples : ceux réalisés sans accessoires, et ceux réalisés à l'aide d'un accessoire plus ou moins important.

Les trucages sans accessoires

Nous allons en voir six d'un peu plus près.

■ **Une pellicule inappropriée** pour un usage normal, en photo couleur comme en noir et blanc, peut se révéler passionnante dans ce type d'exercice. Ainsi en est-il d'un film noir/blanc prévu pour la copie en lumière artificielle de documents au trait, lorsqu'on l'utilise en plein jour pour un paysage (ex. Agfaortho 25 ou Kodalith ortho typ 3). Le même cas se présente avec les pellicules couleurs type jour, utilisées en lumière artificielle sans filtres de correction (tons obtenus : jaune-rouge).

A l'inverse, les pellicules type lumière artificielle, employées telles quelles en lumière du jour, produisent des tons bleu-vert. N'oublions pas non plus les films infrarouges noir/blanc ou couleurs (voir page 86).

■ **L'effet impressionniste** se réalise facilement en s'attachant à ne rendre que la lumière et les taches de couleurs de sujet. Il suffit, pour cela, de jouer sur la mise au point jusqu'à l'obtention d'un flou volontaire adéquat. Convient particulièrement aux films couleurs.

■ **L'effet de brume :** on le réalise, soit en soufflant sur la lentille avant de l'objectif (buée), soit en enduisant un filtre UV (ou skylight) de vaseline ou d'huile. Dans le premier cas, il faut être rapide et l'effet ne se maîtrise pas totalement.

■ **La disparition des mobiles** s'avère sans nul doute un effet précieux pour éliminer des personnages, ou des véhicules, gênants sur une vue de sujet fixe (place, carrefour, monument, etc.). On se base sur la constatation suivante : de jour, lorsque le temps de pose se prolonge, les sujets mobiles n'ont pas le temps d'impressionner une pellicule peu sensible durant leur bref passage dans le champ de l'objectif. Pour réaliser ces images, on fixe l'appareil sur un support stable et on utilise un déclencheur souple. On choisit un film très peu sensible (6 à 32 ISO), dont on peut encore abaisser la sensibilité par l'utilisation d'un filtre gris neutre (4 ×) sur l'objectif. On opère, de préférence, en début ou en fin de journée, et par un temps couvert. La mesure de luminosité s'effectue sur le sujet dans des conditions normales (par exemple à 32 ISO), puis l'on transpose les résultats obtenus pour obtenir un temps d'exposition de plusieurs secondes en pose B, avec un diaphragme fermé au maximum (f/16). On procède ensuite à la prise de vue en veillant à ce qu'aucun élément inopportun ne s'arrête dans le champ de l'objectif (si l'on photographie un monument à travers une rue où circulent des voitures, on attend que le feu passe au vert pour déclencher). Les éléments fixes seront ainsi impressionnés, alors que les autres auront disparu comme par enchantement !

■ **La surimpression** de deux images s'obtient aisément avec la plupart des appareils photographiques de format

24 × 36 mm et plus. Il suffit de prendre une première vue (en corrigeant l'exposition suivant les indications du tableau ci-après), d'appuyer sur le bouton de surimpression, ou, s'il n'y en a pas, sur le bouton de débrayage du film (celui que l'on utilise pour pouvoir rembobiner le film), de bloquer du pouce la manivelle de rembobinage, une fois le film tendu normalement, pour éviter qu'il ne se déplace, puis de réarmer l'obturateur, avant de déclencher une nouvelle fois.

Corrections d'exposition approximatives	
si 2 vues, alors :	fermer d'un diaphragme à chaque vue (f/11 au lieu de f/8, ou 1/500 au lieu de 1/250).
si 3 vues, alors :	fermer de 1 1/2 diaphragme à chaque vue (f/13 au lieu de f/8).
si 4 vues, alors :	fermer de 2 diaphragmes à chaque vue (f/16 au lieu de f/8).

Pour un bon effet, on veillera à choisir deux (ou plusieurs) images qui se complètent.

■ **La surimpression « impressionniste »** allie les effets de surimpression et de mise au point « impressionniste ». L'appareil se trouvant fixé sur un pied stable, on surimpressionne deux vue *identiques*, dont l'une est nette, et l'autre floue (par déplacement de la mise au point entre les deux déclenchements). Corriger l'exposition comme ci-dessus.

Les trucages avec accessoires

En voici onze relativement faciles à exécuter.

■ **Le flou diffusant** s'obtient simplement en tendant un morceau de bas nylon (noir, de préférence, pour ne pas teinter les photos en couleurs), ou de gaze, sur le parasoleil. On le fixe avec un élastique ordinaire. Peu coûteux, cet accessoire se révèle surtout utile pour le portrait « doux » et le paysage.

Pax Urbana
Photo réalisée avec un filtre multiplicateur 5 ×

■ **Les effets de filtres, prismes et lentilles** ont tous été décrits aux pages 153 à 161. Nous ne les mentionnons donc que pour mémoire.

■ Il en est de même en ce qui concerne les **effets de masques, contre-masques et obturateurs** du type Cokin (page 160).

■ On peut toutefois revenir sur une variante d'un effet déjà vu. Avec un prisme à 4, 5 ou 6 facettes, on opère en pose longue (de nuit, par exemple) avec un déclencheur souple, l'appareil stabilisé sur un trépied solide, et l'on tourne légèrement le prisme durant la pose. Cet **effet de rotation du prisme** s'avère d'autant meilleur que des sources d'éclairage (guirlandes de Noël, enseignes fluorescentes, etc.) se situent sur le pourtour du cadrage.

■ **Le coup de zoom**, ou explo-zoom, se réalise de manière semblable. On change la focale du zoom durant la pose longue (1 à 3 secondes, en utilisant si nécessaire un filtre gris neutre). On peut balayer l'étendue des focales de la plus courte à la plus longue, ou inversement. On veillera, généralement, à maintenir un temps fixe au début, ou à la fin, du coup de zoom, afin de maintenir une partie de l'image nette.

■ On peut obtenir des **réflexions artificielles** par le biais d'un miroir tenu sous l'objectif, parallèlement à l'axe optique (horizontalement ou verticalement). Un château sur terre ferme se mire ainsi dans un plan d'eau. Une seule contrainte : il faut que le miroir soit un modèle à couche réflective en surface du support (type des miroirs optiques utilisés dans les appareils de photo réflex par exemple).

■ **L'open flash**, ou technique de déclenchement manuel du flash durant une exposition longue (pose B, en nocturne), permet d'introduire plusieurs attitudes d'un même personnage dans la photographie. Il suffit, pour cela, d'effectuer la prise de vue du sujet sur un fond noir éloigné (on peut également réaliser cet effet en studio). Entre deux déclenchements du flash, le sujet change de position. On peut compliquer l'effet en intercalant un filtre coloré différent pour chaque éclair du flash. Pour réussir l'effet, il faut simplement veiller à ne pas s'interposer entre la zone illuminée par le flash, et l'appareil de photo, sous peine d'apparaître en silhouette sur l'image finale.

La même technique sert à illuminer un sujet trop grand pour être éclairé d'un seul éclair (monument, grande pièce, galerie souterraine, etc.). Il faut alors bien calculer la direction et le nombre des éclairs (pour éviter des ombres contraires).

■ **La stroboscopie** permet de décomposer un mouvement sur une même image. Pour y parvenir, il existe divers procédés. L'amateur peut utiliser un boîtier motorisé autorisant la surimpression en fonctionnement continu. On lui associe un flash électronique automatique, capable de suivre la cadence du moteur utilisé (ou de la bobineuse). La cadence idéale est de 5 images-seconde. On photographie ainsi le sujet sur un fond noir éloigné (pour éviter les ombres). En une seconde, l'appareil surimpressionnera ainsi cinq images du sujet sur la même photo.

On peut bien sûr employer un flash stroboscopique et travailler en pose B, mais cela s'avère plus coûteux. On peut également utiliser une batterie de plusieurs flashes (5 à 10) déclenchés par une cellule synchrocell (voir page 65) munie d'un petit bricolage électronique assurant un léger décalage du déclenchement. On peut enfin travailler en pose B, avec un éclairage continu (artificiel) ou en plein jour, en bricolant un disque de carton noir monté verticalement sur un petit moteur électrique. On découpe une ou plusieurs fentes (de quelques millimètres, à quelques centimètres de large) — suivant les effets désirés (procéder à quelques essais). Au moment de la pose, on fait tourner (plus ou moins rapidement, selon les conditions) le disque devant l'objectif et la (ou les) fente(s) joue(nt) le rôle d'un obturateur.

■ **Le sténopé** permet de réaliser une photographie assez irréelle avec un boîtier dont on aura remplacé l'objectif par une plaque de carton noir percée d'un petit trou. Divers essais sont indispensables pour déterminer le temps de pose à utiliser en fonction des conditions de luminosité et la sensibilité du film utilisé.

■ **Un effet de filé abstrait** se réalise en déplaçant lentement l'appareil durant une pose relativement longue. Le boîtier est bien entendu fixé sur un trépied solide, muni d'une tête rotative et orientable verticalement, horizontalement, ou de manière circulaire (les effets obtenus varient suivant l'orientation du mouvement).

■ **La nuit américaine**, ou effet de nuit en plein jour permet de réaliser les meilleures photographies de « nuit ». En noir et blanc, et pour des sujets éclairés par un soleil de face, on sous-exposera de deux diaphragmes (voire trois) et l'on utilisera simultanément un filtre rouge foncé et un filtre polarisant. En couleur, on sous-exposera de deux à trois diaphragmes en employant un filtre polarisant réglé sur l'effet maximum.

Pour terminer, deux techniques spéciales, le « High key » et le « Low key », qui ne sont pas à proprement parler des trucages, mais des éclairages spéciaux convenant tout spécialement aux portraits :

■ le **High key**, destiné aux blondes (blonds), donne un portrait en teintes très claires. Pour réussir cet effet, le fond doit être blanc, comme les vêtements du modèle. Cette technique, basée sur l'utilisation d'une lumière diffuse, fait ressortir les yeux et la bouche du sujet, et « gomme » la plupart des imperfections du visage. C'est un éclairage typiquement féminin qui convient surtout aux visages ovales ;

■ le **Low key**, c'est l'effet contraire qui convient surtout aux chevelures foncées. Il faut que le fond soit sombre, tout comme les vêtements du modèle. L'unique source de lumière est très dirigée (effet spot que l'on obtient avec un carton noir, percé d'un trou de 5 cm de diamètre environ, et que l'on tient à quelque distance du projecteur). On dirige la source de lumière directement sur les parties caractéristiques du visage. Le fond est éloigné (ombres !).

La prise de vues motorisée

Après une longue période d'exclusivité professionnelle coûteuse, la motorisation tombe enfin dans le domaine amateur. Depuis quelques années, on ne compte plus les boîtiers dotés d'une bobineuse de réarmement automatique (winder). Les derniers modèles à vocation « grand public » intègrent même ce moteur dans le boîtier, et l'on voit disparaître les systèmes de réarmements mécaniques. De plus, quelques appareils se voient aujourd'hui complétés d'un véritable moteur à prix économique, et capable de performances étonnantes (5 images/seconde).

Le but caché de l'opération consiste, évidemment, à augmenter la consommation des pellicules photographiques. A 5 images/seconde, il ne faut que 4 secondes pour liquider un rouleau de 20 poses.

A quelque chose malheur est bon, dit-on. C'est également le cas pour les moteurs ou les bobineuses, à condition de s'en servir à bon escient. Disons-le tout net, le véritable moteur ne constitue pratiquement jamais une nécessité pour l'amateur. Seuls les spécialistes de la chasse photo, ou du reportage sportif, pourront y trouver un usage régulier. Et encore ! Combien de photos d'arrivées de courses n'a-t-on pas raté parce que le moteur a déclenché juste avant et juste après l'action !

La bobineuse, ou réarmeur, apparaît comme nettement plus pratique. Avec une vitesse de deux images/seconde, elle permet de couvrir parfaitement la plupart des actions rapides. D'autre part, le photographe peut suivre le déroulement de l'action sans quitter le viseur de l'œil et déclencher au bon moment.

Le moteur incorporé au boîtier ne constitue une solution intéressante que dans la mesure où il ne supprime pas la possibilité de réarmement mécanique. Dans le cas contraire, une simple panne d'alimentation, ou un léger dysfonctionnement de la partie moteur, rend l'appareil totalement inutilisable.

Lorsqu'on emploie le moteur, ou le réarmeur, il ne faut pas

oublier de mettre ce dernier hors fonction à la fin d'une séance de prise de vues, ni de déclencher pour détendre les ressorts de l'obturateur. Un stockage du boîtier, obturateur armé en permanence, ne peut que s'avérer préjudiciable pour celui-ci.

Le moteur était, à l'origine, conçu pour fonctionner en tandem avec un dos 250 vues, ce qui permettait la photographie de surveillance, ou d'observation scientifique, en continu. Seuls quelques grands systèmes 24 × 36 (en forma 6 × 6, le dos de grande capacité permet 70 vues) offrent cette possibilité sur leur boîtier de haut de gamme (Pentax, Canon, Nikon, Olympus, etc.). Le développement du négatif ainsi produit impose généralement le recours à un laboratoire spécialisé.

Au chapitre des effets spéciaux, le réarmeur, ou le moteur, permettent de réaliser des *surimpressions tremblées* qui peuvent se révéler du meilleur effet pour certains monuments, ou bâtiments importants (façades de cathédrales, par exemple).

Avertissement

Dans les pages précédentes, nous avons décrit de multiples possibilités de trucages et de filtrages à réaliser lors de la prise de vue.

Il nous paraît important de souligner que de tels effets ne doivent être utilisés qu'à bon escient, pour valoriser le sujet choisi, ou pour renforcer l'idée exprimée.

Il faut se garder de tomber dans le défaut qui consiste à utiliser un trucage pour le seul plaisir du trucage.

Comment photographier les divers sujets

Vous connaissez maintenant votre appareil, son (ou ses) objectif(s), la technique de réalisation d'une photographie, ainsi que les règles générales de la composition. Il faudra vous y reporter pour chaque sujet.

Dans les pages 174 à 197, nous nous contenterons donc de préciser quelques *notions pratiques complémentaires* relatives à chaque situation photographique. Les indications contenues dans ces tableaux ne constituent, bien entendu, qu'une base de départ pour vos propres expériences. Elles ne peuvent présumer des conditions dans lesquelles vous vous trouverez de cas en cas.

Sauf indications contraires, le matériel conseillé l'est toujours par rapport à un système 24 × 36 mm. Il faut donc opérer les transpositions nécessaires en fonction de son matériel habituel.

Comme thème général, nous vous proposons le paysage, suivi d'une partie consacrée aux voyages.

Le paysage

Le *matériel* conseillé comprend un ou deux boîtiers (un pour le noir/blanc, l'autre pour la couleur), un parasoleil (indispensable), un jeu de filtres, un trépied de poche, un déclencheur souple. Les *objectifs* de toutes focales conviennent au paysage (de l'œil-de-poisson au super téléobjectif de 1 000 mm). Personnellement, j'utilise volontiers les 15, 24, 50, 200, et 400 mm.

Les *films* de faible ou moyenne sensibilité conviennent bien (25 à 125 ISO).

La *vitesse* de 1/125e convient habituellement. On sélectionne le 1/250e s'il y a un peu de vent. Le *diaphragme* doit être fermé au maximum (f/11, f/16), excepté pour certains effets spéciaux.

En couleurs, on pose pour les lumières, alors qu'en noir/blanc, la *mesure de l'exposition* tiendra plutôt compte des ombres. Dans tous les cas, l'écart de luminosité entre les hautes lumières et les ombres denses ne doit pas dépasser la valeur de trois diaphragmes en noir/blanc, et deux diaphragmes en couleurs.

Avec un posemètre indépendant, on utilisera la lumière incidente (mesure en direction de la source d'éclairage) chaque fois que le contraste sera trop fort. Il en sera de même si les parties claires du sujet l'emportent nettement sur les parties foncées (en surface de l'image), et inversement. Ou alors on effectuera une mesure spot, en lumière réfléchie, sur la partie du sujet que l'on veut privilégier.

Avec un appareil automatique, fonctionnant en mesure intégrale pondérée, il ne faut pas oublier d'effectuer les **corrections** suivantes (soleil brillant) :
— en *lumière latérale* (90°), on ouvre de 1/2 à 1 diaphragme si les parties claires du sujet l'emportent en surface, et inversement ;
— en *lumière latérale arrière* (45°), on peut porter la correction à 1 1/2, voire 2 diaphragmes, dans les mêmes conditions ;
— en *lumière de face* (contre-jour), on ouvre de 1 1/2 à 2 1/2 diaphragmes, si l'on veut obtenir un bon rendu du sujet (la correction sera d'autant plus importante que la focale utilisée sera courte). On ne corrige pas les indications du posemètre incorporé si l'on désire réaliser un effet « silhouette » ;
— en *lumière dorsale* (soleil derrière le photographe), on effectue la mesure vers le sol (sous la ligne d'horizon) pour l'avantager, et l'on procède de manière inverse si l'on veut montrer un ciel nuageux.

Parmi les conseils généraux que l'on peut retenir concernant la photographie de paysage, il en est un capital : il faut éviter de trop vouloir montrer dans une seule photo. Si le paysage s'avère particulièrement riche en détails intéressants, il vaut mieux réaliser plusieurs vues, en privilégiant tantôt un élément, tantôt un autre. Pour le reste, on se reportera aux indications des pages 174 à 178.

En voyage

La photographie de voyage constitue un amalgame de divers genres photographiques (portraits, paysages, architecture, notamment), tout en gardant une spécificité propre : la préparation joue un rôle capital.

Il convient de se documenter soigneusement sur les lieux que l'on va visiter pour en tirer le maximum (dates des fêtes folkloriques, monuments et bâtiments intéressants, paysages typiques, coutumes locales, etc.).

D'autre part, une vérification du matériel, effectuée sur le terrain, s'impose avant le départ. Les piles seront contrôlées (changées si nécessaire) et l'on prendra soin de se munir d'un jeu de réserve. On renouvellera au besoin ses assurances (voir page 200).

On veillera enfin à emporter sa réserve de films avec soi pour éviter les surprises (attention aux réglementations particulières, pour l'Italie notamment). Lors de voyages aériens, il vaut mieux emballer les pellicules dans des sachets spéciaux doublés au plomb (Film shield, de Sima), afin d'éviter les voiles intempestifs provoqués par certains anciens appareils de contrôle aux rayons X. Les films, exposés ou non, trouveront, de toutes façons, place dans un bagage à main et seront annoncés au contrôle visuel pour éviter tous risques de détérioration. Au retour, les films devront être développés sans retard.

Pour terminer, on se souviendra que les autochtones ne réagissent pas de la même manière à la présence d'un photographe, sur tous les continents. Certains adorent se voir photographiés (quelquefois avec un bakchich à l'appui), d'autres ne le supportent pas. Rappelons-nous aussi qu'un matériel trop « voyant » peut constituer une provocation dans certains pays.

■ Cas particulier : le désert

Il s'agit de s'adapter aux difficiles conditions ambiantes : alternance de grandes chaleurs le jour, et de froid la nuit, sable s'infiltrant partout, réverbération intense la journée, etc.

Un matériel résistant aux écarts de température importants s'impose. Les nouveaux compacts électroniques peuvent se trouver plus facilement en difficulté que les boîtiers mécaniques traditionnels.

Les miroirs qui se bloquent en position haute (dans les appareils réflex), les obturateurs qui défilent irrégulièrement, ou refusent simplement de fonctionner, en raison d'une modification du débit de la pile, ou de la fluidité des lubrifiants, reprendront leur fonctionnement normal une fois retrouvées des conditions climatiques normales.

Il n'en est pas de même des mécanismes faussés, ou « grippés », par l'entrée de grains de sable indésirables. Il faut donc protéger soigneusement le matériel au moyen de filtre UV, de sacs en plastique, ou même d'une housse étanche (type Ewa Marine).

Enfin, l'erreur d'interprétation du posemètre, engendrée par la réverbération, sera compensée par une ouverture supplémentaire de 1 à 2 diaphragmes (f/4, ou f/5,6, au lieu de f/8, par exemple), ou par un temps de pose prolongé (1/125e au lieu de 1/250e), ou encore en diminuant la sensibilité ISO sur le posemètre pour surexposer le film (mettre 25 ISO pour un film de 50 ISO).

■ Dans les pays tropicaux

Ici le problème de l'humidité s'ajoute à celui de la différence de température entre le jour et la nuit.

Dans la jungle, où le soleil ne pénètre que peu, l'utilisation de pellicules très sensibles, ou d'un flash électronique puissant, s'avère le plus souvent indispensable.

Tableau récapitulatif des principales données

■ **Code utilisé pour les objectifs** (focales) :

1 = Fish eye circulaire
2 = de 15 à 20 mm
3 = 24 mm
4 = 28 et 35 mm
5 = de 45 à 58 mm
6 = de 80 à 105 mm
7 = 135 mm
8 = 200 mm
9 = 400 mm et plus
M = objectifs macro
Z = objectifs zooms

■ **Code utilisé pour les pellicules** :

N = noir/blanc
O = négatifs couleurs
P = diapositives couleurs
Q = film infrarouge couleur
R = film infrarouge n/b

1 = de 25 à 32 ISO
2 = de 50 à 64 ISO
3 = de 80 à 125 ISO
4 = de 200 ISO
5 = de 400 ISO
6 = films poussés

Sujets	Optiques utiles	Accessoires	Films
Paysages :			
— normal	1 à 9, Z	A, B, C, D, G	NOP 1, 2, 3
— venteux (léger)	1 à 9, Z	A, B, C, D, G	NOP 1, 2, 3
— vent fort	1 à 9, Z	A, B, C, D, G	NOP 1, 2, 3
Désert	4, 6, 8	A, B, C, D, H, I	NOP 2, 3, 4
Les tropiques	2, 4, 6, 8	A, B, C, D, G, H, I	NOP 1, 2
La jungle	3, 4, 5, 6	A, B, C, D, F	NOP 4, 5, 6
Les safaris	4, 6, 9	A, B, C, D, K	P 1, 2, 3
Mer, sur l'eau	1 à 8	A, G, I, K	P 3, 4, 5
Mer, à la plage	1 à 9MZ	A, B, C, D, G, I	N 123 OP 12

concernant les diverses situations de prises de vues

■ **Code utilisé pour les accessoires :**

A = Parasoleil adapté à chaque optique
B = Bague-allonge pour la macrophotographie
C = Trépied de poche
D = Déclencheur souple
E = Trépied lourd
F = Flash
G = Filtres (autres que l'anti-UV, ou le skylight)
H = Valise étanche en aluminium rembourré
I = Housse étanche légère
J = Moteur ou bobineuse
K = Crosse

■ **Code utilisé pour les corrections d'exposition :**

+ 1 = surexposer d'un diaphragme (f/8 au lieu de f/11)
– 1 = sous-exposer dans les mêmes proportions

Vitesses conseillées	Diaphragmes efficaces	Corrections d'exposition	Conseils divers
1/60, 1/125 1/125, 1/250 1/250, 1/1000	f/11, f/16 f/11, f/16 f/11, f/16	+ 1 + 1 + 1	Mise au point sur parties expressives; pas de ciels vides; chercher le meilleur éclairage.
1/1000	f/16	+ 1 à + 2	Nettoyer le matériel avant et après l'usage. Photographier au lever et au coucher du soleil.
1/125 1/15 à 1/60 1/250, 1/2000	f/11, f/16 f/2, 8-5, 6 f/4 à f/16		Utiliser le flash si nécessaire. Emporter peu de matériel.
1/250, 1/500 1/125	f/11, f/16 f/11, f/16	+ 1, – 1 + 1/2 à + 1	Housse étanche conseillée. Si l'appareil non protégé tombe à l'eau, évitez d'actionner les commandes, lavez à l'eau tiède, baignez-le dans de l'alcool pur, séchez-le à l'air froid et faites-le réviser de suite.

Sujets	Optiques utiles	Accessoires	Films
Montagne	5, 6, 8, 9	A, C, G	NOP 1, 2, 3
Glaciers	4, 5, 6	A, G	NOP 1, 2, 3
Neige (sur la...)	1 à 9, Z	A, G	NOP 2, 3
Volcans (du jour)	2, 4, 7, 8	A, B, C, D, G, I	NOPQ 3
Volcans (de nuit)	2, 4, 7, 8	A, E, I	NOPQ 3, 4, 5, 6
Couchers de soleil	2, 6 à 9	A, C (ou E), D	OP 1, 2, 3
Contre-jour (sujet)	1 à 9	A, B, C, D, F	NOP 1 à 6
Contre-jour (silhouette)	1 à 9	A, B, C, D	NOP 1 à 6
Arc-en-ciel	1 à 8	A, C	OP 1 à 6
Eau vive	1 à 9 Z	A, C (ou E), D	NOP 1 à 6
Brume, brouillard	2 à 6	A, C (ou E)	NOP 2, 3
Vues panoramiques	4, 5	A, D, E, G	NOP 1, 2, 3

Vitesses conseillées	Diaphragmes efficaces	Corrections d'exposition	Conseils divers
1/125	f/11, f/16	– 1	Une mauvaise météo = bonnes images; la montagne la plus haute doit se trouver au sommet de l'image; un appareil 24 × 36 compact, ou un Nikonos étanche sont souvent utiles. Cadrer un premier plan.
1/125, 1/250	f/11, f/16	+ 1 à + 2	Piles alcalino-manganèse.
1/125	f/11, f/16	+ 1 à + 2	Idem; introduire un élément chaud. Eclairage latéral ou à contre-jour.
1/250 B 2 à 15 s.	f/8 à f/16 f/5, 6, f/11	viser le sol	Meilleur temps = couvert; matériel léger; de nuit = pose B
1/60 à 1/500	f/11, f/16		Cadrer un premier plan en silhouette; prendre le soleil bas sur (ou coupant) l'horizon; la transition est plus rapide sous l'Equateur qu'au Nord. Mesurer pour le ciel.
1/125 1/125 ou plus rapide	f/11, f/16 f/11, f/16	+ 1 1/2 à + 2 1/2 aucune, ou – 1	On peut aussi effectuer la moyenne des mesures sur les lumières et sur les ombres, voir aussi p. 198.
1/60, 1/125	f/11	– 1	
1/60 à 1/250			Essayer une triple exposition en variant chaque fois la couleur d'un filtre pop (en couleurs). L'éclairage type est le contre-jour.
1/60, 1/125	f/1,4 à f/5,6	+ 1/2 à + 1	
1/125, 1/250	f/11, f/16	+ 1 si clair	3 vues au 35 mm ou au 50 mm, ajustées lors du tirage, ou matériel panoramique spécial.

Sujets	Optiques utiles	Accessoires	Films
Photos aériennes	4, 6	A, G, J	NOPQ 3, 4, 5
Clair de lune	1 à 6	A, D, E	NOP 3, 4
Pleine lune elle-même	7 à 9	A, D, E	NOP 3, 4
Eclipse de lune	8, 9	A, D, E	NOP 3, 4
Etoiles, conjonctions	1 à 9	A, D, E	NOP 3, 4
Voûte céleste (mvt)	1 à 6	A, D, E	NOP 3
Eclipse soleil (part.)	8, 9	A, D, E, G	NOP 3
Eclipse soleil (tot.)	8, 9	A, D, E, G	NOP 3
Forêts, sous-bois	3, 4, 5, 6	A, B, C, D, G	NOP 1 à 6
Plantes, fleurs	3 à 8, M	A, B, D, E, F, G	NOP 3, 4, 5
Portraits : en pied	5	A, F	NOP 3, 4, 5
en buste	6	A, F	NOP 3, 4, 5
visage	6, 7, 8	A, F	NOP 3, 4, 5
contre-jour	5, 6, 7, 8	A, F	NOP 3, 4, 5
Photo d'identité	6, 7	A, B	NOP 1, 2, 3

Vitesses conseillées	**Diaphragmes efficaces**	**Corrections d'exposition**	**Conseils divers**
1/500, 1/2000	f/8, à f/16	– 1 à – 2 si cockpit	Mise au point à l'infini; support idéal = avion à aile haute
30 s. à 8 min.	f/8 à f/16		Pose B (voir également en page 194).
1/2 à 4 s.	f/8 à f/16		Utiliser un filtre jaune en n/b.
1 s.	f/4		Aucun éclairage terrestre à proximité
2 à 8 s.	f/2,8 à f/4		pour ces 2 types de vues.
15 à 60 min.	f/2,8 à f/4		Idem.
1/60, 1/125	f/11, f/16		Avec filtre gris neutre 4 ×.
1/125, 1/250	f/5,6, f/8		Sans aucun filtres.
1/15 à 1/125	f/5, 6-f/16		Saisir et mesurer les espaces éclairés
1/125, 1/250	f/11, f/16		Gros plans; vues partielles; éclairage semi-contre-jour ou rasant.
1/125, 1/60	f/5,6 à f/16		Deux techniques : saisir sur le vif, à l'insu du sujet (naturel), ou prévenir le
1/125, 1/60	f/8 à f/16		sujet qui révèle alors ce qu'il veut être.
1/125, 1/60	f/11 à f/16		Montrer l'élément caractéristique. Expliquer ce que l'on veut faire au modèle et collaborer. Appareil à hauteur du visage du sujet. Angle 3/4 face. Mise au point sur l'œil.
1/125, 1/60	f/8 à f/16	+ 1 1/2 à + 2 1/2	Mesure sur visage; lumière éclaire front, nez, joues, menton. Pas de flash direct. Pas de contrastes de plus de 2 diaphragmes. Fond neutre et distant. Eclairage courant : doux pour femmes et enfants et plus dur pour les vieillards. Lumière naturelle en intérieur avec écran réflecteur. Eclairage extérieur à 45° ou 90° sur le côté. Avec flash d'appoint : corriger de 2 diaphragmes sur le flash (f/4 au lieu de f/8). Voir page 167.
1/125, 1/60	f/8 à f/16		Utiliser une bague-macro moyenne.

Sujets	Optiques utiles	Accessoires	Films
Le nu à l'intérieur	5, 6	A, E, F, J	NOP 1 à 6
Le nu en plein air	5, 6	A, G, J	NOP 1 à 5
L'enfant	4, 5, 6	A, J	NOP 1 à 5
Les groupes	4	A	NOP 1 à 5

Vitesses conseillées	Diaphragmes efficaces	Corrections d'exposition	Conseils divers
1/60-1/125	f/5,6-16		Deux types de nus : la pose statique (pour l'amateur débutant ou avec un modèle timide) ou l'instantané dynamique (avec un modèle sachant se valoriser). Meilleurs modèles = corps minces sans maigreur. Eclairage doux habituellement (gomme les imperfections). L'éclairage dur joue sur les lignes et les contrastes. La mesure s'effectue sur les lumières (dias) et les tons moyens (négatifs).
1/125	f/5,6-f/16		Comme pour le nu en intérieur. Le décor doit être sauvage, pour donner du réalisme au lien nature-être humain. Le temps doit être doux, ni trop sec, ni trop humide pour que la peau du modèle reste belle.
1/125, 1/250	f/5, 6-f/11		Il y a quatre groupes d'enfants : — les amorphes (= peu d'intérêt), — les turbulents (exigent un travail rapide ; ne coopèrent pas longtemps), — les timides (nécessitent souvent de la compagnie pour les distraire ; ou la présence d'un tiers connu), — les calmes (= modèles idéaux). En général, les moins de 4 ans ne posent pas de problèmes. Pour les plus de 5 ans, il faut capter leur attention en les distrayant. L'appareil doit se trouver à la hauteur de l'œil du sujet et doit être préréglé. L'éclairage sera doux.
1/125	f/11- f/16		Disposition régulière, mais non alignée des sujets. L'idéal consiste à photogra-

Sujets	Optiques utiles	Accessoires	Films
Cortèges, défilés	3 à 6	A, J	NOP 1 à 5
Mariage, à l'église	4, 5, 6	A, F, J	NOP 3, 4, 5, 6
Mariage, au dehors	4, 5	A, G	NOP 1 à 6
au repas	5, 6	A, F, J	NOP 3 à 6
Le reportage	3, 4, 5	A, J	NOP 3 à 6
En milieu hospitalier	4, 5, 6	A, B, I	OP 1, 2, 3

Vitesses conseillées	Diaphragmes efficaces	Corrections d'exposition	Conseils divers
			phier le groupe dans son activité habituelle. Les regard doivent tous être tournés vers le centre d'intérêt, ou vers l'appareil. Le fond sera discret, et l'éclairage doux.
1/125, 1/250	f/11-f/16		Se placer soit légèrement plus bas, soit au-dessus du groupe.
1/60, 1/125	f/4-f/11		Réaliser un scénario préalable et répéter les prises de vues dans les conditions réelles (essais à l'église, etc.), de préférence.
1/125 1/60, 1/125	f/8, f/16 f/5,6-f/16		Il est judicieux de se munir d'un second boîtier et d'un second flash (sécurité). Un filtre gris neutre permet de réduire les gros écarts de luminosité entre les scènes d'intérieur et les autres. Le flash électronique sert souvent (même à l'extérieur en fill-in). A table, on photographiera des groupes de 3-4 personnes en hyperfocale (voir page 108).
1/60, 1/125	f/5,6, f/8		Il y a deux options : soit montrer la réalité sans trucages, ni interprétation subjective, soit transmettre un « message » avec toutes les déformations que cela peut supposer. Il faut dans les deux cas saisir l'instant expressif résumant la situation. Les réglages sont effectués au début sur l'hyperfocale (page 108).
1/125, 1/250			Utiliser un boîtier étanche (type Nikonos) que l'on trempe dans l'alcool pour le désinfecter (pour le travail en salle d'opération). Les autres travaux spécialisés demandent un maté-

Sujets	Optiques utiles	Accessoires	Films
La scène, au théâtre	4, 5, 6	A	NOP 4, 5, 6
au ballet	4, 5, 6	A	NOP 3, 4
au cirque	4, 5, 6	A, G	NOP 4, 5, 6
Les sports :			
— en général	4 à 9, Z	A, E, K, G, H, J	NOP 4, 5, 6
— Gymnastique (salle)	5, 6, 7, 8, Z	A, J	NOP 5, 6
— Escrime	6	A, J	NOP 5, 6
— Judo	5, 6	A, J	NOP 5, 6
— Boxe	4, 5	A, J	NOP 5, 6
— Tennis de table	4, 5, 6	A, J	NOP 5, 6
— Tennis	6, 7, 8, Z	A, J	NOP 4, 5, 6
— Athlétisme	4 à 7, Z	A, J	NOP 4, 5, 6
— Football	4, 6, 8, Z	A, J	NOP 5, 6
— Stade de jour	6 à 10, Z	A, J	NOP 4, 5, 6
— Stade de nuit	6, 7, 8	A, J	NOP 4, 5, 6
— Hippisme	6, 7, 8	A, J	NOP 4, 5, 6
— Skateboard	2, 3, 4, 6, 8	A, J	NOP 4, 5, 6
— Cyclisme	4, 5, 6	A, J	NOP 4, 5, 6
— Auto/moto	4, 6-10, Z	A, E, J	NOP 4, 5, 6
— Natation	6-9, Z	A, G, J	NOP 3 à 6
— Plongeon	6, 7	A, J	NOP 3 à 6
— Water-polo	7, 8, 9, Z	A, G, J	NOP 3 à 6
— Ski nautique	6, 7, 8, Z	A, J	NOP 4, 5, 6
— Aviron	6 à 10, Z	A, J	NOP 4, 5, 6
— Yachting	7, 8, 9	A, I	NOP 4, 5, 6
— Hors-bord	7, 8	A, I, J	NOP 4, 5, 6

Vitesses conseillées	Diaphragmes efficaces	Corrections d'exposition	Conseils divers
			riel spécifique, hors de portée de l'amateur.
1/30, 1/125	f/1,4-f/8	– 1 1/2 à – 2 si mesure intégrale et fond sombre (et inversement).	Un appareil non reflex fait moins de bruit (type Leica M). Le flash est absolument prohibé. Utiliser un posemètre de type spot et mesurer les lumières. Un film type lumière artificielle donne un rendu normal. Se tenir dans les coulisses, ou au pied de la scène (latéralement) ou au 1/4 de la salle, de côté. Le filtre Cross-Screen (page 160) peut servir pour certains effets.
1/30, 1/125	f/2-f/5,6		
1/60, 1/250	f/2,8-f/5,6		
1/60, 1/2000	f/1,4-f/16		Il faut connaître le sport que l'on photographie pour pouvoir anticiper l'action. Repérer les lieux et choisir les meilleurs emplacements. Mitrailler. Attendre le point culminant de l'action et suivre souvent le sujet tout en déclenchant. Pour les sports d'équipe, se tenir près des buts. En athlétisme prendre les départs, ou les couloirs de face. En noir/blanc, le filtre jaune augmente le contraste. Les éclairages à contre-jour sont souvent intéressants. En spéléo, comme en plongée sous-marine, on ne part pas sans prévenir quelqu'un à la surface. Sous-terre, un sac étanche et un boîtier étanche font merveilles. On peut utiliser la technique de l'open-flash. Le nombre-guide du flash divisé par la distance flash-sujet donne le diaphragme à utiliser (on triplera les vues : + 1 et – 1 diaphragme). Un nettoyage complet du matériel s'impose en fin de séance de prise de vues.
1/60, 1/500	f/4-f/8		
1/250, 1/500	f/4-f/8		
1/250, 1/500	f/4-f/8		
1/125, 1/250	f/2-f/8		
1/500, 1/2000	f/2-f/5,6		
1/500, 1/2000	f/4-f/8		
1/250, 1/2000	f/4-f/8		
1/250	f/8-f/11		
1/125, 1/2000	f/5,6-f/16		
1/60, 1/500	f/1,4-f/8		
1/250, 1/2000	f/4-f/8		
1/250, 1/2000	f/4-f/8		
1/125, 1/500	f/5,6-f/16		
1/500, 1/2000	f/5,6-f/16		
1/250, 1/1000	f/4-f/8	+ 1 (reflets)	
1/1000, 1/2000	f/4-f/8		
1/250, 1/1000	f/4-f/8	+ 1	
1/500, 1/2000	f/2-f/8	+ 1	
1/500, 1/1000	f/4-f/8	+ 1 à + 2	
1/500, 1/1000	f/4-f/8	+ 1	
1/250, 1/1000	f/2-f/8	+ 1	

Sujets	Optiques utiles	Accessoires	Films
— Hockey s/glace	6 à 8, Z	A, J	NOP 4, 5, 6
— Ski alpin	4 à 8, Z	A, G, J	NOP 2, 3
— Saut à ski	6, 7, 8, Z	A, J	NOP 2, 3
— Alpinisme	3, 4, 6	A	NOP 2, 3, 4
— Spéléologie	3, 4, 6	A, B, E, F, I	NOP 4, 5, 6
— Vol à voile	7 à 10, Z	A, G, J	NOP 4, 5, 6
— Deltaplane	1 à 4	A, F, J	NOP 3, 4, 5
Animaux domestiques	4 à 8 Z	A, F, G, J	NOP 3, 4, 5
Au zoo	4, 6, 8	A, G	NOP 2, 4, 5
La chasse à l'affût	8, 9	A, D, E, F, J	NOP 4, 5, 6

Vitesses conseillées	Diaphragmes efficaces	Corrections d'exposition	Conseils divers
1/60, 1/500 1/500, 1/2000 1/250, 1/1000 1/250 B, 1/60, 1/125 1/250, 1/2000 1/250, 1/2000	f/8-f/16 f/4-f/8 f/4-f/11 f/4-f/8 f/5,6-f/16 f/5,6-f/16 f/5,6-f/16	+ 1 à + 2 + 1 1/2 à + 2 + 2 + 1 à + 2 + 1 à + 2 (si ciel)	Pour toutes les vues sportives, la vitesse prime sur le diaphragme. Une grande profondeur de champ permet cependant de rattraper les erreurs de mise au point. Sur l'eau, le filtre polarisant rend service en supprimant les reflets.
1/60-1/1000	f/8-f/16	+ 1/2 à + 1 1/2 si contre-jour	Patience et observation de l'animal sont nécessaires. Multiplier les vues. Le fond doit être simple et naturel. Lumière de 3/4 arrière ou à contre-jour, ou encore de côté (45 à 90°). Flash à l'intérieur ou en fill-in à 1/2 puissance à l'extérieur. Utiliser un filtre jaune en noir/blanc (généralement) ou un filtre vert si l'animal est sombre et se profile sur un fond de verdure. Angle de vue : contre-plongée, ou cadrer à hauteur de la tête.
1/250, 1/1000			Tôt le matin, les animaux sont actifs. Discuter avec le personnel pour connaître les moments de repas ou de bains, les naissances, les arrivées, etc. Réglage sur l'hyperfocale. Filtres polarisants pour supprimer les reflets sur les vitres, et jaune (en n/b) pour le contraste. Si l'animal n'est pas contre la grille, approcher l'appareil à environ 20 cm, diaphragmer au maximum d'ouverture (f/1,4, f/2,8) et mettre au point sur l'animal.
1/250-1/2000	f/4-f/16		Habit de couleur neutre, toile camouflée, filet, ou abri indispensable. Housse insonorisante surtout avec le moteur. Respecter la nature et les animaux, les connaître pour ne pas nuire.

Sujets	Optiques utiles	Accessoires	Films
La chasse en approche	8, 9	A, J, K	NOP 4, 5, 6
La chasse aux papillons	7, 8, M, Z	A, B, J, K	NOP 3, 4, 5
La chasse aux oiseaux	4, 6, 8, 9, Z	A, J, K	NOP 3, 4, 5
En aquarium	2, 3, 4, M	A, B, E, F, G	NOP 1, 2

Vitesses conseillées	Diaphragmes efficaces	Corrections d'exposition	Conseils divers
1/500, 1/2000	f/4-f/16		Se lever tôt. Patience et lenteur de l'approche. Avancer contre le vent. S'immobiliser dès que l'animal observe les alentours. Pas de bruits ni de reflets intempestifs. Utiliser une crosse.
1/250	f/8, f/11		Chasser à l'affût, par une chaude journée, près d'un buisson fleuri. L'appareil doit être préréglé à la distance minimale. On cadre en s'approchant, et l'on déclenche.
1/500, 1/2000	f/11, f/16	+ 1, + 2 si ciel dans le cadrage	Distinguer les oiseaux immobiles des oiseaux en vol. Une crosse rend service dans ce dernier cas.
1/250	f/8, f/11		Les deux problèmes sont l'éclairage et la mobilité des sujets. On peut photographier avec les lampes de l'aquarium (attention : certains néons spéciaux sont de type lumière du jour et ne nécessitent pas de filtrage correctif). On peut utiliser un spot ou un flash au-dessus de l'aquarium (= lumière naturelle du biotope), ou une source de lumière latérale, ou un éclairage situé à 50° latéralement par rapport à l'axe optique. Un filtre polarisant enlève les reflets éventuels. On peut aussi dissimuler l'appareil et son pied derrière un carton noir (troué pour laisser passer l'objectif). Enfin, on peut travailler en macro ou au grand-angle en appuyant le parasoleil directement contre la vitre de l'aquarium. Les vitres de l'eau doivent être propres. On peut bloquer les sujets entre deux vitres intérieures.

Sujets	Optiques utiles	Accessoires	Films
Sous la mer, au soleil	1, 2, 3, 4	F, G, I	OP 2, 3, 4, 5, 6
fond clair 0,5-1,5 m			3
fond clair 1,5-3,0 m			3
fond clair 3,0-6,0 m			3
fond moyen 0,5-1,5 m			3
fond moyen 1,5-3,0 m			3
fond moyen 3,0-6,0 m			3
fond foncé 0,5-1,5 m			3
fond foncé 1,5-3,0 m			3
fond foncé 3,0-6,0 m			3
Monuments, de jour	1 à 9, MZ	A, C, D, G	NOP 1 à 4
Monuments, de nuit	4 à 8	A, D, E, F	NOP 1 à 6
— peu éclairés	4 à 8	A, D, E, F	NOP 5
— assez éclairés	4 à 8	A, D, E, F	NOP 5
Architecture, ext.	3, 4, 6, 8	A, E, G	NOP 1, 2, 3
Archit. à l'intérieur	1 à 5	A, D, E, F, G	NOP 3, 4, 5, 6
Eglises, intérieur	1 à 6, Z	A, D, E, F	NOP 4, 5, 6
Nature morte	6, 7, 8, MZ	A, B, D, E, F	NOP 1, 2, 3
Verres et vases	4 à 8, MZ	A, B, D, E, F	NOP 1, 2, 3
Photo industrielle et publicitaire	1 à 6	A, B, D, E, F	NOP 1, 2, 3

Vitesses conseillées	Diaphragmes efficaces	Corrections d'exposition	Conseils divers
1/60 1/60 1/60 1/60 1/60 1/60 1/60 1/60 1/60	f/8, f/11 f/5,6, f/8 f/4 f/5,6, f/8 f/4, f/5,6 f/2,8 f/4, f/5,6 f/2,8, f/4 f/2		Filtrer chaud, car mer = filtre bleu. Matériel idéal = Nikonos ou housse Ewa Marine (pour faible profondeur). Dès 6 à 8 m de profondeur, un flash étanche s'impose. Distance de prise de vue varie de 0,3 m à 3 m. Sous l'eau, on poussera volontiers les films, car l'augmentation de contraste qui en résulte est compensée par le faible contraste du milieu sous-marin. Pseudo-macro avec bonnettes.
1/125	f/11, f/16		Filtre jaune pour augmenter le contraste de la pierre (en n/b).
1/4 s à 30 s 2 s. 1/15	f/5, 6 f/5, 6 f/5, 6		Mesurer les parties éclairées. Films à développer et tirer doux, si fort contraste dans l'image.
1/30, 1/125 B, 1/60	f/16 f/8, f/16		Sujets à reproduire fidèlement. Objectif à décentrement et bascule. Veiller au parallélisme sujet-film. Filtre orange à l'extérieur (en n/b) et jaune à l'intérieur. Skylight en couleur, ou chromofiltres. 1er plan.
1 à 8 s.	f/11, f/16		Open flash possible, ou lumière naturelle. Vitraux intéressants.
1/125 ou plus lent.	f/16 f/16		Sujet simple, chercher l'inhabituel. Fond uni, complémentaire du sujet. Eclairages de côté, en semi-contre-jour, en contre-jour, ou diffus. Filtre Cross-Screen, parfois.
1/125	f/11, f/16		Tripler l'image en n/b, en négatif couleurs et en diapositive. Il faut avantager le produit ou la firme. Pas d'appareils

Sujets	Optiques utiles	Accessoires	Films
Les tableaux	4, 5, 6	A, D, E, G	NOP 1, 2, 3
Documents à reproduire	5, 6 M	A, B, D, E, F	NOP 1, 2

Vitesses conseillées	Diaphragmes efficaces	Corrections d'exposition	Conseils divers
			automatiques électroniques près d'un champ magnétique intense.
1/125 ou plus lent	f/5,6, f/11		Appareil face au milieu du tableau. Plans du film et du tableau parallèles (niveau à bulle). Si reflets, cacher appareil et pied par un carton noir (troué pour l'objectif). Eclairage naturel si possible (attention aux dominantes dues aux réflexions sur l'environnement). Si éclairage intérieur : 2 lampes de biais à 45° (pour les surfaces mates) ou à 50/60° (pour les surfaces brillantes), à environ 1,5 m du tableau (moins de 1 m^2) ou à 2,5 m (si plus grand). Si tableau fait plus de 2 m de large = 4 lampes dans les angles. Autres éclairages possibles : lumière rasante (pour le relief), lumières indirectes (réflexion sur panneau de sagex blanc), ou lumières polarisées utilisées conjointement avec un filtre polarisant sur l'objectif (supprime tous reflets.). Si on doit photographier de biais, redresser les perspectives au tirage (voir page 235).
1/125 ou plus lent	f/5,6, f/8	+ 1	Mêmes remarques générales que ci-dessus. Eclairage normal : 2 ou 4 lampes identiques sous un angle de 60° par rapport à la verticale à une distance égale à 3/4 de la diagonale du document. Si surface en relief = éclairage rasant. Mise au point rigoureuse. Pour assurer une reproduction précise, photographier avec charte de couleurs et gamme de gris. Mesurer sur la paume de la main (car réflexion du

Sujets	Optiques utiles	Accessoires	Films
La copie de dias	5, M	A, F, G	P 1
Id. avec Elinchrom :			
— dia à dia	80 mm	Elinchrom	P 1
— dia à négatif n/b	80 mm	Elinchrom	N 2
En lumière ambiante	4, 5, 6	A, C (ou E), D	NOP 3 à 6
— avec bougie	4, 5, 6	A, C (ou E), D	NOP 5
— plusieurs bougies	4, 5, 6	A, C (ou E), D	NOP 5
— près d'une fenêtre	4, 5, 6	A, C (ou E), D	NOP 5
— avec un lampadaire	4, 5, 6	A, C (ou E), D	NOP 5
— un incendie	4, 5, 6	A, C (ou E), D	NOP 5
La nuit, en général	2 à 6	A, D, E	NOP 4, 5, 6
Rue peu éclairée	2 à 6	A, D, E	NOP 5
Rue éclairée	2 à 6	A, D, E	NOP 5
Avenue très éclairée	2 à 6	A, D, E	NOP 5
Vitrine éclairée	2 à 6	A, D, E, G	NOP 5
Enseignes lumineuses	2 à 6	A, D, E	NOP 5
Fêtes foraines	2 à 6	A, D, E	NOP 5
Intérieur de café	2 à 6	A, C, D	NOP 5
Paysage sous la lune	2 à 6	A, D, E	NOP 5
Effet clair de lune en plein jour	2 à 6	A, D, E	NOP 1, 2, 3
Le pendule lumineux	3 à 5	A, D, G	NOP 1, 2

Vitesses conseillées	Diaphragmes efficaces	Corrections d'exposition	Conseils divers
			papier blanc = trop intense). Sous-exposer de 1/4 de diaphragme (32 ISO pour 25) et surdévelopper un peu pour augmenter le contraste, ou film lith.
1/60	f/5,6-f/11		Filtre UV. Soufflet ou dupli-zoom.
			Flash à environ 60 cm de la dia.
1/60	f/11	cc 10	Puissance 1/4. Filtres UV + 15 Y + 15 M
1/60	f/16	cc 3	Puissance 1/4. Filtre UV.
1/60 à ? s.	f/1,2-f/16	– 1 si fond sombre	Dans ce type de vues, le diaphragme commande généralement. Attention à l'effet Schwarzschild (p. 27). Utiliser un réflecteur blanc pour atténuer le contraste.
1/2 seconde	f/2,8		
1/30	f/4		
1/60	f/5,6		
1/30	f/2		
1/2 seconde	f/5,6		
	f/4-f/16	+ 1/2	Mesurer pour les lumières. Attention à l'effet Schwarzschild (p. 27). De 1/2 s. à 10 s., doubler le temps. Plus de 10 s., tripler le temps. Ne pas enregistrer trop de contraste ou de sources lumineuses sur la même vue. Développer et tirer «doux». Meilleurs effets obtenus sous la pluie ou avec une légère brume.
2 secondes	f/5,6		
1/2 seconde	f/5,6		
1/30	f/5,6		
1/60	f/5,6		
1/500	f/5,6		
1/30, 1/60	f/5,6		
1/15	f/5,6		
1 à 2 minutes	f/5,6		
	f/5,6, f/8	– 2 à – 3	Photographier en fin de journée par un éclairage latéral, sur un film de type lumière artificielle.
1 à 2 minutes	f/16		Suspendre une lampe de poche à un fil. Poser l'appareil par terre, objectif dirigé vers la lampe. Obturateur ouvert en pose B (dans une pièce obscure). Balancer la lampe dont le faisceau est réduit par un cache de carton noir percé d'un trou. On peut changer de

Sujets	Optiques utiles	Accessoires	Films
L'image de la TV			
— obturateur/rideaux	6, 7	A, D, E, G	NOP 4, 5
— obturateur central	6, 7	A, D, E, G	NOP 4, 5
Feux d'artifices	3, 4, 5	A, D, E	NOP 1, 2
Eclairs	3, 4, 5	A, D, E	NOP 1, 2
Photo en infrarouge	1 à 9, M, Z	A, G	Q, R
La macrophotographie dans la nature	5, 6, M	A, B, C (ou E), D, F	NOP 1, 2
La macrophotographie en studio	4, 5, 6, M	A, B, C, (ou E), D, F	NOP 1, 2

Vitesses conseillées	Diaphragmes efficaces	Corrections d'exposition	Conseils divers
			filtres durant l'exposition. Effets graphiques.
1/8 ou + lent 1/30 ou + lent	f/2,8, f/4 f/2,8, f/4	+ 1 avec le + 1 filtre	Appareil dans l'axe du centre de l'image. Plans parallèles. TV réglée sur contraste modéré. Filtre rouge de correction (valeur 40 cc). La vitesse commande.
5 à 10 s.	f/8, f/16		Mise au point à l'infini. Prendre plusieurs fusées en pose B en masquant l'objectif entre deux tirs. Variante : suivre la trajectoire et dessiner avec la lumière.
Pose B	f/5,6, f/8		Essayer d'avoir plusieurs éclairs.
1/125	f/8-f/16		Exposer de 100 à 160 ISO de jour, dans la brume ou sous la pluie; de 125 à 200 ISO par ciel couvert et de 160 à 250 ISO le reste du temps. Jouer avec tous les filtres en n/b comme en couleurs. En infrarouge noir/blanc on peut utiliser un flash infrarouge.
1/60-1/125	f/11-f/22	– 1 si fond sombre	En chasse sur le terrain, on utilise un objectif de 90/100 mm macro qui permet le rapport 1 :1 (ou un objectif normal avec des bagues-allonges).
1/60 ou plus lent	f/11-f/22	– 1 si fond sombre	Après capture, en studio, on travaille avec un soufflet qui permet le rapport 5 :1 (le sujet est agrandi cinq fois). Le flash annulaire est pratique (prendre un modèle à nombre-guide élevé pour avoir le maximum de profondeur de champ et de portée; le modèle Sunpak qui n'a qu'un NG de 8, ne permet de travailler qu'à 1 mètre avec f/22).

Comment utiliser le flash avec un doubleur de focale

Avec les flashes sans calculateurs, on affiche le diaphragme normal sur le flash et on ouvre de deux valeurs de diaphragmes sur l'appareil (Exemple : f/5,6 sur le flash et f/2,8 sur le boîtier). Avec les flashes à calculateur incorporé (computer), il suffit de maintenir le diaphragme réel sur le flash comme sur le boîtier, et de modifier la sensibilité du film affichée sur le flash (on affiche 50 ISO pour un film de 200 ISO).

Conseils pour l'utilisation du flash en « fill-in »

Cette technique consiste à déboucher les ombres au moyen du flash, notamment dans le cas du portrait réalisé en plein air à contre-jour. On affiche la vitesse de synchronisation et on place le flash en opposition au soleil, de manière à éclairer le sujet de haut en bas. La distance flash-sujet est indiquée par la formule suivante : Nombre-guide du flash divisé par le diaphragme imposé par la lumière normale, le résultat étant doublé.

Exemple : Lumière du contre-jour demande f/11 à 1/60e, le NG est de 17, le résultat est de 1,55, soit une distance totale de 3 mètres 10. Sur certains flashes, on peut aussi doubler la sensibilité du film affichée *sur le flash* (mettre 200 ISO pour un film de 100 ISO) et placer le flash à la distance normale (1 m 55 dans notre exemple).

CE QU'IL FAUT ENCORE SAVOIR

Les problèmes juridiques

Les problèmes de cet ordre peuvent être de divers types en photographie. Il y a ceux qui concernent le photographe lui-même, et ceux qui concernent les autres.

On peut ainsi rencontrer des problèmes :
— relatifs à l'**achat d'équipement**. Ce sont essentiellement des questions de contrats de vente, ou des questions de garanties, que le droit règle de façon précise ;
— relatifs à la **prise de vues**, ou

— relatifs à l'**exploitation** d'une photographie. En ce domaine, la jurisprudence n'est pas encore clairement établie, et diffère, de toutes manières, d'un pays à l'autre. Il faut, de plus, distinguer les problèmes d'interdictions attachées à un lieu donné (lieux privés, prisons, aérodromes, installations militaires, centres nucléaires, certains musées, etc.), de celles qui concernent la personne humaine.

En Suisse, comme en France, il est, en principe, interdit de photographier quelqu'un à son insu. On ne peut pas non plus utiliser publiquement une photographie sans le consentement spécifique de la personne (ou des personnes) figurant sur l'image.

Si l'on appliquait à la lettre une telle interdiction, la photographie d'êtres humains deviendrait quasiment impossible. On a donc prévu quelques exceptions. En France, un individu, exerçant une activité publique, peut être photographié dans l'exercice de cette activité (sous réserve des éventuelles atteintes à sa vie privée). Dans les mêmes limites, on peut photographier des scènes de rue, à condition que l'on distingue plus de 8 personnes différentes sur la photo, et, d'autre part, que la matériel mis en œuvre (trépied, etc.) n'entrave pas la circulation. Il en est de même lorsque la personne photographiée n'intervient dans l'image qu'en tant qu'élément ne prêtant à aucune interprétation abusive (exemple : paysage incluant un autochtone situant l'endroit ou l'échelle de prise de vue).

Dans les cas douteux, il est préférable d'obtenir de la personne photographiée une autorisation écrite, en bonne et due forme. Cette autorisation doit comprendre la permission de réaliser la prise de vue, ainsi que de l'exploiter par la suite en précisant dans quel domaine (exposition, journal, revue, livre, conférence, etc.), ainsi que les conditions éventuelles de cette autorisation (rémunération, etc.), le tout devant être daté et signé ;
— relatifs aux **droits du photographe**, car il en a aussi. Et notamment ceux qui s'attachent à son action créative (droits d'auteur). Le photographe est, de plus, protégé contre les utilisations abusives de sa photographie, ou contre les modifica-

tions de l'œuvre effectuées sans son accord. Enfin, le photographe a droit à une juste rémunération de son travail lorsqu'on publie l'une de ses images (il existe de nombreux barèmes pour fixer le montant de cette redevance. On peut aussi procéder par négociation directe).

Les assurances

Que voilà un problème qui ne passionne pas les photographes amateurs ! Et pourtant il s'avère infiniment moins coûteux de prévenir que de guérir en ce domaine.

Diverses compagnies d'assurances acceptent de couvrir, partiellement ou globalement, les risques encourus par le matériel photographique. Certaines se spécialisent dans la rentable « assurance de vacances ». D'autres, comme la Lloyd's, couvrent les risques à l'année pour une somme minime (Lloyd's prend 15 ‰ de la valeur assurée et couvre tous les risques ou presque).

Les formalités douanières

La plupart des pays n'imposent aucune restriction concernant le passage, en transit, de matériel photographique. Quelques Etats, cependant, limitent le nombre d'appareils (1 ou 2), ou encore la quantité de films que l'on peut emporter avec soi.

Afin d'éviter tout problème lorsqu'on voyage, il convient :
— de s'*informer* préalablement des conditions locales ;
— d'établir, en plusieurs exemplaires, *une liste* précise du matériel que l'on emporte avec soi (liste visée par le vendeur, liste d'assurance, inventaire personnel que l'on déclare à l'entrée dans le pays d'accueil).

L'entretien du matériel

Qui veut photographier longuement ménage ses montures… d'objectifs. En outre, il faut effectuer régulièrement un nettoyage complet de l'appareil et de ses accessoires. On veillera particulièrement à la propreté de la chambre du film, ainsi qu'à celle des lentilles avant et arrière des objectifs.

La pile (ou les piles) se change au moins une fois dans l'année (avant de partir en vacances, par exemple). Cela dépend de son usure.

Enfin, on songera à donner son boîtier à la révision après quelques années d'utilisation (voir aussi en page 66).

La relativité des tests

De nombreuses revues photographiques publient des tests d'équipement. Il faut remarquer que ces tests donnent une indication sur le niveau qualitatif atteint par le matériel considéré, et par lui seul. On ne peut en tirer de conclusions générales pour l'ensemble d'une production.

De plus, les tests sont presque toujours réalisés sur du matériel neuf. Il en est peu qui se penchent sur le degré de fiabilité à moyen et à long terme des appareils et des optiques.

En conclusion, disons que le meilleur test est celui que l'on effectue soi-même sur son propre matériel, ou sur celui que l'on désire acquérir. Aucun marchand sérieux ne peut refuser un tel test dans son magasin.

■ Comment tester les pellicules

On se procure le jeu de mires Kodak (Color separation guide and gray scale) que l'on photographie toujours dans des conditions identiques, avec le même ensemble boîtier + objectif monté sur trépied (et en utilisant un déclencheur souple), avec la même distance de mise au point, le même diaphragme (f/8 ou f/11), le même type d'éclairage (lumières artificielles, flash et lumière du jour).

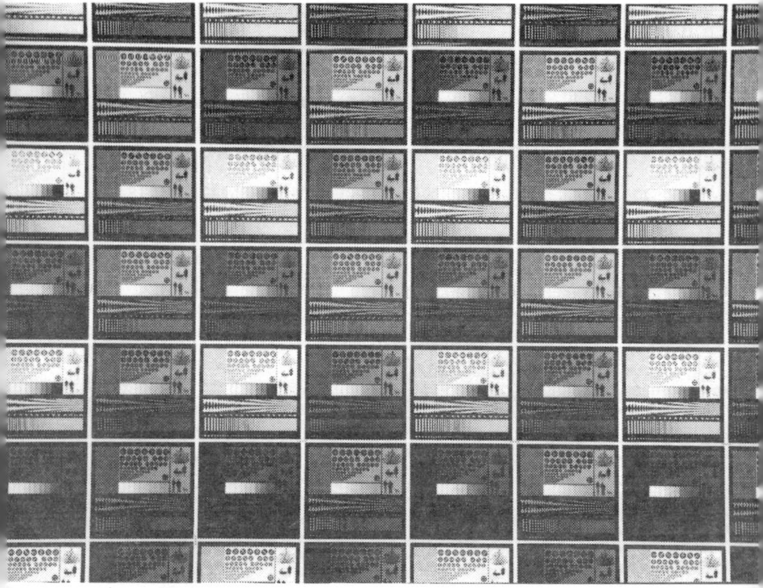

Une mire de test Paterson pour tester vous-même vos objectifs

On identifie le film sur la première vue, puis on demande (ou effectue soi-même) un développement en bande continue (on ne coupe pas le film).

Ainsi, les résultats obtenus autorisent des comparaisons instructives.

■ Comment tester les objectifs

Le principe demeure identique. On complète les mires Kodak par une mire spéciale (comme le modèle Paterson), ou par une série de pages de journaux (textes et images en couleurs) collées sur un fond rigoureusement plan.

On photographie ces mires dans des conditions toujours semblables avec un film à haute résolution (définition), tel que le Kodachrome 25. Le plan du film dans le boîtier devra respecter un rigoureux parallélisme avec le plan des mires (utiliser un niveau à bulle). Avec le même type d'éclairage (voir ci-dessus), on effectuera les prises de vues en fermant le diaphragme d'un cran à chaque fois (appareil sur trépied et déclencheur souple).

Les résultats sont directement contrôlés à la loupe sur le négatif, ou sur la diapositive. Là encore, on aura pris soin d'identifier sur chaque vue l'objectif et le diaphragme utilisés.

■ Comment tester les boîtiers 24 × 36 mm

L'idéal consiste à commencer par tester le boîtier sur le terrain pour vérifier le bon fonctionnement des diverses commandes, l'agrément de la prise en main, etc.

Ensuite, on vérifie la chambre du miroir (qui doit être sérieusement bafflée pour éviter les réflexions), puis la chambre du film et surtout les rails de guidage du film (qui doivent être

Chenonceaux
Appareil : Zenza Bronica ETR 4,5 × 6 cm — *Objectif :* Zenzanon 75 mm f/2,8

nets), ainsi que le presse-film (qui doit être largement dimensionné et presser le film avec la même force sur toute la surface).

Enfin, l'on teste l'obturateur à toutes les vitesses, en commençant par la plus lente. Jusqu'à 1/60e de seconde environ, on distingue clairement à l'oreille les différences.

On peut aussi vérifier la vitesse de synchronisation du flash. Dos ouvert, on photographie l'éclair du flash (filtré pour se protéger les yeux). Si on voit l'éclair, à travers l'obturateur, tout est correct.

Pour finir, on peut contrôler simplement les couples vitesse-diaphragme équivalents, en photographiant une surface blanche. Mesure de la lumière correctement effectuée, on change de couple vitesse-diaphragme à chaque vue. Lorsqu'on examine le film en bande, toutes les photos doivent avoir le même éclairement.

III. Le laboratoire

L'équipement
Les tirages en noir et blanc
Les tirages en couleurs
Le développement des films
Que faire de vos documents ?

Chouette hulotte
Appareil :
Minolta SRT 101
Objectif :
Minolta Rokkor
55 mm f/1,7
Flash
électronique
(voir page 74)
Film : Kodak
Plus-X

Dans cette troisième partie, nous allons aborder l'autre face de la photographie. Après la prise de vues, le travail véritable du photographe ne fait que commencer. C'est au laboratoire, cet antre de l'alchimie visuelle, qu'intervient la transmutation de l'idée en document utilisable, soit photo de papier, soit diapositive à projeter.

Je ne doute pas que seul le photographe qui a assuré la prise de vue peut en tirer la quintessence par la suite. Démystifions donc sans plus tarder les travaux de laboratoire. Aujourd'hui, tout est simplifié, tout est planifié pour faciliter la tâche du néophyte, aussi bien en noir/blanc qu'en couleurs.

L'ÉQUIPEMENT

L'équipement minimum du laboratoire

Point n'est besoin d'investissements considérables. Il suffit d'un coin d'eau avec robinet mélangeur (eau chaude, eau froide). Il faut pouvoir obscurcir totalement ce coin. Dès lors, on peut investir la salle de bain, ou la cuisine (gare aux conflits avec la ménagère !).

On y ajoutera une lampe de laboratoire à écrans interchangeables (les écrans jaune-vert et rouge sont les plus couramment utilisés).

■ Le matériel indispensable comprend, **pour les films** :
— 1 cuve de développement adaptée au(x) format(s) de pellicule(s) utilisée(s) ;
— des éprouvettes de mesure graduées (une petite de 100 millilitres, une de 300 cc et deux grandes de 1 000 cc suffisent au début) ;
— 1 thermomètre de laboratoire ;
— 1 paire de ciseaux ;
— 1 décapsuleur ordinaire ;
— 1 entonnoir plastique ;

— plusieurs séries de pinces pour lester et suspendre les films durant le séchage ;
— une minuterie avec sonnerie.

■ **Pour les tirages papiers en noir/blanc** on emploie :
— 4 cuvettes en PVC de format 18 × 24 cm pour les tirages de petits formats, et/ou 4 cuvettes de 30 × 40 cm pour les agrandissements courants (chacun adaptera l'équipement à ses besoins) ;
— 3 pinces métalliques pour le travail en cuvette ;
— 1 agrandisseur-système permettant l'adaptation ultérieure d'une tête couleur (un modèle équipé d'un tiroir à filtres peut convenir, mais il est moins pratique) ;
— 1 cadre-margeur autorisant les tirages de 30 × 40 cm (qui peut le plus, peut le moins) ;
— 1 compte-pose à répétition assurant un temps d'exposition précis (il est surtout indispensable qu'il puisse répéter des temps identiques sans variations) ;
— 1 calculateur d'exposition Kodak (Projection Print Scale), qui est une feuille de plastique transparente divisée en quartiers de densités variables ;
— 1 table lumineuse (que l'on peut d'ailleurs construire soi-même à peu de frais) ;
— 1 loupe de mise au point micrométrique (Paterson Major Focus Finder, ou Micro Focus Finder, par exemple) ;
— 1 loupe photographique pour l'examen détaillé des négatifs ;
— 1 chiffon antistatique ;
— 1 gros pinceau-souffleur en poils de martre (ou le même pinceau à élément polonium, qui a été recommandé en page 66) ;
— 1 sécheuse à plaques (inutile avec les papiers RC), ou 1 sécheuse infrarouge, ou encore un simple séchoir à cheveux, doté d'une soufflerie d'air froid.

■ Enfin, **pour les tirages couleurs**, il faut en plus :
— 1 tête couleur pour l'agrandisseur (ou un jeu de filtres spéciaux que l'on place dans le tiroir porte-filtres de l'agrandisseur) ;

— 1 cuve de développement couleur (type Simmard), avec ou sans moteur ;
— 1 chronomètre (ou une montre ordinaire avec indication des secondes).

L'équipement complémentaire du laboratoire

Pour augmenter encore le confort du laboratoire, on peut compléter l'équipement de base en fonction de ses disponibilités budgétaires, et de ses besoins.

A ce titre, on peut éventuellement se procurer :
— 1 armoire-sécheuse pour les films (dotée d'un filtre anti-poussière et d'un thermostat) ;
— 1 analyseur-intégrateur fournissant, en noir et blanc, le temps de pose et la gradation du papier recommandés, et en couleurs le temps de pose et le filtrage conseillés ;
— 1 moteur pour agiter avec régularité la cuve de traitement des papiers couleurs.
— 1 kit de développement universel de type Jobo-Lift CPE-2 (pour développer films et papiers, en couleurs comme en noir/blanc) ;
— 1 tireuse automatique (simplifiant notablement le travail de tirage des agrandissements papiers).

Les divers types de cuves

Divers modèles de cuves de développement des films coexistent sur le marché. On distingue essentiellement les cuves à chargement en plein jour, de celles à chargement en chambre noire (moins onéreuses).

Parmi ces dernières, deux systèmes s'opposent :
— les cuves à spirales se chargeant du centre vers l'extérieur, et
— les cuves à spirales se chargeant de l'extérieur vers le centre.

Les deux fournissent des résultats identiques et la distinction n'est qu'une question d'agrément de manipulation.

Précisons qu'il s'avère plus important d'accorder sa préférence à une cuve comprenant une spirale métallique (plus chère, mais plus solide à long terme) qu'à un modèle en plastique.

La coûteuse cuve « plein jour » (type Agfa Rondinax) existe également en version métallique et en version plastique. Elle permet le développement d'un film 24 × 36 mm sans le secours d'une chambre noire. D'une contenance de 200 cc, à fonctionnement vertical, chargement automatique, thermomètre et coupe-film incorporés, elle présente un désagrément : il faut pratiquement tourner le film durant tout le temps de développement, sous peine de voir apparaître des irrégularités sur le film.

Il faut encore mentionner, pour les laboratoires de clubs, l'existence de cuves grands formats, équipées de paniers permettant de traiter un grand nombre de spirales à la fois.

Les agrandisseurs

L'agrandisseur est en fait un appareil photographique inversé. Il comprend donc les mêmes réglages (focale, mise au point, diaphragme, temps de pose). Trop longtemps dédaignés par les fabricants, les agrandisseurs font, depuis l'avènement de la couleur dans les laboratoires amateurs, l'objet d'une attention particulière.

Beaucoup de marques se disputent actuellement le marché et la plupart des nouveaux modèles intègrent une tête couleur d'origine, ou sont conçus de façon modulaire.

Pour l'usage noir et blanc, on peut citer quelques marques intéressantes par leur rapport qualité-prix : Ahel (France), Durst (Italie), Meopta, Opemus (Tchécoslovaquie), Omega (USA).

Pour l'usage couleur, la concurrence se fait rude entre les systèmes, et l'on remarque particulièrement : Ahel, Beseler,

Durst, Jobo, Leitz Focomat Autofocus, Meopta Opemus, Omega, Philips, Rolleimat, Vivitar.

Tous ces systèmes, dont les qualités sont proches, se voient complétés d'une gamme d'accessoires tels que : cadre-margeurs, compte-poses, analyseurs-intégrateurs, etc.

Les nouveautés de ces dernières années sont, d'une part, l'utilisation de la fibre optique pour assurer une lumière froide (meilleure protection de la pellicule) et exempte de rayonnements ultraviolets, et, d'autre part, l'arrivée des premiers objectifs zooms pour agrandisseurs (Schneider, Nikon).

L'éclairage du laboratoire

Examinons rapidement les problèmes posés par l'éclairage du laboratoire. Il faut distinguer les divers usages de l'éclairage :
— *pour l'analyse des résultats*, un éclairage fluorescent type « jour » est préférable ;
— *pour le développement des films*, il faut l'obscurité totale lors du chargement, puis un éclairage ordinaire convient ;
— *pour les tirages en couleurs*, il en est de même ;
— *pour les tirages en noir/blanc*, il faut un éclairage inactinique jaune-vert ;
— *pour le travail sur matériel orthochromatique* (films liths et similaires), il faut une lumière rouge.

On trouve des lanternes de laboratoire avec lampes à incandescence (moins coûteuses) à allumage instantané, mais de faible puissance, et des lanternes au sulfure de sodium (plus chères), s'échauffant progressivement en cinq minutes environ, mais permettant de lire son journal !

Quelle que soit la formule choisie, il faut veiller à un strict inactinisme de l'éclairage. Cela revient à dire que la lumière utilisée ne doit pas pouvoir impressionner le matériel photosensible.

On testera facilement ce fait en plaçant, sous l'éclairage considéré, une feuille papier sensible noir/blanc sur laquelle on aura déposé une pièce de monnaie. On attend de 2 à 5 minutes, puis on révèle le papier (voir page 214). S'il reste vierge, l'éclairage est inactinique. Si le papier fonce en laissant apparaître un rond blanc, il n'est pas suffisamment filtré, ou encore, il est trop proche des surfaces de travail. On procédera, dès lors, aux modifications qui s'imposent.

L'aménagement du laboratoire

Il n'y a pas beaucoup de laboratoires amateurs parfaits. Cela dépend des conditions de votre logement. En fait, on peut recouvrir une partie de la baignoire de la salle de bain d'une planche de travail, ou travailler sur le bloc de la cuisine-laboratoire moderne. On peut aussi s'installer dans un placard (si l'on connaît la bricole !)

Si l'on peut disposer d'un local indépendant et permanent, voici une disposition idéale qui allie la simplicité (relative) au côté pratique :

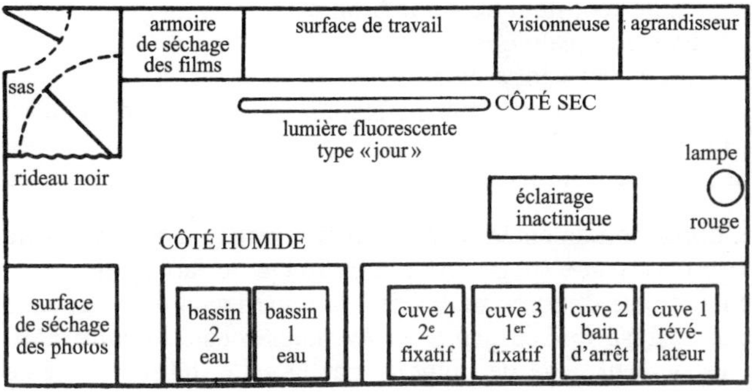

Il faut relever quelques points :
— une aération par système aspiro-pulsant, étanche à la lumière, et filtrant les poussières, constitue un luxe qui facilite notablement le travail !
— un sas d'entrée, protégé par un rideau noir épais, permet

d'entrer et de sortir du labo sans devoir interrompre le travail en cours (et sans risques) ;
— il faut séparer la zone sèche de la zone humide, et surtout veiller particulièrement au branchement à la terre de tout l'équipement électrique ;
— un revêtement en dur du sol permet un entretien simplifié du laboratoire ;
— la température idéale d'un laboratoire se situe entre 18 et 22°C. Il faudrait pouvoir la maintenir à un niveau constant.

Les tirages en noir et blanc

L'aménagement achevé, l'équipement complété, abordons le côté pratique du travail en laboratoire.

Mais avant d'aller plus loin, présentons quelques règles élémentaires, propres à faciliter la réussite :

- Veiller constamment à la propreté
- Travailler calmement
- Réfléchir avant d'agir
- Noter toutes les actions effectuées, ainsi que leurs paramètres

L'obligation de noter ce que l'on fait, déjà rencontrée lors de la prise de vue (page 151), se retrouve au laboratoire avec encore plus d'importance. C'est la seule façon de progresser par analyse des causes d'un éventuel échec. D'autre part, c'est le seul gage de pouvoir, par la suite, retirer la même photo avec des résultats identiques.

Voici un modèle de fiche de notation pour le laboratoire. Sa validité s'étend aussi bien au noir/blanc qu'à la couleur :

Date

Identification
— film n°
— photo n°

Travail réalisé

Réglages
— rapport d'agrandissement
(ou hauteur de l'objectif)
— format d'agrandissement
— temps de pose
— diaphragme
— filtrage Yellow (jaune)
— filtrage Magenta (mauve)
— filtrage Cyan (bleu-vert)

Traitement
— procédé
— température
— gradation

Compléments
— manipulations (masquages, etc.)
— trucages éventuels

Tirages négatif-positif noir/blanc

La réalisation d'une photo noir et blanc sur papier (ou sur un support plastique — RC, pour Resin Coated) à partir d'un négatif est devenue chose aisée avec les nouveaux produits actuellement disponibles.

De nombreuses méthodes permettent d'atteindre d'excellents résultats. Chaque fabricant en propose. Nous allons examiner en détail l'un de ces procédés et vous pourrez facilement effectuer les transpositions avec les produits que vous utilisez.

Le matériel nécessaire est décrit en page 206. La marche à suivre, dès que vous avez un négatif noir/blanc développé (voir page 262) et séché, peut se résumer comme suit.

■ En lumière normale

Si on utilise un éclairage inactinique au sodium, on peut déjà l'allumer. Il sera ainsi prêt à l'emploi le moment venu. Pour l'heure, il faut :

— *Nettoyer soigneusement* tout le matériel nécessaire.

— *Préparer les bains* (révélateur, bain d'arrêt, fixatif) selon les prescriptions du fabricant en ce qui concerne le révélateur et le fixatif. Quant au bain d'arrêt, il se compose d'eau avec un peu d'acide acétique (2 cc pour 1 litre d'eau) que l'on se procure à la plus proche droguerie.

— *Choisir et nettoyer le négatif* (film noir/blanc) avec le chiffon antistatique (ne pas pincer trop fort pour ne pas provoquer de rayures) et le pinceau-souffleur (ou le pinceau à élément de polonium).

— *Déterminer à vue la gradation* du papier indispensable pour ce négatif (négatif très contrasté = papier doux, et inversement ; négatif en valeurs moyennes = papier normal).

— *Mettre le négatif dans le porte-négatif* de l'agrandisseur (consultez votre mode d'emploi), en plaçant la gélatine (côté mat et fragile du film) en bas.

— *Allumer la lampe de l'agrandisseur*, par l'intermédiaire de l'interrupteur du compte-pose.

— *Allumer l'éclairage inactinique* (si ce n'est déjà fait) et éteindre l'éclairage normal.

■ En éclairage inactinique

— *Procéder aux divers réglages* sur l'agrandisseur.

Le rapport d'agrandissement se règle en montant ou descendant la tête de l'agrandisseur.

Le format d'agrandissement se détermine au moyen du cadre-margeur millimétré.

La netteté se met au point en montant ou descendant l'objectif de l'agrandisseur.

Le diaphragme se situe à l'extrémité de l'objectif (habituellement). On le ferme en principe à f/8 pour assurer une qualité aussi bonne que possible à l'image.

Tous ces réglages doivent s'opérer en contrôlant constamment l'image projetée sur le dos d'une feuille de papier photosensible identique à celle que l'on compte utiliser pour le tirage. L'épaisseur du support papier (ou plastique) joue, en effet, un rôle dans la précision de la mise au point.

— *Eteindre l'agrandisseur* et placer le filtre rouge (inactinique) sous l'objectif par mesure de sécurité, puis enlever la feuille de papier qui a servi aux divers réglages.

— *Régler le temps de pose* nécessaire pour assurer une exposition correcte (voir page 221). Cela se fait sur le compte-poses en secondes. Si le temps indispensable dépasse la minute (1'20'', par exemple), il est préférable de régler le compte-poses sur la moitié du temps total (40'' dans notre exemple) et d'utiliser la faculté de répétition. Cela évite les réglages approximatifs.

— *Sortir une feuille de papier photosensible* vierge de son emballage étanche à la lumière, et la placer sur le cadre margeur, côté brillant (ou grain) en haut. Avec les papiers mats, il s'avère quelquefois difficile de trouver le côté brillant. On utilise alors un truc simple : on bombe légèrement la feuille de papier et on la dirige vers la lumière inactinique. On répète l'opération des deux côtés. Une raie brillante apparaît alors du côté de l'émulsion. L'autre truc, qui consiste à mouiller son doigt et à le poser sur la feuille, puis à le soulever pour voir quelle face adhère légèrement (= celui de l'émulsion), est une aberration qui conduit le plus souvent à déposer son empreinte digitale sur la photo.

— *Refermer soigneusement la boîte* de papier photographique vierge pour éviter les expositions involontaires.

— *Enlever le filtre rouge* et *exposer* le papier en enclenchant le compte-poses.

— *Procéder aux interventions* éventuelles (masquages, etc.).

— La lumière de l'agrandisseur éteinte, *saisir la feuille* de papier sensible qui contient maintenant une image latente, et *la plonger* (côté exposé en haut) dans le révélateur (cuvette numéro 1), d'un mouvement rapide et continu en oblique. Il faut impérativement veiller à ce que la totalité de la surface sensible soit immergée d'un coup. Agiter légèrement la cuvette.

— *Attendre la fin du temps de révélation.* Ne jamais interrompre cette opération, même si l'on a commis l'erreur de surexposer la feuille de papier (ce qui se traduit par un trop fort noircissement de l'image). Mieux vaut recommencer le tirage, car une révélation interrompue prématurément ne donne que des photos-grisailles (en raison du voile inévitable). La photo est maintenant visible, mais ne supporte toujours pas la lumière normale.

— *Sortir la feuille* de papier du révélateur (cuvette n° 1) avec la pincette n° 1, puis la laisser s'égoutter soigneusement, sur sa propre cuvette. Les manipulations avec les pincettes doivent se faire avec délicatesse, car la photo demeure très sensible aux rayures irrémédiables. La meilleure solution consiste à saisir le papier dans un angle, et en diagonale, pour éviter un mouvement tournant du papier lors de l'émersion. Il est hors de question d'agiter les bains avec les pincettes.

— *Laisser tomber la feuille de papier dans le bain d'arrêt* (cuvette n° 2) sans y tremper la première pincette qui retourne dans son propre bain. Au moyen de la seconde pincette, immerger totalement la feuille de papier, laisser tremper quelques secondes, puis la sortir comme précédemment. Laisser égoutter soigneusement sur la cuvette n° 2.

— *Laisser tomber la feuille dans le premier fixatif* (cuvette n° 3), sans y tremper la seconde pincette qui retourne dans son propre bain. Immerger totalement la photo au moyen de la troisième pincette (il est important de ne pas mélanger les produits pour ne pas diminuer trop vite leur validité). Laisser tremper le temps prescrit par le fabricant du produit de fixage utilisé, tout en agitant légèrement la cuvette.

La photo est théoriquement achevée et peut donc supporter la lumière normale. Nous préconisons cependant, pour l'avoir expérimentée, une autre méthode : celle du double fixage, et du lavage prolongé. Cette façon de procéder est seule à même de garantir une longue conservation de l'image photographique.

— *Procéder donc à un second fixage* dans le deuxième bain de fixatif (cuvette n° 4) en procédant comme précédemment (on peut maintenant utiliser la pincette n° 3). Le second bain de fixage est identique au premier, mais il est moins contaminé par les restes de révélateur et de bain d'arrêt.

On peut vérifier régulièrement la qualité du bain de fixage au moyen des papiers réactifs spéciaux, proposés, entre autres, par la firme Tetenal.

— *Sortir la photo*, après achèvement du second temps de fixage. Il est inutile de prolonger outre mesure le fixage, sous peine de pertes de qualité de l'image dans les hautes lumières.

En ce qui concerne la capacité des bains de fixage, il est recommandé de ne pas fixer plus de 5 000 cm^2 de papier (soit, 0,5 m^2) par litre de produit. Cela représente environ 12 feuilles au format 18 × 24 cm, ou 7 feuilles de 24 × 30 cm, ou encore 4 feuilles de 30 × 40 cm.

— *Laver* enfin vigoureusement la photo à l'eau courante durant le double de la durée indiquée par le fabricant des produits et papiers utilisés, mais au minimum durant cinq minutes, l'eau étant constamment renouvelée.

On peut vérifier la bonne qualité du lavage (seul gage de survie à long terme de la photo), au moyen de la solution suivante (que vous commanderez à votre droguiste) : 200 cc d'eau distillée, 0,2 gr de permanganate de potassium, et 4 gr de carbonate de soude anhydre. On verse une ou deux gouttes de cette solution dans une éprouvette qui a recueilli un peu d'eau de lavage gouttant de l'épreuve lavée. Si l'eau ne se décolore qu'après au moins une minute, le lavage est correct. En moins de temps, il serait insuffisant.

— *Sécher* la photo : soit à l'air libre, après essorage avec un rouleau de caoutchouc ; soit avec un séchoir à cheveux soufflant de l'air froid alternativement de chaque côté (pour éviter que la photo ne gondole — phénomène surtout marqué avec les papiers barytés) ; soit au moyen d'une sécheuse-glaceuse à plaques (en voie de disparition, et inutile avec les papiers RC) ; soit, enfin, au moyen d'une sécheuse rapide à infrarouge (dont le coût baisse régulièrement).

Avec une telle sécheuse, de marque Agfa, Ilfospeed, Rowi, etc., il convient d'attendre, lors de l'allumage, qu'elle atteigne sa température de fonctionnement. Lors de l'extinction de la sécheuse, il faut impérativement laisser, au ventilateur incorporé, le temps de refroidir les rouleaux, avant d'éteindre la machine.

— *Juger la photo* terminée en lumière normale (ou en éclairage fluorescent), puis recommencer avec la photo suivante.

Compléments relatifs aux tirages noir/blanc

Nous avons longuement décrit la marche à suivre pour vous permettre des débuts sans accrocs. Il nous faut maintenant apporter quelques précisions concernant : les diverses surfaces sensibles disponibles, les différentes gradations de ces surfaces sensibles, la façon de déterminer le temps d'exposition idéal, et enfin la manière de réaliser une mise au point précise.

Nous terminerons par un tableau récapitulatif concernant les papiers barytés et les papiers RC de la maison Ilford.

■ Les diverses surfaces sensibles

La controverse fait rage actuellement entre partisans des papiers-cartons classiques et tenants des nouvelles surfaces plastifiées (RC). Qu'en dire ?

Les surfaces plastiques permettent un traitement ultra-rapide des photos (voir tableau, en page 224). Elles coûtent cependant un peu plus cher.

Elles gardent une rigoureuse planéité, mais leur résistance au temps n'est pas encore démontrée. On peut cependant les recouvrir d'un vernis inactinique tel que le Agfa Licht-Schutz-Lack, dont nous parlons en page 223.

Les surfaces papiers (et cartons) offrent, pour le moment, une plus grande diversité d'aspects et plaisent à l'œil. Les papiers RC progressent tous les jours sur le plan qualitatif. On ne les distingue pratiquement plus des papiers barytés. On trouve des surfaces mates, semi-mates, brillantes, perlées et satinées.

En conclusion provisoire, le choix de l'une ou l'autre formule reste une affaire de temps disponible, de coûts, et, en définitive, de goûts individuels.

Outre les divers types de supports papiers ou plastiques, les surfaces sensibles s'appliquent également sur plaque d'aluminium (Anophot), sur papiers aluminisés, ou sur toiles (en noir/blanc comme en couleur). Cela favorise une diversité de présentation de l'œuvre photographique, mais à un coût relativement élevé.

Depuis peu de temps, on trouve sur le marché un produit permettant d'étendre soi-même une couche photosensible sur n'importe quel support. Le BB 201 Liquid Light, puisque tel est son nom, s'applique, en chambre noire et lumière inactinique, sur l'objet choisi comme support. Le produit s'étend comme une peinture. On le laisse sécher quelques heures (la nuit de préférence) et on peut exposer l'objet sous l'agrandisseur comme une feuille de papier sensible ordinaire. Il ne reste plus qu'à le traiter comme une photo classique.

Bien entendu, les temps d'exposition exacts seront à déterminer par essais.

Lorsqu'on désire appliquer le BB 201 Liquid Light sur une surface de bois, il convient d'enduire le bois d'un vernis bouchant les pores, si l'on ne veut pas gaspiller trop d'émulsion.

■ **Les diverses gradations des surfaces sensibles**

Il n'en est pas de même en ce qui concerne la gradation. Les différentes surfaces sensibles sont classées en cinq à sept gradations (selon les fabricants) pour indiquer leur contraste.

On trouve généralement :
— l'*extra-doux*, 0 (pour corriger des négatifs trop contrastés) ;
— le *doux*, 1 (pour corriger des négatifs contrastés) ;
— le *normal*, 2 (pour les tirages normaux de sujets un peu contrastés) ;
— le *moyen*, 3 (pour les tirages normaux de sujets moins contrastés) ;
— le *dur*, 4 (pour corriger les négatifs peu contrastés) ;
— l'*extra-dur*, 5 (pour corriger des négatifs sans contrastes).

Certains fabricants proposent, de plus, des papiers à contraste variable (par filtrage de la lumière de l'agrandisseur). Ainsi sont les Agfa Multicontrast Classic, les Kodak Polymax II, et l'Ilford Multigrade IV. On les trouve en supports papiers ou RC. Avec leurs papiers à contraste variable, les fabricants fournissent une tabelle des filtrages recommandés pour obtenir les diverses gradations. Ces tabelles sont actuellement très précises et sont adaptées aux divers agrandisseurs du marché (Durst, Kodak, Meopta, par exemple). La qualité de fabrication des filtres contenus dans les têtes d'agrandisseurs diffère en effet d'un fabricant à l'autre.

Ces papiers à contraste variable sont très pratiques puisqu'il n'est plus besoin de conserver des stocks importants (et périssables) de papiers photographiques de toutes gradations, pour faire face à n'importe quelle situation. Un seul type de papier sert à tous les usages, à condition de disposer d'un agrandisseur muni d'une tête couleur à filtres dichroïques (auquel cas 0,40 équivaut à 40, etc.), ou d'un tiroir porte-filtres. Il faut alors disposer encore d'un jeu de filtres de tirage.

Remarque : un papier brillant paraît plus contrasté qu'un papier perlé ou qu'un papier à surface mate.

■ Comment déterminer le temps d'exposition exact ?
Pour déterminer le temps d'exposition correct du papier noir-blanc, on peut utiliser un coûteux calculateur d'exposition électronique, ou travailler « à l'œil » (lorsque ce dernier est formé par l'expérience). Il existe cependant une méthode économique et précise : l'emploi du calculateur d'exposition Kodak (Kodak Projection Print Scale).

Sur le plateau de l'agrandisseur, on pose le calculateur d'exposition Kodak (voir en page 207) sur une feuille de papier photo. On expose durant *une minute* exactement au diaphragme de travail choisi. On développe la photo normalement, on la fixe et l'on peut alors déterminer à vue la plage qui paraît normalement exposée. Sur le quartier d'image sélectionné, le temps de pose est inscrit en secondes.

Pour les agrandissements géants, on ouvrira le diaphragme de plusieurs crans si nécessaire, alors qu'on le fermera dans le cas de tirages de petit format (sinon le temps d'une minute serait respectivement trop court, ou trop long).

Au moment du tirage réel, on n'oubliera pas de remettre le diaphragme à sa position de travail. Il faut alors corriger également le temps d'exposition trouvé précédemment. Pour ce faire, on double le temps d'exposition chaque fois que l'on ferme le diaphragme d'un cran (et inversement).

Ainsi, un temps conseillé de 12 secondes à f/4, devient 24 secondes à f/5,6, ou 48 secondes à f/8, ou, inversement, 6 secondes à f/2,8. Attention, certains objectifs d'agrandisseur (tels celui du Meopta Opemus, par exemple) commencent leur graduation par un écart d'un demi-diaphragme seulement. Le temps d'exposition ne doit alors être corrigé que d'une demi-valeur (ainsi 12 secondes à f/4,5 deviennent 18 secondes à f/5,6).

Si l'on hésite entre deux plages, au moment du test, il faut prendre une valeur intermédiaire.

Avec cette méthode, qui rend caduque la vieille technique des bouts d'essais, on économise du temps et du papier. Si l'on tire plusieurs photos d'un même film, à un rapport d'agrandissement identique, on ne calculera que le temps de la première épreuve. Pour les suivantes, on adaptera le temps à l'œil. Une image, paraissant plus claire sur le cadre-margeur, demande un temps d'exposition plus court, et inversement (voir également en page 251).

■ Comment effectuer une mise au point précise ?

Le réglage de la netteté s'effectue à l'œil en se basant sur un détail fin de l'image, ou sur une ligne. Certains agrandisseurs disposent d'un système semi-automatique de mise au point (par coïncidence de deux demi-lignes de lumière). Ainsi, une ligne comme celle-ci ——— signifie que la mise au point est précise, alors qu'une ligne comme celle-là ——— signifie le contraire. D'autres appareils coûteux (Leitz Focomat) disposent d'un dispositif de mise au point automatique (autofocus).

La méthode économique la plus précise consiste à utiliser une *loupe de mise au point micrométrique* (Paterson Major Focus Finder — pour les grands agrandissements —, ou Paterson Micro Focus Finder — pour les tirages de petits formats). Cette loupe spéciale permet une mise au point sur le grain même du négatif utilisé.

Pour régler la netteté, on pose la loupe micrométrique sur une feuille de papier photo de même épaisseur que le papier que l'on veut utiliser pour le tirage définitif. On règle l'oculaire de la loupe en fonction de sa propre vue (pour cela, tirer ou pousser le bout blanc de la loupe jusqu'à obtenir une ligne lumineuse horizontale aussi mince que possible dans la ligne sombre qui coupe l'image circulaire en deux).

On fait ensuite varier la hauteur de l'objectif de l'agrandisseur jusqu'à ce que l'on puisse observer, dans le cercle lumineux de la loupe, le détail des grains du négatif (sous forme de petites taches noires, au contour précis). La netteté est alors parfaite.

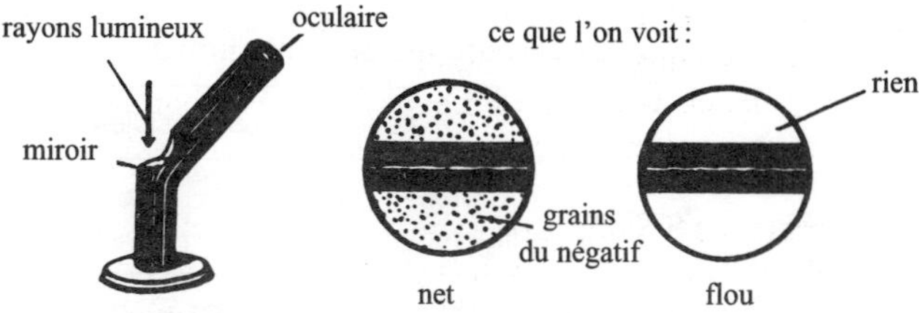

Remarque : plus forte est la granulation du négatif utilisé, plus facile est la mise au point.

Cet accessoire convient également pour les tirages à partir de diapositives couleurs, tout comme pour les tirages à partir de négatifs couleurs. Dans ce dernier cas, cependant, le masque rouge incorporé au négatif gêne un peu la vision des grains du négatif.

Tableau résumé

Le tableau ci-après résume les opérations de tirage d'une photographie noir/blanc pour le système Ilford (carton et plastique) et cela pour une résistance de longue durée. Vous y trouverez aussi le processus recommandé par le fabricant (concernant l'Ilfospeed RC). L'expérience démontre cependant que la conservation des photos ainsi réalisées reste assez aléatoire.

Précisons encore que la conservation des photographies noir/blanc peut s'augmenter considérablement par l'aspersion en fin de traitement (après le séchage, donc) d'une mince couche de vernis protecteur transparent et inactinique. Le spray Agfa Licht-Schutzlack, existant en version mate ou brillante, donne de bons résultats (capacité : 15 épreuves 30 × 40 cm), lorsqu'il est utilisé en position verticale.

Attention, lors de l'aspersion, de ne pas mettre trop de produit (il ne sèche plus, ou mal) et de dépasser les bords du format, afin d'assurer une bonne régularité de la couche protectrice.

Tableau concernant les produits Ilford

Opérations	Cuvettes	Types de surfaces sensibles Carton Ilfobrom	 Plastique Ilfospeed	 Plastique Ilfospeed
		Durée des opérations à 20°C		
Révélation	1	2'00''	1'00''	0'40''
Egouttage		0'10''	0'10''	0'10''
Arrêt	2	0'10''	0'10''	0'10''
Egouttage		0'10''	0'10''	0'10''
1er Fixage	3	5'00''	1'00''	0'30''
Egouttage		0'10''	0'10''	0'10''
2e Fixage	4	5'00''	1'00''	—
Egouttage		0'10''	0'10''	—
Lavage	5	60'00''	5'00''	2'00''
Séchage		lent, à l'air	5'00'' à l'air	0'10'' avec infrarouge
Total, en minutes		72'50'' + séchage	13'50''	4'00''
Conservation		longue	longue	faible

Tirages en noir/blanc à partir d'un négatif couleur

Certains amateurs tentent de produire des tirages noir/blanc à partir d'un négatif couleur et ils sont déçus par la granulation, l'extrême contraste et le mauvais rendu de certaines tonalités, dans la photographie ainsi obtenue.

Cela résulte pourtant, très normalement, du fait que les papiers photographiques noir/blanc ne réagissent qu'au bleu et produisent un filtrage bleu sur le négatif couleur utilisé. Nous avons vu en page 155 que le filtre bleu éclaircit les tons bleus, mais fonce les tons rouges et les tons verts.

Pour obtenir des tirages corrects en noir/blanc, on peut *utiliser un papier panchromatique* spécial, tel que le Kodak Panalure F (sensible au bleu, au rouge et au vert).

Ce papier exige l'obscurité et se traite dans un révélateur spécifique, le Kodak Dektol, ou le Kodak Selectol. On peut procéder, lors du tirage, à divers filtrages correctifs, comme lors de la prise de vues en noir et blanc.

Une seconde méthode, pour obtenir de bons tirages, consiste à annuler, dans la mesure du possible, le masque rose, rouge, ou orange du négatif couleur, en procédant au tirage sur un agrandisseur équipé d'une tête dichroïque (ou d'un tiroir à filtres). Une source de lumière diffuse s'avère d'ailleurs préférable pour cet usage particulier.

On peut, dès lors, tirer nos photos en procédant à partir d'un filtrage de base d'environ :
00Y 15M 30C pour un négatif Fujicolor 400,
00Y 25M 55C pour un négatif Kodacolor 400,
00Y 00M 30C pour un négatif Sakuracolor 400,
00Y 25M 50C pour un négatif 3 M High Speed Color Print.

Ces filtrages produisent les meilleurs résultats sur un papier comme le Kodak Ektamatic WSG. On constate, en effet, que le masque rouge du Kodacolor 400 correspond approximativement à une valeur de filtrage de 55Y 30M 00C.

Remarque : les indications ci-dessus ne sont qu'indicatives, et il convient de procéder à des essais sur son propre matériel (les valeurs de filtrage des têtes dichroïques varient sensiblement d'un agrandisseur à l'autre).

Prise de vue technique
Chambre Sinar 4 × 5'' avec projection frontale *Photo :* Mike Julen

Le choix du négatif et la planche-contact

Il faut premièrement préciser qu'on ne tire pas toutes les photos d'un film, mais seulement celles qui en valent la peine. Secondement, précisons que pour choisir les vues dignes d'un tirage, on peut les placer sur une table lumineuse (achetée ou bricolée) et examiner attentivement chaque image négative avec une loupe spéciale (Rowi, ou autre), pour déterminer si elle correspond aux critères suivants :
— la *netteté* doit être parfaite. Il est inutile d'agrandir un négatif imparfait sur ce point. Les défauts ne feraient que croître !
— le *contraste* doit être équilibré. Les ombres (en clair sur le négatif), comme les hautes lumières (en sombre sur le négatif) doivent comporter des détails.

Un négatif uniformément « grisaille » ne donnera pas de résultats satisfaisants. Même le recours à un papier de gradation dure ne peut rattraper suffisamment ce défaut.

Quant aux techniques de renforcement, ou d'affaiblissement, des négatifs, elles sont peu pratiques à mettre en œuvre par l'amateur, et leurs résultats ne constituent toujours qu'un pis-aller ;
— le *cadrage* et la *composition* doivent représenter un intérêt évident ;
— l'*émulsion* doit être en parfait état et ne pas présenter de rayures, ni de trous, ni souffrir d'irrégularités de développement ou de fixage.

La sélection doit être impitoyable (c'est là un art difficile !) si l'on veut progresser. On peut recommander la méthode suivante : le tirage d'une *planche-contact* pour chaque film développé. Cette pratique facilite d'ailleurs l'archivage (voir page 287) ultérieur.

On effectue donc une copie positive de chaque négatif, et cela au format du film utilisé (24 × 36 mm, par exemple). En chambre noire, et en lumière inactinique, on place les bandes de négatifs (coupées par 6 vues) directement en contact avec une feuille suffisamment grande de papier sensible. L'émulsion du film est dessous, contre l'émulsion du papier. On recouvre le tout d'une plaque de verre mince, sans défauts, et rigoureusement propre. On place le sandwich, ainsi obtenu, sur le plateau de l'agrandisseur, on enlève le porte-négatif, puis l'on expose l'ensemble à la lumière de l'agrandisseur durant un temps que l'on détermine par une série d'essais. Enfin, on développe la surface sensible comme une photo ordinaire.

La planche-contact permet de tester économiquement les recadrages éventuels (au moyen de deux « L » en papier blanc : 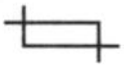 ainsi que les corrections à effectuer lors du tirage final.

Lorsque le temps nous manque, mais que l'on désire tout de même savoir ce que notre négatif donnera en positif, on peut utiliser le truc suivant : tenir le négatif au-dessus d'un fond noir, l'émulsion (côté mat) étant tournée vers soi. Suivant notre angle de vue, on voit apparaître l'image en positif.

Problèmes et anomalies lors du tirage en noir/blanc

On peut rencontrer quelques insuccès. La liste suivante vous permettra d'en identifier les causes.

Défaut	**Cause**
Noircissement irrégulier, mais dense, de l'épreuve allant de l'extérieur vers le centre.	Entreposage du papier dans un emballage non étanche, ou erreur de manipulation ayant entraîné une exposition involontaire à la lumière. Sans remède.
Taches brunes entourées d'un halo clair.	Gouttes de fixatif ayant touché la feuille de papier sensible avant le développement. Sans remède.
Teinte brunâtre généralisée, ou localisée au centre.	Fixage insuffisant en totalité, ou localement (par suite

Défaut	**Cause**
	de l'émersion de la partie centrale dans le bain de fixage). Ou encore, bain de fixage trop usé. Sans remède.
Noircissement irrégulier, tons grisâtres.	Développement interrompu prématurément. Sans remède.
Noircissements nettement différenciés, avec un contour irrégulier.	Immersion du papier effectuée en deux temps. Sans remède.
Colorations bleu-violette partielles.	Bain d'arrêt et de fixage insuffisants, d'où poursuite du développement à certains endroits. Sans remède.
Raies brunes irrégulières.	La photo, n'ayant pas été agitée dans le bain d'arrêt ou dans le fixatif, s'est collée aux nervures de la cuvette, puis le développement a repris à la lumière. Sans remède.
Décollement partiel de l'émulsion.	Photo ayant séjourné trop longtemps dans l'eau à la suite d'un oubli (une nuit par exemple). Sans remède.
Empreintes digitales foncées sur l'image.	Des doigts en transpiration sont entrés en contact avec le papier avant le développement. Sans remède.
Empreintes claires.	Le film n'a pas été manipulé en le tenant par les tranches. Sans remède.

La machine à développer

Depuis peu, les amateurs disposent de machines à développer automatiques, aussi bien pour la couleur que pour le noir et blanc (types Agnecolor ou Durst).

Moins coûteuses que par le passé, elles se justifient pour les clubs photographiques ou pour ceux qui sont appelés à tirer de nombreuses copies petit et moyen format, notamment à partir d'une même image (séries).

Interventions correctives sur les positifs

Malgré le soin apporté à la réalisation de tirages négatif-positif de qualité, il peut arriver que l'image présente des taches, points, ou « cheveux » indésirables.

Habituellement, il vaut mieux effectuer un nouveau tirage, en veillant tout particulièrement à la propreté du négatif et du matériel utilisé.

Lorsque cela n'est pas possible, il ne reste plus qu'à s'essayer au difficile art de la retouche.

■ Matériel nécessaire

Les outils indispensables pour corriger une épreuve positive noir/blanc sont essentiellement de deux types : ceux qui ôtent et ceux qui ajoutent quelque chose à l'image. On utilise donc :

— un *jeu de grattoirs* spéciaux en acier (tel que le set 8310 de la maison Hama, entre autres, qui comprend trois grattoirs, ainsi qu'une pierre à huile micro pour l'aiguisage des lames) ;

— une *série de pinceaux* fins de diverses tailles, en poil de martre ;

— diverses *peintures à l'eau* de teintes brun-rouge, bleu et noir, qui permettent de reproduire la plupart des teintes intermédiaires nécessaires, par un judicieux mélange ;

— des *crayons carbone* de diverses duretés.

■ **Technique**

On commence par supprimer les taches noires, et par atténuer les zones trop sombres de l'image, au moyen du grattoir, en procédant par découpes très fines dans l'épaisseur de la gélatine (veiller à toujours aiguiser la lame de son grattoir).

Puis on corrige, en les fonçant, les parties trop claires de la photo, au moyen de l'aquarelle. Pour ce faire, on affine la pointe du pinceau, on la mouille, on dilue un petit peu de peinture, et on essaye le mélange sur un papier de même type (attention, car on en met toujours trop au début). Lorsque la teinte exacte est trouvée, on applique par une série de petits points (si la zone est petite), ou d'accents (si la zone est plus grande) et on achève au crayon, si nécessaire.

Une surface brillante accepte quelquefois mal la peinture (ou le crayon). On peut alors passer une couche de vernis mat sur la photo, avant de procéder à cette seconde partie de la correction.

Remarque importante

Aussi bien dans les bains photographiques que dans les tiroirs de rangement ou lors des transports, on place les photos dos contre dos, ou face contre face.

Les trucages simples au tirage en noir/blanc

Les trucages présentés ici sont tous faciles à réaliser et peu onéreux. Ils permettent, par une utilisation judicieuse des effets, de varier considérablement l'interprétation des sujets photographiés, et, accessoirement, de sauver des photos banales en leur donnant un aspect inhabituel.

Il est tout de même préférable de réaliser de bonnes photos dès la prise de vue.

Fantômette
Appareil : Zenza Bronica ETR 4,5 × 6 cm — *Objectif :* Zenzanon 75 mm f/2,8
Photo réalisée sur trépied, en surimpression avec jeu de masques Cokin (voir pages 158, 160)

■ Matériel nécessaire

— le matériel et les produits de tirage ordinaires,
— des feuilles de carton opaque et une paire de ciseaux,
— un morceau de bas nylon,
— du fil de fer et de la ouate,
— des négatifs-trames (à acheter, ou à réaliser soi-même ; voir les textures, en page 135).

■ Les photogrammes simples

Il s'agit de réaliser des silhouettes blanches sur un fond noir, et cela sans utiliser de négatifs.

On utilise le plateau de l'agrandisseur et sa lumière, mais sans l'accessoire porte-négatif (on obtient ainsi un plus grand faisceau lumineux).

En lumière inactinique, on pose des objets plats et opaques (naturels, ou découpés dans du carton) sur une feuille de papier sensible, en les disposant à son goût. Diaphragme grand ouvert, on allume la lumière de l'agrandisseur durant quelques secondes, et on procède à un développement normal de la feuille de papier. C'est tout !

On peut diversifier les effets en procédant à une double exposition, de durée réduite, et en déplaçant les objets, ou les caches, sur la feuille de papier sensible entre les deux expositions. On obtient ainsi des dessins blancs, gris et noirs.

Plus dure sera la gradation du papier sensible utilisé (4 ou 5), meilleurs seront les effets (bords de l'image plus nets) et inversement.

■ Double exposition sur photogramme

Le principe de cet effet est semblable au précédent. Dans un premier temps, on expose le papier sensible à la lumière, après avoir disposé un ou plusieurs objets (ou caches) assez importants sur la feuille.

Dans un deuxième temps, et après avoir débarrassé la feuille de papier photographique de certains ou de tous les objets, on procède à l'exposition normale d'un négatif ordinaire (choisi pour l'harmonisation de son sujet avec les formes pré-exposées).

On développe ensuite comme d'habitude et l'on obtient une image normale (issue du négatif) située à l'intérieur de formes découpées sur un fond noir.

On peut utiliser le même principe pour exposer une première photo normale (avec un premier négatif) et incruster une seconde photo normale (avec un second négatif) dans les emplacements laissés libres par les caches.

■ Sandwiches

On superpose, dans le porte-négatif de l'agrandisseur, deux négatifs choisis pour leur complémentarité, puis on expose ce sandwich normalement, avant de procéder à un développement ordinaire.

Il est important d'accoler les deux négatifs « émulsion contre émulsion » pour faciliter les problèmes de netteté de l'ensemble.

Pour atteindre un résultat de meilleure qualité, il convient d'utiliser des négatifs légèrement sous-exposés lors de la prise de vue (donc relativement clairs et transparents). L'image composite n'est, ainsi, pas trop dense.

Dans le même ordre d'idées, on préférera des négatifs contenant des motifs simples.

■ Adoucir les portraits

En photographie de portraits, surtout en gros plan, il n'est pas toujours charitable d'avoir un contraste et un piqué (définition) parfaits, car ils révèlent les moindres détails, et donc aussi les imperfections, de la peau des personnes photographiées.

Il est donc parfois nécessaire d'adoucir la photo pour atténuer les défauts. On peut réaliser cet adoucissement lors de la prise de vue déjà (voir page 159), mais on peut également opérer au moment du tirage.

Il suffit de tendre un bout de bas nylon (noir de préférence) sur un morceau de carton dont on a évidé le centre (ou sur un cadre de bois). On place ce « filtre » improvisé entre l'objectif de l'agrandisseur et la surface sensible au moment de l'exposition. On n'oubliera pas de lui imprimer un léger mouvement circulaire pour que sa trame n'apparaisse pas sur la photo finale.

Plus larges sont les mailles (donc plus le bas est tendu sur son cadre), moins prononcé est l'effet produit.

On peut également réaliser un adoucissement en plaçant sur la feuille sensible une plaque de verre recouverte de vaseline ou d'huile. On obtient un autre effet (trame) en utilisant une plaque de verre cannelée ou incluant un motif décoratif.

■ Les trames

Nous venons d'en voir une application. Celle qui consiste à appliquer la trame directement sur la feuille sensible (par contact). Remarquons qu'avec une plaque de verre, des effets variables seront obtenus suivant que la trame se trouve directement en contact avec l'émulsion, ou, au contraire, que l'épaisseur du verre s'intercale entre la trame et l'émulsion.

On peut également utiliser un négatif-trame (qui se vend dans le commerce — Paterson, Textureffects, etc. — ou qui se réalise par soi-même en photographiant des surfaces variées, mais unies). On monte la trame en sandwich dans le porte-négatif (émulsion contre émulsion), puis on expose et développe normalement. Les effets produits sont illimités.

■ La correction des perspectives

En photographie d'architecture, ou en reproduction de tableaux, il est parfois difficile de ne pas déformer la perspective lors de la prise de vue.

Si la déformation n'est pas trop importante, on peut la corriger lors du tirage. Comment ? Tout simplement en relevant l'un des côtés du cadre-margeur, voire deux en cas de double distorsion.

Il est alors capital de régler la netteté sur le tiers supérieur de la hauteur, et de diaphragmer au maximum (f/11, f/16 ou f/22) sur l'objectif de l'agrandisseur pour assurer une profondeur de champ suffisante. Il faut que la netteté soit normale sur tous les plans de la surface sensible ainsi inclinée.

Pour rattraper les différences d'illumination, on masquera la moitié du papier (la plus rapprochée de l'objectif) durant une partie de l'exposition.

L'idéal est atteint lorsque la tête de l'agrandisseur peut être basculée sous le même angle que le cadre-margeur, mais en sens opposé (voir schéma). La netteté sera alors identique sur tous les plans sans diaphragmer plus que de coutume !

On peut, bien entendu, utiliser ce principe pour *déformer* sciemment les perspectives, afin de produire des effets spéciaux.

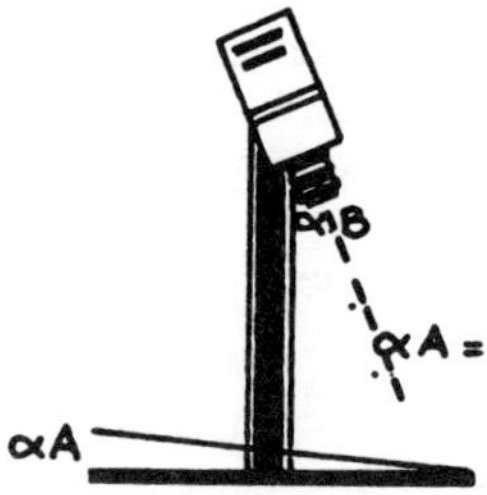

■ La solarisation simple

La pseudo-solarisation (en réalité : effet Sabatier) provoque une inversion de certaines parties de l'image (les noirs deviennent pratiquement blancs, alors que les blancs, et les valeurs intermédiaires, demeurent en l'état). On note, de plus, l'apparition de franges gris-blanc autour (ou plutôt : entre) des zones contrastées du sujet, c'est-à-dire là où une surface claire rencontre une surface sombre.

Il existe, en fait, deux types de « solarisation » ;
— la solarisation du négatif au moment de son développement (il vaut alors mieux utiliser des copies du négatif original, car le résultat n'est jamais assuré. L'échec détruirait le négatif) ;
— la solarisation du positif (papier photosensible) qui donne des résultats légèrement différents (moins prononcés), mais qui ne pose pas de problème en cas d'échec.

La technique de solarisation demande une certaine pratique. Avec l'habitude, les résultats seront meilleurs.

Comment faire ? Il faut exposer normalement une photo noir/blanc (en couleurs, la technique est très voisine) en choisissant un motif simple (graphique, de préférence), et en utilisant un papier de gradation extra-dure.

On commence, ensuite, un développement normal, mais on l'interrompt après un tiers du temps (ou la moitié, ou encore les trois quarts) en sortant la feuille de papier sensible du bain-révélateur et en allumant une lumière blanche de très faible puissance (une lampe de poche permet d'ailleurs un meilleur contrôle de l'effet) au-dessus de la photo durant quelques fractions de seconde. On termine ensuite le développement (sans agitation), l'arrêt et le fixage comme d'habitude.

On peut utiliser la lumière de l'agrandisseur pour mieux doser les effets (grâce au compte-poses).

On peut améliorer encore les résultats en employant un négatif très contrasté (ou un film lith — voir page 239) au départ.

On peut également varier les effets en procédant à la seconde exposition sur le plateau de l'agrandisseur, et en mettant une trame dans le porte-négatif.

Un positif solarisé n'est que rarement reproductible avec exactitude. Une réussite n'en a donc que plus de valeur.

■ La solarisation composée

Variante de l'effet précédent, il s'agit de réaliser, avec un sujet unique, une image composée d'une partie normale en noir/blanc (le sujet principal), et d'une partie solarisée entourant le centre d'intérêt.

Pour ce faire, on expose normalement deux exemplaires identiques de la même photo. On en révèle une copie entièrement et on garde l'autre, non développée, en réserve.

On découpe, dans la première photo exposée et révélée (mais non arrêtée, ni fixée, pour gagner du temps), la partie de l'image que l'on voudra voir apparaître en noir/blanc sur l'image finale. Il faut effectuer ce travail de découpage avec précision.

Puis, on commence à révéler la seconde copie dans un révélateur dilué avec 50 % d'eau en plus (ce qui ralentit le processus). On interrompt le processus au moment voulu en sortant rapidement la feuille du bain, on superpose parfaitement le motif découpé dans la première feuille, on presse le tout avec un rouleau-essoreur pour favoriser une bonne adhésion, puis on solarise normalement. On sépare les deux feuilles, on termine le développement et le traitement de la feuille entière et l'on procède au séchage.

Il vaut mieux utiliser des papiers à surface plane (brillant ou semi-mat) pour assurer l'étanchéité et la protection de la partie couverte au moment de la seconde exposition.

■ Le masquage

Lorsque le contraste entre les hautes lumières et les ombres s'avère trop important pour que les deux soient correctement rendus lors du tirage, on doit procéder à un masquage.

Cette opération de correction (que les américains nomment « burning in », ou « dodging ») peut s'effectuer de *deux façons*. On peut masquer une ou plusieurs zone(s) d'ombre (partie claire du négatif) durant une partie de l'exposition. On « retient » ainsi le noircissement de ces zones sur l'image finale, ce qui permet de faire apparaître des détails au lieu de n'avoir que des surfaces noires.

On peut, au contraire, masquer toutes les parties normales du négatif durant une partie du temps d'exposition (il est d'ailleurs plus facile de procéder à deux expositions distinctes, l'une avec masquage, l'autre sans). Cette opération permet de « déboucher » les zones sombres du négatif (hautes lumières) et de faire apparaître des détails dans les parties claires de l'image finale.

Comme masques, on peut utiliser ses mains (on peut les modeler à volonté), ou un morceau de carton, ou un bout de ouate, que l'on fixe au bout d'un mince fil de fer (on peut aussi enrouler le bout de ce fil de fer pour en faire une spirale opaque de la dimension désirée). En rapprochant le masque de l'objectif de l'agrandisseur, on augmente la surface masquée, et inversement.

Il faut impérativement veiller à imprimer un constant mouvement circulaire au masque pour éviter que son contour ne devienne visible sur l'image finale.

■ **La révélation partielle**
On expose normalement, puis on place le filtre rouge sous l'objectif de l'agrandisseur, et l'on révèle à la main, avec un petit tampon de ouate (Q-tip) imbibé de révélateur, la (ou les) partie(s) de l'image que l'on veut voir apparaître, en excluant les autres.

Les films liths et les équidensités

Les équidensités sont des images composées des seuls points de densité égale. On les réalise sur des films demi-teintes, ou sur des films au trait utilisés dans les arts graphiques (film lith = lithographique), et cela à partir des négatifs noir/blanc ordinaires.

On les utilise ensuite pour tirer des images noir/blanc ou colorées en divers tons. Voir à ce sujet en page 259.

L'équipement ordinaire du labo pour les tirages en noir et blanc suffit. On y ajoutera une plaque de verre propre et sans défaut.

On utilise des plans-films (films au format des papiers photographiques) pour effectuer ces travaux. On leur associe un révélateur spécial (indiqué par le fabricant).

Les films habituels sont les films liths (tels que les Gevalith d'Agfa, Ilfolith IH 4 d'Ilford, Kodalith de Kodak, ou Lumière FNT 53 P, par exemple), ou les films Agfacontour, spécialement conçus pour rendre les équidensités.

Comment procède-t-on ? En lumière inactinique (attention : certains films demandent un écran spécial), on expose des plans-films liths à un diaphragme de f/8 et des temps d'exposition variés en continu (par exemple : 5, 7, 9, 11, 13, et 15 secondes) à partir d'un négatif ordinaire choisi pour son motif simple.

Par ces expositions successives, on supprime une partie des demi-tons de l'image originelle pour arriver à des images très contrastées, voire même entièrement composées de noir et de blanc.

Il est capital, pour faciliter les utilisations ultérieures du matériel ainsi réalisé, de travailler au format maximum du passe-vue de l'agrandisseur dont on dispose (le plus fréquemment, on réalisera des images au format de 4,5 × 6 cm pour pouvoir les projeter ensuite dans un passe-vue de 6 × 6 cm).

Les films liths, ainsi exposés, sont ensuite développés :
— dans un révélateur lith approprié, ce qui produit l'effet maximum (contraste dur), ou
— dans un révélateur papier plus concentré qu'à l'ordinaire (effet atténué), ou
— dans un révélateur panier normal (effet moindre encore), ou
— dans un révélateur pour films ordinaires (effet minimum).

Après bain d'arrêt et bain de fixage (où le film perd son fond laiteux pour devenir transparent), puis séchage de cette première série, on obtient des images positives (et partielles).

On copie alors, par contact sous la plaque de verre avec une nouvelle série de films identiques, la première série d'images (exposition d'environ 30 secondes à f/8 — en fait cela dépend de la puissance de la lampe et de sa distance). On révèle comme ci-dessus et l'on aboutit à une deuxième série d'images qui cette fois sont négatives.

Pour disposer d'un matériel de travail abondant, on peut recopier chacun des deux jeux à travers une trame, ou en les solarisant, ou en utilisant d'autres trucages. On obtient ainsi diverses séries de plans-films.

On peut réaliser une solarisation composée d'un sujet donné par gouachage avant copie d'un plan-film (on utilise une gouache inactinique) que l'on solarise ensuite, en superposant les deux films (l'un avec une image partielle solarisée, et l'autre avec le reste de l'image, mais non solarisée) on obtient par copie-contact un nouvel original, intégrant l'effet recherché.

On peut, dès lors, utiliser le matériel ainsi réalisé pour :
— effectuer un tirage normal sur papier,
— réaliser une diapositive noir/blanc,

— réaliser des trucages en couleurs (voir page 259),
— réaliser des paraglyphes, ou bas-reliefs.

Le paraglyphe consiste à superposer un masque (image positive) et un contre-masque (image négative) de la même image en les décalant un peu latéralement. On fixe les deux films l'un sur l'autre par du papier adhésif posé sur les tranches et on expose ce sandwich normalement. Seules les parties laissées libres entre les deux images opposées permettent le passage de la lumière. L'image reproduite sur le papier ressemble à un bas-relief, d'où son nom.

Les photomontages et les collages

Une autre forme de trucage, en photographie noir et blanc, consiste à monter un élément étranger (ou plusieurs) dans une photographie donnée.

Un moyen simple d'y parvenir avec des résultats satisfaisants (si l'on soigne bien le travail) est de découper les composants à rajouter en les prenant dans une photographie semblable. On coupe en biseau le dessous du pourtour de chaque élément. On en « grise » la tranche avec la pointe d'un crayon, puis on colle le nouvel élément (ou les nouveaux éléments) à sa place. Enfin, on photographie le montage réalisé afin d'obtenir un nouveau négatif.

On peut réaliser un effet semblable par une technique très complexe utilisant des masques et contre-masques liths. Cela ne vaut pas la peine de la détailler ici.

On peut développer encore la technique du collage en exploitant systématiquement le procédé. On colle sur une image de base toute une série d'éléments nouveaux (qu'ils soient formés de parties d'autres images, ou non) et l'ensemble devient une œuvre d'un type différent. Son rapport avec la photographie peut s'avérer plus ou moins ténu.

Les séquences

Selon un principe similaire, on peut réaliser des juxtapositions de plusieurs images différentes, afin de provoquer une association d'idées (dans le cas d'images dont les significations s'opposent), ou de raconter (ou suggérer) une histoire (par une suite d'images identiques contenant un élément qui diffère d'une vue à l'autre).

Nous reviendrons sur cette technique en page 283.

Les coloriages

La transformation d'une photographie noir/blanc en photographie couleur peut s'opérer (entre autres procédés) par le biais du coloriage.

Un peu oubliée, mais jamais perdue, cette ancienne technique revient à la mode sous l'impulsion de quelques photographes californiens.

Aujourd'hui, le coloriage tente d'apporter à la photo une dimension nouvelle, intermédiaire entre la photo noir et blanc traditionnelle et la photo couleur.

Diverses techniques sont utilisables. On peut colorier l'ensemble de la photo, ou seulement certains éléments de celle-ci. On peut ensuite rephotographier le résultat obtenu sur film négatif couleur ou sur diapositives.

Il est nécessaire de partir d'une photo exposée avec précision (voire légèrement surexposée) sur papier de gradation moyenne à dure.

■ Moyens de coloriage disponibles

Les divers moyens dont nous disposons pour réaliser cet effet sont :

— le *feutre marqueur*. Peu coûteux, il ne convient qu'aux coloriages de type « pointillistes ». On ne peut couvrir facilement de grandes surfaces ;

— la *peinture à l'eau* (ou aquarelle). Elle demande un certain entraînement ;
— la *peinture acrylique* peut s'appliquer au pinceau et au moyen de bâtonnets ouatinés (Q-tips) ;
— l'*encre de Chine* colorée demande une application précise et réfléchie, puisqu'on ne peut plus l'enlever. Pour varier les effets, on peut diluer plus ou moins l'encre.

Quel que soit le moyen finalement retenu, les applications sur une surface importante se feront par coups de pinceaux croisés (exactement comme cela se fait pour peindre un plafond), ceci afin d'assurer une bonne répartition de la peinture (ou du colorant), ainsi que la régularité indispensable.

Les virages directs et indirects

Autre technique ancienne qui revient à la mode actuellement, le virage consiste à transformer une image photographique noir/blanc en une image couleur monochrome, voire polychrome.

Technique relativement simple, il existe diverses méthodes permettant d'obtenir des tons variés.

■ Remarques générales

Les divers papiers photographiques ne réagissent pas tous de la même manière lors de l'opération de virage. Il convient donc de les tester. Les papiers à gradation moyenne (2, 3) conviennent particulièrement aux tons bruns et foncés, car ces virages provoquent souvent une augmentation du contraste. Les papiers à gradation dure (4, 5) donnent les meilleurs résultats dans une gamme de teintes allant du jaune à l'orange, car ces virages entraînent une diminution du contraste.

Les photographies destinées au virage doivent présenter certaines caractéristiques :
— avoir été développées à fond ;
— avoir subi un fixage parfait (sous peine de voir apparaître des taches irrégulières au moment du virage) ;

— avoir bénéficié d'un lavage approfondi (faute de quoi l'effet du virage serait affaibli, tandis que les hautes lumières de l'image perdraient certains détails).

■ Matériel nécessaire

Pour certains procédés (tel que le Multitoner de Tetenal), on utilise le matériel ordinaire du tirage en noir et blanc, car l'opération de virage débute dans un révélateur spécial. On procède alors aux opérations de virage au moment du tirage de la photographie.

La plupart des autres procédés permettent de virer une photographie déjà tirée et séchée (on peut virer une ancienne photo). On utilise, dès lors, quelques éprouvettes finement graduées (pour les mélanges), des tampons de ouate, une cuvette pour les lavages, une paire de gants en caoutchouc (les produits sont relativement toxiques).

■ Technique

Il convient de distinguer préalablement deux types de virages : les virages directs et les virages indirects.

Pour le **virage direct**, il suffit de pré-mouiller la photo (ce qui permettra d'étendre rapidement le produit sur toute la surface), d'imbiber un tampon de ouate du produit de virage choisi, puis de frotter la surface de l'image en veillant à une répartition uniforme du produit. On frotte quelques minutes (2 à 10 selon les produits), on rince plus ou moins rapidement (cela dépend des fabricants) et on laisse sécher.

On peut varier la teinte du virage en diluant le produit concentré en diverses proportions.

Dernière remarque, les produits de virage à base de sulfuration produisent une odeur nauséabonde rappelant les œufs pourris. On travaillera de préférence devant une fenêtre ouverte ! De plus, certains produits sont corrosifs. Il vaut donc mieux opérer sur une plaque de verre.

Pour le **virage indirect**, on procède sensiblement de la même manière, mais il se rajoute une opération intermédiaire : le blanchiment. On mouille la photo que l'on souhaite virer, on passe un produit de blanchiment sur l'image et on frotte sérieusement durant plusieurs minutes, jusqu'à ce que l'image argentique noire soit totalement décolorée. Il reste alors une image jaune à brun-clair. On lave soigneusement, puis on procède au virage proprement dit, comme pour la méthode directe.

On trouve aujourd'hui sur le marché des sets complets permettant de réaliser toute une gamme d'effets (virage direct, virage indirect, teinture, pseudo-solarisation chimique, combinaison de deux ou plusieurs de ces techniques). On peut ainsi réaliser des polychromies sur une même image noir/blanc. Citons les produits les plus connus : Colorvir (le système le plus complet), Multitoner de Tetenal, Viraphot de Pebeo.

Un mot encore sur le choix des teintes : c'est bien sûr une affaire de goûts individuels, mais on peut toutefois remarquer que le brun, ou le sépia, conviennent bien aux portraits et aux images contenant un sujet en bois (vieille porte, etc.), alors que le bleu valorise des paysages de neige, des nocturnes, ou des marines.

Les tirages en couleurs

Les progrès de l'industrie de la photo-chimie facilitent considérablement la tâche des photographes amateurs désireux de tirer eux-mêmes leurs photos en couleurs.

De nombreux systèmes se disputent encore le marché, mais on semble se diriger vers une normalisation inéluctable des divers procédés actuels. Nous ne décrirons donc ci-après que les systèmes de développement sur lesquels s'alignent la plupart des fabricants (y compris les indépendants tels que Johnson, Photo-chimie, Tetenal, etc.).

Agrandisseur avec tête couleurs dichroïque

■ La notation

En couleurs, plus encore qu'en noir/blanc, il s'avère indispensable de noter tous les paramètres du tirage, car les possibilités d'erreurs sont plus nombreuses. Il importe donc de pouvoir en déterminer les causes pour pouvoir corriger ce qui doit l'être. On se reportera à la fiche de notation présentée à la page 213.

■ **Remarque**

En couleurs, il est inutile de vouloir tirer soi-même des épreuves de petit format ; le jeu n'en vaut pas la chandelle. On s'intéressera donc aux agrandissements 20 × 25 cm, ou 30 × 40 cm.

Inversement, on constate qu'une photo couleur se contente d'un rapport d'agrandissement moindre que la même image en noir/blanc tout en gardant le même impact.

Les tirages positif-positif en couleurs

Il s'agit d'obtenir des agrandissements couleurs, sur papiers plastifiés (RC), à partir d'une diapositive couleur normale. Deux systèmes se sont imposés :
— l'Ilford Ilfochrome,
— le Kodak Ektachrome.

Leurs performances voisines conviennent à tous les tirages (cas excepté : les diapositives trop contrastées). La définition du Ilfochrome paraît légèrement supérieure, il coûte également plus cher.

Le traitement plus simple du Ilfochrome semble aussi plus « écologique », puisqu'il est doté d'un produit neutralisant qu'il convient de mélanger aux produits usés avant évacuation.

Le *matériel* nécessaire a été décrit en page 207. Ajoutons-y un bidon qui servira à neutraliser les produits chimiques (procédé Ilfochrome).

Ces produits sont livrés en paquets de produits concentrés qu'il faut mélanger soi-même. On ne rencontre aucun problème lors de la préparation des bains, si l'on suit les indications de la notice jointe à l'emballage.

■ Marche à suivre pour le développement

— La *préparation* est similaire à celle du procédé noir/blanc, à la différence près qu'on ne peut utiliser d'éclairage inactinique en couleurs, l'obscurité totale s'impose tant que le papier sensible couleur se trouve à l'air libre. Il est en effet sensible à toutes les couleurs (même la lueur rouge des lampes témoins est à proscrire).

— Le *réglage de l'agrandisseur* comprend, en plus, un réglage des filtres couleurs jaune (yellow), mauve (magenta) et bleu-vert (cyan). Voir à ce propos, en page 257.

— Les diverses préparations effectuées, la cuve étanche de développement couleur à portée de la main (on peut recommander la cuve Simmard, pour sa conception ingénieuse), on éteint toutes les lumières, puis on place une feuille de papier sensible sur le cadre-margeur, l'émulsion au-dessus.

Dans le procédé Ilfochrome, le côté de l'émulsion est indiqué par une étiquette lisse (au toucher) collée sur l'emballage intérieur mat du paquet de feuilles sensibles. Avec l'Ektachrome, il faut toucher du doigt, le côté émulsion colle un peu.

— On procède ensuite à l'exposition choisie et l'on constatera que le papier Ilfochrome présente une surface émulsionnée de couleur brune, alors que la surface Kodak est blanche. Cela tient aux différences de conception des deux systèmes.

— La feuille exposée est ensuite introduite dans la cuve de traitement, côté émulsion à l'intérieur. On place alors le couvercle qui sert de sas étanche à la lumière, mais perméable aux produits chimiques.

— On peut maintenant rallumer la lumière normale du laboratoire, pour la suite des opérations.

— Dans les deux procédés, il convient de préchauffer la cuve de développement pour assurer une température correcte durant l'action du révélateur. En couleur, la température exerce une influence critique. Pour déterminer la température de l'eau de préchauffage, on utilise le nomogramme suivant :

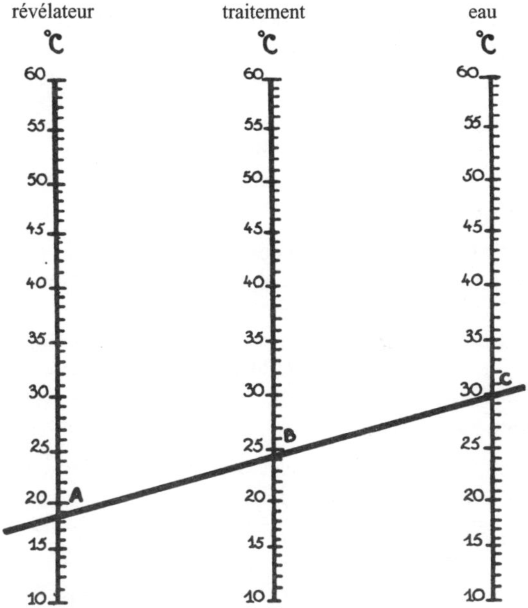

A indique la température du révélateur que l'on désire utiliser (19°C dans notre exemple).

B indique la température que l'on doit obtenir afin d'assurer un développement correct de l'épreuve (24°C pour l'Ilfochrome).

En reliant, par une droite, les points considérés de A et de B, le prolongement de la ligne atteint **C** et indique alors la température de l'eau de préchauffage qu'il faut introduire dans la cuve (30°C, dans cet exemple).

Remarquons au passage que cette opération permet également de prémouiller le papier sensible, ce qui favorise par la suite une action uniforme du révélateur.

— Le traitement peut maintenant commencer selon les indications ci-après. Entre chaque bain, on vide la cuve sans la rincer (les temps indiqués comprennent un battement de

10 secondes pour ce faire). Les produits chimiques utilisés sont corrosifs (et donc dangereux). On préférera donc porter des gants en caoutchouc pour se prémunir de tout accident.

Les firmes Ilford et Kodak fournissent toutes les données utiles au traitement de leurs papiers de tirage positif-positif en couleurs.

Il faut remarquer que si l'on développe soi-même ses tirages positifs couleurs avec une cuve de type Simmard ou Jobo, la cuve devra être continuellement agitée, soit en la roulant à la main (d'avant en arrière et vice versa), soit au moyen du moteur qui assure, de plus, un mouvement sinusoïdal du liquide à l'intérieur de la cuve (ce qui garantit une répartition homogène des produits sur toute la surface de l'image).

Constatons également qu'avec les nouveaux produits chimiques, vendus en kits de 1 à 5 litres pour les amateurs, l'inversion est réalisée chimiquement et ne nécessite donc plus de réexposition à la lumière.

Les clubs photographiques (ou les amateurs plus fortunés) pourront également utiliser des tireuses automatiques pour se simplifier la tâche.

Relevons, enfin, que les laboratoires professionnels disposent également, maintenant, du système Agfa Digiprint qui permet d'obtenir des tirages papiers couleurs à partir de diapositives en scannant l'image de départ (analyse électronique et numérisation de l'image) puis en l'imprimant. Ce système est surtout valable pour les petits formats de tirages (9 × 13, 10 × 15, 13 × 18 cm, 20 × 30 cm, par exemple).

La **quantité de produits** qu'il faut utiliser varie d'un type de cuve à l'autre. Avec la cuve Simmard, j'utilise 70 cc pour un format de 20 × 25 cm, et 150 cc pour une photo de 30 × 40 cm.

En ce qui concerne les **temps d'exposition** et les **valeurs de filtrage** nécessaires pour développer ces papiers couleurs, on ne peut donner que des indications de base, qui nous sont propres, et qui dépendent de multiples facteurs (type d'agrandisseur, de lampe, de tension du transformateur, etc.). Il convient donc de procéder à divers essais, avec le matériel dont on dispose, pour effectuer les adaptations nécessaires.

Avec l'Ilfochrome, en format 20 × 25 cm, et avec l'objectif 50 mm de l'agrandisseur Simmon Chromega B Dichroïc placé à une hauteur de 50 cm au-dessus du papier, ce qui correspond à une diagonale de l'image projetée de 31,5 cm (cette manière de mesurer le rapport d'agrandissement évite bien des calculs fastidieux !), j'utilise, avec un diaphragme de f/8, un temps de pose de :
15'' pour une diapositive claire,
30'' pour une diapositive normale,
60'' pour une diapositive sombre,
2 × 60'' pour une diapositive très sombre,
3 × 60'' pour une diapositive extrêmement sombre.

On peut, bien entendu, ouvrir le diaphragme afin de réduire le temps de pose.

Le petit tableau suivant permet de trouver immédiatement le nouveau temps d'exposition lorsque l'on change le rapport d'agrandissement (on monte ou on descend la tête de l'agrandisseur, ce qui fait varier la diagonale de l'image projetée).

Format	Diagonale	Temps d'exposition en secondes							
30 × 40 cm	54,5 cm	7,0	11,5	23,0	35,0	45,0	70,0	100,0	130,0
24 × 30 cm	41,0 cm	4,0	6,5	13,0	20,0	26,0	40,0	60,0	80,0
20 × 25 cm	35,5 cm	3,0	5,0	10,0	15,0	20,0	30,0	45,0	60,0
18 × 24 cm	31,5 cm	2,3	4,0	8,0	11,5	15,0	23,0	35,0	45,0
13 × 18 cm	23,0 cm	1,3	2,3	4,5	7,0	9,0	13,0	20,0	26,0
10,5 × 15 cm	18,0 cm	0,9	1,5	3,0	4,5	6,0	9,0	13,0	17,0
9 × 13 cm	16,5 cm	0,8	1,3	2,6	4,0	5,2	8,0	11,5	15,0

Le calculateur d'exposition Kodak (Projection Print Scale) fonctionne également pour les travaux en couleur.

Une indication des filtrages Yellow (jaune), Magenta (mauve) et Cyan (bleu-vert) est donnée sur chaque pochette de papier Ilfochrome. Le filtrage correct dépend cependant de la durée de stockage des papiers et produits, de l'âge des filtres (leur rendement diminue avec le temps), du type d'agrandisseur, et de divers autres facteurs.

Un tirage d'essai, avec du papier et des produits frais, permet de déterminer la correction fixe qu'il convient d'apporter à ce filtrage de base, en fonction des produits et du matériel utilisé. Cette correction s'ajoute, ou se soustrait, aux filtrages conseillés pour chaque nouvelle pochette de papier.

A ce propos, il faut souligner qu'en couleurs on ne travaille qu'avec deux valeurs de filtrage à la fois, car une même quantité de trois valeurs produit un gris neutre (exemple : 10Y + 10M + 10C = gris).

Comment faut-il procéder lorsqu'une troisième donnée est introduite dans le calcul ? On la supprime simplement par soustraction, dans chaque couleur, de la somme de la plus petite valeur exprimée.

Ainsi, lorsqu'on part d'un filtrage de base de

	70Y	00M	20C,	et que l'on
rajoute	10Y	15M	00C,	on obtient
un total de	80Y	15M	20C,	soit trois valeurs.
On supprime donc	15Y	15M	15C,	et l'on garde
finalement	65Y	00M	05C	comme filtrage.

Puisque l'on a abordé les problèmes de filtrage, précisons que pour les procédés de tirages positif-positif, une dominante colorée apparaissant sur l'épreuve finale se corrige par suppression de sa couleur au filtrage. On peut également procéder par augmentation de ses deux couleurs complémentaires (exemple : si l'image est trop magenta, on peut soit diminuer le magenta, soit augmenter le jaune et le cyan dans la même proportion).

Les corrections s'effectuent habituellement par 20 points à la fois. On peut faciliter l'analyse de la photographie en couleurs en utilisant le jeu de filtres spécialement conçus pour cet usage par Kodak (Color Print Viewing Filter Kit). Peu coûteux, ces filtres rendent d'inappréciables services, aussi bien avec des tirages positif-positif, qu'avec des tirages négatif-positif.

Lorsqu'on analyse la photo couleurs positive obtenue à partir d'une diapositive, il ne faut pas éclairer la diapositive par transparence, mais par réflexion sur une surface blanche, comme l'est la photo elle-même, pour pouvoir établir des comparaisons valables. Il en va de même avec les filtres d'analyse Kodak.

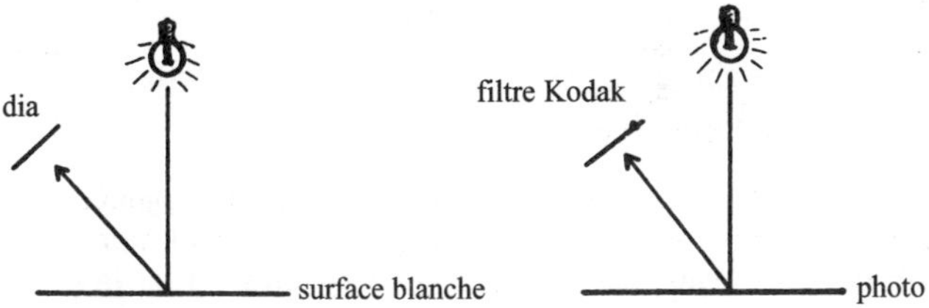

Dernière correction éventuelle, celle du temps de pose. En tirage positif-positif, une photo trop claire a été surexposée. Il faut donc diminuer le temps d'exposition, ou fermer le diaphragme, et inversement.

Enfin, si l'on veut obtenir un temps d'exposition et un filtrage précis, il ne reste plus qu'à utiliser le calculateur Simmard (Simma-Color FS-3 «R») qui constitue une solution relativement économique, sinon rapide, ou un analyseur-intégrateur électronique (solution coûteuse et nullement indispensable, sauf pour les personnes pressées).

Interventions correctives sur les positifs couleurs

La retouche (voir page 230) sur les tirages positifs se réalise :

■ **pour les détails** : au moyen de crayons de retouche couleurs (Prismacolor, de la firme Berol, USA) que l'on emploie après avoir passé une couche de laque de retouche (Mac Donald, par exemple) sur la photo. On achève l'intervention avec une légère laque de protection mate, semi-mate, ou brillante (Mac Donald également) ;

■ **pour les surfaces importantes** : au moyen d'un jeu de couleurs en pots (Kodak Retouching Color). On humidifie la couleur avec un tampon d'ouate ou un pinceau. Un réducteur permet d'effacer les erreurs. On fixe enfin le tout à la vapeur.

Problèmes et anomalies lors du tirage positif-positif

Défaut	**Cause**
Aberrations chromatiques par rapport à des tirages antérieurs.	Bains usés. Les produits ne se conservent guère plus de 4 à 6 semaines dans le meilleur des cas (flacons bruns, fermés, le liquide étant recouvert d'un gaz lourd tel que le fréon) ; ou : filtrage ôté pour faciliter la mise au point et non remis en place avant l'exposition.
Grave erreur d'exposition (photo trop claire).	Diaphragme ouvert pour aider au réglage de la netteté, puis non refermé.
Pas d'image du tout.	Papier exposé à l'envers ou : blanchiment oublié.
Image bleue non saturée.	Excès de concentration du révélateur.
Image peu contrastée, à couleurs délavées.	Blanchiment insuffisant.
Image terne et voilée surtout dans les jaunes.	Dilution excessive du blanchiment.
Image sombre et voilée.	Fixateur et blanchiment confondus.
Image brune, avec bandes sombres.	Dernier lavage oublié.

Défaut	**Cause**
Image jaune et floue.	Absence de fixage.
Voile cyan général.	Pollution des bains entre eux.
Rayures.	Manipulation imprudente de la couche d'émulsion.
Image développée par zones.	Agitation/rotation de la cuve oubliée, ou insuffisamment régulière.

Remarques : les épreuves couleurs présentent, avant le séchage, un voile blanc-bleuâtre normal. D'autre part, les couleurs se modifient légèrement durant le séchage. Il faut donc attendre la fin de ce dernier avant de juger la photographie.

Les tirages négatif-positif en couleurs

Ce type de travaux de laboratoire est de moins en moins utilisé par les amateurs en raison d'un coût de plus en plus acceptable des tirages effectués par les laboratoires professionnels. Pour ceux qui souhaiteraient néanmoins se distinguer en réalisant des agrandissements en couleurs à partir d'un négatif couleurs, ils pourront procéder de deux manières :
— soit par une **synthèse additive** des trois couleurs de base. On procède alors à trois expositions successives de la même photo, une fois sous un filtrage rouge, une fois sous un filtrage vert, et une fois sous un filtrage bleu.

Cette formule permet de réaliser des photos couleurs sans posséder d'agrandisseur spécialement conçu pour la couleur. Sa complexité l'a cependant à peu près éliminée des laboratoires amateurs. Nous n'en parlerons donc pas plus avant ;
— soit par la méthode de la **synthèse soustractive** qui ne nécessite plus qu'une seule exposition, sous un filtrage mixte composé de deux des trois couleurs complémentaires suivantes : jaune, magenta et cyan. On utilise un agrandisseur à

tête couleur dichroïque (plus onéreuse, mais plus pratique), ou un modèle muni d'un tiroir porte-filtres.

Parmi les produits fabriqués et vendus aux amateurs, le procédé Kodak Ektaprint 2 a longtemps été considéré comme la norme. Cependant, les laboratoires professionnels remplacent progressivement le procédé EP-2 par le RA-4 pas encore vraiment disponible pour les amateurs (qui trouveront, cependant, une alternative chez Tetenal avec le Mono PK RA-4). Pour les papiers, on utilisera avec profit les Kodak Ektacolor Ultra II.

Une fois déterminés le temps d'exposition et le filtrage de base (toute la difficulté réside là), le principe de traitement en cuve Simmard (ou similaires) reste très voisin de ce que l'on a déjà vu, mais en plus simple.

L'exposition réalisée en obscurité totale, on introduit la feuille de papier sensible dans la cuve étanche et le traitement proprement dit peut commencer avec un éclairage normal.

A propos de séchage, on peut relever que les papiers plastifiés (RC) ne doivent jamais être séchés à une température de plus de 100°C. Mieux vaut d'ailleurs procéder au séchage à moins de 40°C.

Les quantités de produits sont également de 70 cc pour un format 20 × 25 cm, et de 150 cc pour un format 30 × 40 cm, en cuve Simmard.

Le filtrage de base, le temps d'exposition et le diaphragme, que vous pouvez essayer au premier tirage (voir les réserves exprimées en page 250) sont :
— en **20 × 25 cm**, avec une tête dichroïque, un objectif de 50 mm placé à 55 cm au-dessus du papier, un diaphragme de f/8 : 12 secondes avec un filtrage de 100Y 50M 00C pour les films Kodacolor 100 et Fujicolor HR 100, ou un filtrage de 110Y 60M 00C, pour les films Véricolor II professionnel, type S.

Dans les mêmes conditions, avec un tiroir à filtres, on essaiera, pour le Kodacolor 100 et le Fujicolor HR 100, un filtrage de 55Y 40M 00C avec une lampe aux halogènes, et 25Y 45M 00C, avec une lampe tungstène.

Attention : un changement de filtrage entraîne automatiquement un changement du temps d'exposition ;
— en **30 × 40 cm**, avec l'objectif à 82 cm de haut et un diaphragme de f/8 : 28 secondes avec un filtrage de 80Y 55M 00C, pour les films Kodacolor 100 et Fujicolor HR 100.

■ Corrections du temps de pose

Les corrections s'effectueront comme suit :
— un filtre soustrait d'une combinaison de filtrage entraîne une division du temps de pose originel par le facteur de correction du filtre enlevé (voir tabelle ci-après) ;
— un filtre ajouté à une combinaison de filtrage nécessite une multiplication du temps de pose par le facteur de correction du filtre supplémentaire ;
— plusieurs filtres ajoutés, ou soustraits, à une combinaison de filtrage exigent de réaliser préalablement le produit des divers facteurs de correction.

Exemple : avec une combinaison originelle de 100Y, 40M et 00C, on détermine un temps de pose de 20''. La correction de filtrage nécessaire est de + 20Y, + 10M et 00C. Les facteurs de multiplication sont respectivement 1,1 et 1,3, ce qui donne 1,43, d'où un nouveau temps d'exposition de 20'' × 1,43 = 28,5''. Si, au contraire, les filtres 20Y et 10M devaient être soustraits, le nouveau temps serait de 20''/1,43 soit environ 14 secondes.

Tableau des facteurs de correction

Valeurs	Yellow	Magenta	Cyan	Rouge	Vert	Bleu
05	1,1	1,2	1,1	1,2	1,1	1,1
10	1,1	1,3	1,2	1,3	1,2	1,3
20	1,1	1,5	1,3	1,5	1,3	1,6
30	1,1	1,7	1,4	1,7	1,4	2,0
40	1,1	1,9	1,5	1,9	1,5	2,4
50	1,1	2,1	1,6	2,2	1,7	2,9

Dans le procédé de tirage couleur négatif-positif, les *corrections de dominante* s'effectuent toujours en rajoutant la valeur de la dominante au filtrage de base, pour la supprimer.

L'Ektaflex, un système mixte négatif/positif-positif couleurs

En 1981, la firme Kodak avait essayé d'imposer un système mixte permettant d'obtenir un tirage papiers en couleurs à partir d'une image originelle provenant soit d'un négatif couleurs, soit d'une diapositive.

Cet intéressant procédé n'a, cependant, pas vraiment trouvé sa place sur le marché.

Problèmes et anomalies lors du tirage négatif-positif

Défaut	**Cause**
Taches (ou zones) claires ou foncées.	Préchauffage-mouillage oublié, ou encore : agitation insuffisante lors du développement.
Noirs tirant sur le bleu, ou : ombres vertes avec hautes lumières roses et faible contraste général.	Révélateur trop dilué, ou insuffisant, ou trop froid.
Voile cyan.	Premières opérations perturbées par une pollution de blanchiment/fixage, ou : révélateur trop chaud, ou encore : cuve insuffisamment lavée lors d'un précédent usage.
Taches bleu/magenta.	Bain d'arrêt mal préparé ou usé.
Voile brun rouge général.	Filtrage oublié.

Les trucages couleurs simples en laboratoire

La photographie créative ne se réalise pas seulement au moment de la prise de vue (voir page 151). Elle peut aussi naître, dans la solitude obscure de la chambre noire, de la rencontre d'un père imaginatif et d'une mère patiente !

Un trucage couleurs peut trouver son origine dans un tirage couleurs. Tel est le cas des *modifications volontaires de la balance chromatique* que l'on réalise simplement en falsifiant le filtrage.

Il en est de même des *solarisations*, ou des *photogrammes*, des *doubles expositions*, des *sandwiches*, des *masquages*, et autres techniques déjà vues pour le noir/blanc (voir page 231).

Mais on peut également partir d'un original noir/blanc positif (diapositive), ou négatif, et obtenir une *coloration monochrome* en le tirant sur un papier couleur positif (ou négatif, suivant l'effet que l'on désire obtenir). Avec une tête dichroïque, on obtient facilement les couleurs complémentaires jaune, magenta et cyan. On produit le *bleu* en mélangeant un filtrage magenta et un cyan, le *vert* en mêlant du jaune au cyan, et enfin le *rouge* en mixant du jaune et du magenta. Il ne faut pas craindre une valeur de filtrage total atteignant 120 à 300.

On peut aussi utiliser les *films liths*, ou les *équidensités* réalisées sur plans-films Agfacontour (voir page 239). Avec des plans-films, d'un format maximum de 4,5 × 6 cm, ou de 6 × 6 cm, on n'oubliera pas de changer l'optique de l'agrandisseur, sous peine de voir apparaître des vignettages importants (perte dans les angles). Il faut monter un objectif de 75 à 80 mm de focale, en lieu et place de celui de 50 mm.

Toutes les *combinaisons et superpositions* de films liths sont possibles. On peut également réaliser plusieurs expositions avec des originaux différents, sous un filtrage couleurs varié, et sur la mêmc feuille de papier sensible (ou sur le même plan-film couleurs).

Comme base de départ, avec le papier Ilfochrome, vous pou-

Jacky
Effet spécial réalisé par la technique des équidensités

vez essayer un temps d'exposition de 50 secondes environ, pour une ouverture de f/8, et avec un filtrage foncé (00Y, 180M, 50C, par exemple), l'objectif se trouvant à 40 cm au-dessus du plateau. Avec un filtrage plus clair, des temps de pose de 10 à 15 secondes sont plus fréquents dans les mêmes conditions.

Quelques essais seront indispensables pour mettre au point vos propres méthodes.

Encore un trucage : l'utilisation des *films Transparex* d'Agfa, ou des *films Color Key* de la firme 3M.

Ce dernier est un film polyester, portant une émulsion sensible aux rayons ultraviolets, et utilisant un révélateur spécial.

On copiera donc les films liths (précédemment réalisés) sur le matériel Color Key au moyen d'un châssis d'exposition aux UV (châssis à emprunter, à acheter, ou à fabriquer soi-même). Les temps d'exposition par contact sont d'environ 120 à 180 secondes avec des produits neufs. Ce temps devra être notablement prolongé si les films Color Key datent. La densité de l'image enregistrée varie lorsque l'on change les temps d'exposition. Tout comme pour les films liths (voir page 239), on aura donc intérêt à réaliser une gamme de films Color Key en diverses densités et en différentes couleurs (il en existe plusieurs dizaines).

Pour l'exposition, on placera, sous la lampe UV, le film Color Key (avec son côté mat en bas) sur un fond noir, puis on le recouvrira de l'original (lith ou autre) avec son image lisible d'en haut.

L'exposition terminée, le film Color Key est ensuite recouvert d'un peu de révélateur spécial (Color Key) avec un tampon d'ouate. On laisse agir quelques secondes, puis on frotte avec le tampon pour enlever la couleur superflue, on rince à l'eau courante, et on laisse sécher quelques instants.

Les divers films monochromes ainsi réalisés sont enfin superposés, selon les goûts de chacun, pour donner une image diapositive en couleurs. Le sandwich peut ensuite être tiré, soit sur papier négatif, soit sur papier positif, soit encore sur un plan-film couleurs.

Un dernier trucage enfin : le *déplacement du papier* sensible, sous l'agrandisseur, durant la seconde partie de l'exposition. Cet effet produit une sensation de mouvement quand il est correctement réalisé. Il est également valable en photographie noir et blanc.

DÉVELOPPEMENT DES FILMS

Le développement des négatifs noir/blanc

Voilà une opération dont la simplicité rend aujourd'hui périmé le recours au laboratoire spécialisé, sauf pour les films de type Agfa Variospeed ou Ilford de type XP, qui sont en réalité des films couleurs nécessitant un traitement couleurs. Développer ses négatifs noir/blanc permet d'intervenir de diverses manières pour améliorer les résultats, et donc la qualité, de la véritable matière première de l'œuvre photographique.

Inutile, en effet, d'espérer produire un excellent tirage si le négatif a été « banalisé » par les machines à développer automatiques, ou parce qu'il a été développé en série (avec des pellicules différentes le plus souvent) par un photographe pressé.

Divers produits valables, et sensiblement équivalents peuvent contenter les exigences qualitatives de l'amateur averti. Le choix de l'un plutôt que de l'autre dépend, une fois encore, des goûts de chacun.

Un tableau récapitulatif des divers traitements se trouve en pages 266 et 267.

Les produits nécessaires sont toujours : un révélateur (en 1 ou 2 bains), un fixateur, et un agent mouillant.

■ Marche à suivre pour le développement

— *Nettoyer* et *sécher* tout le matériel nécessaire (voir en page 206).

— Dans la chambre noire, encore éclairée normalement, *disposer devant soi :* la cartouche de film à développer, la spirale de la cuve, la cuve ouverte, son couvercle, son capuchon, le décapsuleur et la paire de ciseaux. Puis repérer soigneusement l'endroit où ces accessoires se trouvent, afin de les retrouver dans le noir, le moment venu.

Exemple de disposition :

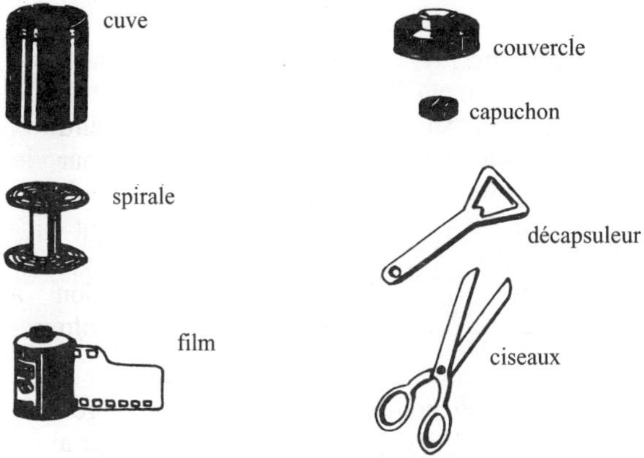

— *Eteindre la lumière.* L'obscurité doit être totale (penser à camoufler éventuellement le cadran de sa montre bracelet).

— *Ouvrir la capsule du film* en faisant sauter les deux couvercles au moyen du décapsuleur (on peut aussi appuyer la partie apparente de l'axe de la bobine contre une surface solide et peser fortement pour arracher le couvercle, mais on court le risque de rayer le film sur les bords de la capsule).

— *Saisir le film* dans la paume de la main gauche (pour les droitiers), puis dérouler l'amorce en tenant le film par les tranches, enfin *couper l'amorce* avec la paire de ciseaux, afin que l'extrémité du film soit nette.

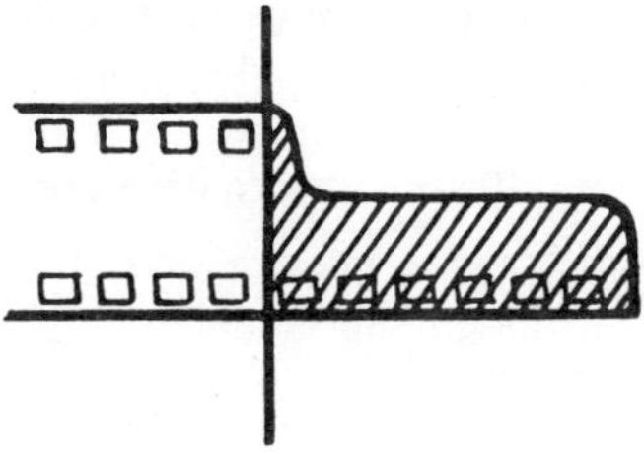

— Pour les modèles qui s'enroulent du centre vers l'extérieur, *accrocher* l'extrémité du film au centre de la spirale. Il faut particulièrement veiller à l'introduire bien droit. Puis on enroule le film en roulant la spirale de la main droite, tandis que l'on serre légèrement le film par les tranches entre le pouce et l'index de la main gauche. Il faut en effet le bomber un peu pour qu'il puisse entrer dans les spires. Ne pas trop le serrer, sinon le film va se coller.

— Pour les modèles inversés, on *introduit* le bout du film sous les deux tenons, ou languettes, plastiques qui se trouvent à la fin de l'ultime spire (vers l'extérieur). Tenir la spirale avec les deux paumes. Faire avancer le film, en le pinçant alternativement de chaque côté, et en faisant tourner l'une des moitiés de la spirale contre l'autre.

— Pour les deux méthodes, *couper l'extrémité* du film.

— *Mettre la spirale dans la cuve*, puis *fermer la cuve* avec son couvercle, puis son capuchon.

— *Contrôler la fermeture* de la cuve, puis *rallumer* la lumière.

— *Préparer les bains* nécessaires (révélateur et fixateur, car l'agent mouillant s'utilise tel quel, sans dilution) et *contrôler* leur température.

— *Introduire le révélateur* dans la cuve, par le couvercle étanche à la lumière (petit capuchon ôté). Remettre le petit capuchon et, tout en déclenchant simultanément la *minuterie* réglée sur le temps exigé par le type de film utilisé et la température du bain, frapper vigoureusement le fond de la cuve à deux reprises (pour chasser les bulles d'air qui ont pu s'accrocher au film), enfin retourner la cuve à plusieurs reprises durant les premières 30 secondes de développement.

— *Agiter et retourner* la cuve durant 5 à 10 secondes, chaque minute. En agitant plus vigoureusement, on provoque une augmentation du contraste, et inversement. Il en est de même si l'on prolonge, ou au contraire diminue, le temps de développement. C'est par ces moyens que l'on arrive à corriger quelque peu certaines erreurs effectuées à la prise de vue.

— A la sonnerie, *vider le révélateur* et *laver* deux fois le film à grande eau (de même température que le révélateur, ou légèrement moindre — éviter de gros écarts de température). Tout cela sans ouvrir la cuve bien évidemment ! Vider la cuve.

— *Introduire le fixateur* dans la cuve (toujours par le sas du couvercle étanche à la lumière) et *enclencher* la minuterie réglée sur le temps nécessaire. Frapper la cuve et agiter régulièrement.

— A la sonnerie, *récupérer le fixateur* (on peut l'utiliser pour une dizaine de films environ).

— *Ouvrir* le couvercle de la cuve, *observer* le résultat sur le début du film sans le dérouler, puis laver vigoureusement le film à grande eau pendant dix minutes en changeant souvent l'eau complètement, le film restant dans la cuve durant ce temps. Si l'on ne peut rester à côté de la cuve pour assurer le changement d'eau, on lavera 20 minutes à l'eau courante, à une température de 15 à 20°C.

— Le lavage achevé, vider la cuve, verser quelques gouttes d'*agent mouillant* dans la cuve et remplir d'eau. Laisser tremper (cela mousse) durant 30 secondes, puis vider.

— *Accrocher une pince* lestée à une extrémité du film que l'on déroule tout en l'essorant entre deux doigts bien mouillés (gare aux poussières !), puis *accrocher* une deuxième pince à l'autre extrémité et suspendre le film à l'abri de la poussière, pour le laisser *sécher* quelques heures (2 à 8 suivant la température et le degré hygrométrique).

■ Produits de traitement

Les révélateurs de qualité sont légion et souvent équivalents. On trouve ainsi les gammes Ilford et Kodak, concurrencées par la firme Tetenal avec son Ultrafin SF+. Ces révélateurs peuvent être dilués dans des proportions variant de 1 + 1 (1 volume d'eau pour 1 volume de révélateur) à 1 + 31. Pour le fixage, on peut recourir à l'Ilford Hypam ou les Kodak Max-Stop ou Fixatif T-Max, ou encore le fixatif Kodak Polymax. Enfin, un agent mouillant, tel que l'Ilfotol d'Ilford est recommandé pour faciliter un séchage propre.

■ Produits complémentaires

Outre les papiers réactifs (Agfa ou Tetenal) permettant de vérifier l'état de fraîcheur du fixatif utilisé (voir page 217), on peut encore avoir besoin de « Repolisan » (un produit Tetenal).

Il s'agit d'une sorte de vernis incolore qui a pour propriété de supprimer les rayures légères du négatif (cela marche aussi pour les diapositives).

■ Développement des films noir/blanc

Nous l'avons vu précédemment, de nombreux types de révélateurs existent pour vous permettre de développer vous-même vos films négatifs noir/blanc. La chimie des révélateurs évolue moins vite que celle des pellicules. Il conviendra donc de vous reporter aux notices techniques livrées avec chaque révélateur afin de déterminer les temps de traitement nécessaire pour les films que vous utilisez couramment.

A titre indicatif, voici deux tableaux présentant les données utiles des firmes Ilford et Kodak. On y trouvera les principaux films et les révélateurs les plus courants du marché.

Le tableau des produits Ilford (durée du bain de révélateur en minutes) :

Révélateurs ➢	ID-11	Microphen	Perceptol	Ilfosol S	Ilfotec HC	Ilfotec LC-29
Taux de dilution ➢	1 + 1	1 + 1	1 + 1	1 + 9	1 + 31	1 + 19
Pan F Plus	8 1/2	6	15	4	4	4
FP 4 Plus	8	7	14	4	6	6
HP 5 Plus	13	12	15	7	6 1/2	6 1/2
100 Delta Pro	11		17	6	6	6
400 Delta pro	10 1/2	10 1/2	18	9	7 1/2	7 1/2

Remarque : le film Ilford XP2 à contraste variable se développe dans un traitement standard C-41 pour négatif couleurs. Relevons que ce film possède le grain le plus fin du marché. Le grain devient, d'ailleurs, encore plus fin à mesure que l'on surexpose le film, ce qui permet d'obtenir des tirages de grand format sans grain.

Le tableau des produits Kodak (durée du bain de révélateur en minutes) :

Révélateurs >	T-Max	D-76	HC-110
Taux de dilution et température >	1 + 4 à 24°C	à 20°C	1 + 31 à 20°C
T-Max 100 Pro	6 1/2	9	7
T-Max 400 Pro	6	8	6
T-Max 3200	9 1/2	13 1/2 à 21°C	10 à 21°C
Plus-X 125 Pro	5	5 1/2	5
Tri-X 400 Pro	5 1/2	8	7 1/2

Remarque : pour le fixage, les temps sont de 30 secondes avec le bain de fixage Kodak Max-Stop ou de 2 à 5 minutes avec le bain T-Max.

■ Le monobain

Ce procédé de traitement ultra-rapide des films utilise un produit combiné révélateur-fixateur, dénommé « Monoténal » par la firme Tetenal qui le fabrique.

On peut, avec lui, développer un film en trois minutes à une température de 25°.

L'appréciable gain de temps, lors du traitement, se paie cependant par une certaine perte de qualité. Le monobain convient donc tout particulièrement aux travaux de reportage nécessitant une livraison urgente de la pellicule ou des photos.

■ Le séchage des films

Une fois développés, les films peuvent sécher à l'air (mais à l'abri de la poussière) en deux à huit heures suivant la température.

Si le film a été baigné dans l'agent mouillant en fin de traitement, le séchage ne laissera pas de traces de gouttes, l'eau s'écoulant entièrement. S'il reste des traces, c'est que la quantité d'agent mouillant n'était pas suffisante.

On peut gagner du temps en employant un sèche-cheveux

avec la soufflerie réglée sur *froid*. L'ennui majeur de ce procédé est constitué par les poussières que souffle le sèche-cheveux.

On gagnera encore du temps si l'on utilise une armoire de séchage (métallique ou plastique) avec thermostat et filtre à air incorporé. Cette solution exige un investissement important, mais le séchage ne dure plus qu'une quinzaine de minutes.

En dernier recours, on peut encore tremper le film dans l'alcool, ou dans le produit « Drysonal » (Tetenal) au lieu de le tremper dans l'agent mouillant. Le film sèche alors en quelques minutes, mais le traitement subi ne constitue pas un gage de longue conservation de la pellicule.

Problèmes et anomalies lors du développement des films noir/blanc

Défaut	**Cause**
Taches blanches dans la gélatine.	Poussières incrustées dans l'émulsion, lors de son passage dans l'appareil. Sans remède. Nettoyer l'appareil avant d'y mettre un film.
Arborescences sombres.	Décharge d'électricité statique négative. Sans remède. Eviter les manipulations brusques de la pellicule.
Série de points groupés sur l'émulsion.	Décharge d'électricité statique positive. Sans remède. Voir ci-dessus.
Décomposition de l'émulsion, ou : modification structurelle du support du film.	Excès d'humidité. Sans remède. Conserver les films au frais et au sec. Utiliser les sachets de silicage.
Voile noir diffus.	Lumières parasites dues à

Défaut	**Cause**
	un défaut d'étanchéité du boîtier. Sans remède. Réviser l'appareil.
Voile brunâtre.	Bain de fixage insuffisamment frais, associé à un lavage intermédiaire insuffisant. Remède très compliqué à mettre en œuvre.
Marbrures brun-vert.	Révélateur de type « régénéré » épuisé, puis fixage normal après un lavage insuffisant. Remède très complexe.
Traînées noirâtres, ou : développement en bandes sombres, situées latéralement entre les perforations.	Film insuffisamment agité durant la première minute de développement et par la suite. Sans remède.
Absence d'images, mais coloration violette du film.	Révélateur concentré épuisé. Sans remède.
Film totalement transparent sans images ni numérotation.	Film révélé par erreur dans du fixatif. Sans remède.
Film transparent, sans images, mais avec numérotation bien visible.	Film révélé correctement mais non exposé (oubli d'ôter le capuchon de l'objectif d'un appareil non reflex). Sans remède.
Plaques jaunâtres irrégulières remplaçant l'image par endroits.	Film mal enroulé dans la spirale. Deux spires se sont collées, lors du développement. Sans remède.
Bande de densité plus faible et à bords irréguliers, l'image restant visible.	Introduction trop lente et saccadée du révélateur dans la cuve. Sans remède.

Défaut	**Cause**
Images avec taches insuffisamment développées.	Pas d'agitation initiale dans le révélateur. Les bulles d'air collées au film ont localement empêché le traitement complet. Sans remède.
Film uniformément blanc-bleuâtre à sa sortie du fixage. C'est le défaut le plus fréquent.	Bain de fixage trop court, ou épuisé, ou insuffisamment concentré. *Remède :* replonger immédiatement le film dans la cuve remplie d'eau. Fermer la cuve. Préparer un nouveau bain. Refaire le fixage.
Images trop transparentes, mais avec des détails.	Exposition correcte, mais développement insuffisant. Tirer les images sur papier extra-dur. Ou traiter le film dans un renforçateur au mercure ou aux sels de chrome.
Images trop transparentes, et manquant de détails.	Film insuffisamment exposé lors de la prise de vue. Sans remède.
Images insuffisamment transparentes, avec grisaille générale.	Photos surexposées lors de la prise de vue, et film probablement surdéveloppé. Tirer sur papier extra-dur, sans s'illusionner.
Images insuffisamment transparentes, mais sans grisaille générale.	Film correctement exposé mais surdéveloppé. Traiter dans l'affaiblisseur de Farmer. Tirer sur papier doux.
Film normalement transparent mais dépourvu de	Sous-exposition lors de la prise de vues, et déve-

Défaut	**Cause**
détails dans les ombres (parties claires du négatif).	loppement normal. Sans remède.
Film normalement transparent, avec détails, mais grisaillant.	Film surexposé, puis normalement développé. Tirer sur papier ultra-dur.
Film normalement transparent, détaillé, mais trop contrasté.	Développement trop long, ou révélateur trop dur, ou trop chaud. Tirer sur papier doux.
Plissements réticulés de l'émulsion.	Nettes différences de température entre les bains utilisés, ou entre les bains et l'eau de lavage (dans le sens chaud-froid). Sans remède.
Contraction de l'émulsion, ou : fusion de l'émulsion.	Séchage du film à trop haute température. Sans remède.
Voile laiteux partiel apparaissant lors d'un séchage accéléré dans l'alcool, ou au méthanol.	Trop forte concentration de l'alcool, ou du méthanol. Dans certains cas, on peut relaver le film et procéder à un séchage correct.
Tache grise, circulaire, de densité plus claire, dans l'image, ou entre les images.	Film mouillé après le séchage. Sans remède efficace.
Taches ou coulées grisâtres sur le support du film.	Film lavé en eau calcaire et séché sans trempage préalable dans l'agent mouillant. Frotter légèrement les taches avec un chiffon doux, ou relaver et sécher normalement.
Décollements localisés de l'émulsion rangée dans sa pochette.	Film rangé insuffisamment sec. Sans remède. Si le défaut est repéré avant d'es-

Défaut	Cause
	sayer de sortir le film, tremper le film et la pochette en eau tiède, sortir ensuite le film et sécher normalement.
Rayures légères.	Film conservé, ou utilisé sans précautions. Nettoyer le film avec du Tetenal Film Polish, puis le traiter avec du Tetenal Repolisan, en suivant le mode d'emploi.

Interventions correctives sur les négatifs

La retouche et les corrections effectuées sur les négatifs relèvent d'une technique très difficile à maîtriser. Dans certains cas, où l'intervention s'avère inévitable (cas d'un portrait de personne décédée, lorsqu'on ne dispose que d'une photo de qualité médiocre et lorsqu'on l'a recopiée sur un négatif), il vaut mieux travailler (avec une table lumineuse) sur des plans-films agrandis au format de l'image finale désirée.

Parmi les diverses interventions possibles, retenons, dans l'ordre de réalisation :
— l'*assombrissement* de certains détails de l'image finale, par éclaircissement du négatif. On procède par grattage partiel, et à petites touches, de la couche de gélatine dans les zones sombres du négatif (hautes lumières de l'image enregistrée), au moyen d'un grattoir d'acier à tranchant droit, bien aiguisé ;
— l'*éclaircissement*, ou la *suppression*, de certains détails, gênants ou inutiles, de l'image finale, par assombrissement du négatif. On utilise, pour ce faire, des crayons de graphite de diverses duretés. Leur efficacité s'accroît par l'application préalable, sur la gélatine, d'une fine couche de matolin. Les échecs seront nettoyés à la benzine ;
— le *repiquage* qui permet de boucher les trous éventuels de la gélatine, par application (progressive) de peinture à l'eau

de couleur noire (plus ou moins délayée) avec un pinceau fin en poil de martre ;
— l'*effet de silhouette* (ou détourage) qui consiste à supprimer un fond insatisfaisant, afin de mieux valoriser le sujet de l'image. On applique, directement sur la gélatine, une gouache de retouche (brun-rouge) sur les zones que l'on veut supprimer. On utilise le même pinceau fin que pour le repiquage.

Les trucages simples sur les négatifs

Il n'est pas de trucages simples qu'il soit possible de réaliser sur les négatifs originaux, en assurant un minimum de sécurité.

Il vaut mieux travailler sur des plans-films afin de pouvoir recommencer en cas d'échec (voir technique des films liths, page 239).

Le développement inversible des négatifs noir/blanc

Il peut être parfois intéressant d'obtenir des diapositives noir et blanc.

Si l'on n'a pas utilisé un film spécial (type Agfa Dia Direct, de 25 ISO) au moment de la prise de vue, on peut toujours recourir à un développement inversible d'une pellicule négative noir/blanc ordinaire, grâce au nécessaire de traitement Tetenal (trousse d'inversion pour 4 films négatifs noir-et-blanc). On trouve également des recettes de traitements inversibles chez Agfa et chez Kodak. Ces firmes communiquent volontiers les formules servant à préparer soi-même les produits.

La plupart du temps, il faut sous-exposer notablement les films au moment de la prise de vue.

Exemples :

— Traitement Agfa
Agfapan 25 = 200 ISO au lieu de 25
Ilford Pan-F = 100 ISO au lieu de 50

Le développement des films inversibles couleurs

De nos jours, l'amateur peut facilement aborder le traitement de la plupart des films inversibles couleurs (diapositives). Différentes marques lui présentent des ensembles de solutions à mélanger soi-même, afin d'obtenir 1 à 2 litres de produits prêts à l'emploi.

Parmi tous les traitements proposés, le traitement Kodak E-6 s'avère intéressant puisqu'il paraît s'imposer comme système unique pour la majorité des fabricants de pellicule, et pour la plupart des films, si l'on excepte les films Kodachrome.

■ Matériel nécessaire

Outre le matériel de base, décrit à la page 206, il faut encore :
— 7 thermomètres (pour se faciliter les choses) ;
— 7 éprouvettes graduées de 500 ml (numérotées de 1 à 7 pour ne pas mélanger les produits par inadvertance) ;
— 7 bouteilles étanches à la lumière (pour stocker les produits prêts à l'emploi) ;
— 1 bac pour bain-marie (assez grand pour contenir simultanément les 7 éprouvettes et la cuve de développement) ;
— 1 récipient contenant de l'eau à 33/39°C (le lavabo ou la baignoire suffisent) ;
— de l'eau courante chaude et froide.

Remarques : les produits utilisés ne se conservent pas longtemps (1 semaine environ). Il ne faudra donc les préparer qu'au moment de l'emploi. On tâchera également de regrouper les films à développer 2 par 2, car le jeu de produits totalise 473 ml, ce qui permet de développer deux fois deux films

135-36, ou trois fois deux films 135-20, ou encore quatre fois un film 120.

L'avantage du système E-6, c'est que la phase d'inversion se fait maintenant de manière chimique et qu'elle ne nécessite plus de réexposition à la lumière, comme dans les anciens procédés.

■ Marche à suivre

La phase préliminaire du chargement de la cuve se réalise comme pour le traitement d'un film noir/blanc (voir page 262). Pour la suite du traitement, on se reportera au tableau suivant.

Il faut noter un élément important : en inversible couleur, certains bains ne tolèrent pas d'agitation autre que le choc initial destiné à éliminer les bulles d'air, et un unique retournement avant d'être plongés dans le bain-marie. Ces bains seront signalés dans le tableau.

L'agitation, dite « normale », des autres bains s'effectue comme suit : un choc initial, puis 8 retournements en 15 secondes.

Pour le bain-marie, le bac sera rempli d'eau à une température d'environ 43,5°C, de manière à ce que le niveau baigne la moitié des solutions. La température des produits sera constamment contrôlée et doit être scrupuleusement respectée.

Tableau du traitement Kodak E-6 pour inversibles

Etapes	Opérations	Température	Agitation	1er développement	2e dév.
1	1er développement	38° ± 0,3	Normale	6'	6 1/2
2	Rinçage	33-39°	Normale	1'	1'
3	Second rinçage	33-39°	Normale	1'	1'
4	Bain d'inversion	33-39°	Initiale	2'	2'
5	Révélateur chromogène	38° ± 1	Normale	6'	6'
6	Conditionneur	33-39°	Initiale	2'	2'

Etapes	Opérations	Tempé-rature	Agitation	1er déve-loppement	2e dév.
7	Blanchiment	33-39°	Normale	6’	6’
8	Fixatif	33-39°	Normale	4’	4’
9	Lavage (6 × 1’)	33-39°	Normale	6’	6’
10	Bain de stabilisation	33-39°	Initiale	0’30’’	0’30’’
11	Séchage sans rinçage	Max. 60°			
	Total, sans séchage			34’30’’	35’

Remarque : tous les temps comprennent une marge de dix secondes pour la vidange de la cuve.

■ Développements « poussés »
Si l’on excepte les pellicules de type Ilford XP2 à contraste variable, on peut remarquer que les films modernes, à grains ultrafins, ne se « poussent » plus comme leurs ancêtres d’autrefois.

Problèmes et anomalies lors du développement inversible couleurs

Défaut	**Cause**
Film totalement noir-vert.	Film non exposé.
Images trop claires, mais numérotation correcte.	Film surexposé.
Film transparent avec des franges jaunes et rouges. Défaut strictement localisé à partir d’un bord, ou généralisé.	Voile dû à un défaut d’étanchéité.
Image sombre avec dominante.	Film sous-exposé, ou trop vieux (manque alors de contraste).

Défaut	Cause
Dominante bleue générale.	Film pour lumière artificielle utilisé en lumière du jour sans filtre de correction.
Dominante jaune-orangé générale.	Film pour lumière du jour utilisé en lumière artificielle, sans filtre de correction.
Densité excessive des ombres et transparence des hautes lumières.	Contraste d'éclairage dépassant les possibilités du film.
Image délavée avec dominante colorée.	Excès de développement dans le 1er révélateur, ou bain trop chaud, ou encore agitation exagérée.
Image assombrie avec dominante colorée.	Inverse de la précédente.
Taches colorées.	Bain de blanchiment trop court ou épuisé.
Voiles divers.	Bains contaminés.

Trucage avec les diapositives : la dia-vitrail

Cette technique, également dénommée « brûlage », permet quelquefois de récupérer une diapositive totalement sous-exposée lors de la prise de vue (donc très sombre).

En la tenant avec une pince, on expose alternativement chaque face de la dia à la chaleur de la flamme d'une bougie. Il faut éviter qu'elle ne se recroqueville. La dia épaissit et rétrécit lors du traitement. On la recopie donc une fois l'effet désiré atteint (voir page 194).

Il faut un certain « tour de main » pour réussir cet effet. Quelques essais seront donc nécessaires.

Le développement des films négatifs couleurs

De même que pour le traitement des films inversibles couleurs, la firme Kodak paraît devoir imposer aux autres fabricants de pellicule son traitement Flexicolor C-41 pour le développement des films négatifs couleurs.

Tableau du traitement Kodak C-41 pour 5 séries de 2 négatifs couleurs, au maximum

Etapes	Opérations	Température en °C	Agitation	Durée en minutes
1	Révélateur	37,8° ± 0,15	Continue durant 30'' puis 1 renversement chaque 15''	3,05''
2	Vidange-égouttage			0'10''
3	Blanchiment	24-40°	Continue durant 30'', puis 2 renversements chaque 30''	6'20''
4	Vidange			0'10''
5	Lavage en eau courante	24-40°		3'15''
6	Fixage	24-40°	Comme sous « 3 »	6'20''
7	Vidange			0'10''
8	Lavage, eau cour.	24-40°		3'15''
9	Stabilisant	24-40°	Continue durant 30''	1'30''
	Total			24'15''
10	Séchage sans rinçage			

Le matériel nécessaire pour ce traitement est identique à celui nécessité par le développement E-6 pour films inversibles. Quatre éprouvettes graduées, et quatre bouteilles de stockage seulement, sont nécessaires, et non sept.

La préparation des bains ne pose pas de problèmes particuliers. Le chargement des films dans les spirales se pratique, comme pour le noir/blanc, en obscurité totale.

Le maintien de la température des bains, tout au long du traitement, ne présente pas de difficultés. On utilise un bain-marie maintenu à 38°C si la température ambiante atteint 24°. Sinon, la température doit être adaptée en conséquence.

Remarque : à chaque développement ultérieur d'une série de deux films, il faut prolonger le temps d'action du révélateur. On rajoutera, respectivement, 3, 7, 13 et 19 secondes au 3'05'' initiales. Le temps de révélation sera donc de 3'08'' pour la deuxième série, puis 3'12'', 3'18'' et 3'24''.

Problèmes et anomalies lors du développement des négatifs couleurs

Défaut	**Cause**
Film transparent, mais avec numérotation visible.	Film non exposé.
Images trop claires, mais numérotation correcte.	Film sous-exposé.
Images trop foncées, mais numérotation correcte.	Film surexposé.
Film noir, par endroits ou globalement.	Voile dû à un défaut d'étanchéité.
Excès de transparence des parties claires du film, avec un excès de densité des zones sombres (correspondant aux hautes lumières).	Contraste d'éclairage dépassant les possibilités du film.

Défaut	Cause
Dominante bleue générale.	Film pour lumière du jour employé avec une lumière artificielle, sans filtre de correction.
Dominante jaune générale.	Film pour lumière artificielle utilisé en lumière du jour, sans filtre de correction.
Excès de contraste, film trop dense, surabondance de cyan dans les parties sombres, et de jaune dans les parties claires.	Excès de développement dans le révélateur, ou bain trop chaud, ou encore agitation exagérée.
Insuffisance de contraste, film trop « délavé », manque de cyan dans les zones sombres, et de jaune dans les zones claires.	Défaut inverse du précédent.
Développement irrégulier.	Agitation incorrecte.
Contraste élevé, film assez sombre, surtout dans les jaunes.	Blanchiment trop court, ou bain épuisé.

QUE FAIRE DE VOS DOCUMENTS ?

La présentation des photos

Réaliser une bonne prise de vue, réussir un développement parfait du film, puis en tirer un agrandissement correct, ne suffit pas. Il faut encore veiller à présenter sa photographie d'une manière qui la mette en valeur.

Parmi les diverses solutions possibles, retenons :

— l'*album* traditionnel, à vocation familiale ;
— le *dépliant-accordéon*, réalisé par collages souples des petits côtés des photos. Ce système permet de raconter une histoire, et convient particulièrement aux photos de vacances, car le format de ces photos ne dépasse guère 9 × 13 cm, ou 13 × 18 cm ;
— la *reliure*, par ses propres soins, de photos collées préalablement sur cartons forts. Avec un format de l'ordre de 18 × 24 cm, ou de 24 × 30 cm, cette formule améliore l'impact visuel des épreuves ;
— le *carton à dessin*, contenant des photos montées sur cartons forts de tailles identiques. Le format idéal de 30,4 × 40,5 cm (pour le support) assure une polyvalence certaine du système, en autorisant par exemple, la mise sous verre immédiate, en cadres normalisés. La présentation d'un jeu d'épreuves intéressantes se transforme, ainsi, facilement en exposition.

Si l'on retient la dernière variante, on peut suivre trois cheminements : soit l'on tire une photographie sans bords directement au format du carton, soit l'on tire une photographie sans bords d'un format inférieur au carton, sur lequel on la colle ensuite, soit, enfin, l'on tire directement la photo sur un papier sensible au format, et on réalise des marges par masquage.

A notre avis, un agrandissement sans marges n'est guère heureux. Les deux autres formules ont leurs adeptes, mais la solution qui consiste à produire les marges, dès le tirage, paraît plus esthétique.

■ Comment procéder ?

Plusieurs approches sont ici possibles. Celle du cache (avec contre-cache), préalablement découpé dans un carton opaque et assez épais, assure une bien plus grande régularité lors de tirages successifs.
— Quel *format d'image* choisir? Nous avons vu à la page 127 que les rectangles, les plus dynamiques sont bâtis sur les rapports 1,618, ou 1,415. L'image, à l'intérieur du cadre, peut donc avoir un format de 18 × 30 cm, ou 18 × 25,5 cm, pour un cadrage normal, et un format de

10,5 × 17 cm, ou 10,5 × 14,85 cm, par exemple, pour un cadrage plus allongé.

— Les *marges* se doivent d'être égales de chaque côté, alors que l'œil préfère voir une marge plus importante en bas qu'en haut. Les indications suivantes vous permettront de guider votre choix :

Sens de l'image	Support format en cm	Photo format en cm	Marges en cm		
			Côtés	Haut	Bas
Horizontal	40 × 30	17,00 × 10,50	11,50	8,00	11,50
	40 × 30	14,85 × 10,50	12,58	8,00	11,50
	40 × 30	30,00 × 18,00	5,00	5,00	7,00
	40 × 30	25,50 × 18,00	7,25	5,00	7,00
Vertical	30 × 40	10,50 × 17,00	9,75	9,25	13,75
	30 × 40	10,50 × 14,85	9,75	10,00	15,15
	30 × 40	18,00 × 30,00	6,00	4,00	6,00
	30 × 40	18,00 × 25,50	6,00	5,50	9,00

— Pour certaines photos, tirées sur un fond blanc, il est souhaitable d'entourer l'image d'un mince *trait noir*, réalisé à l'encre de Chine avec un rapidographe.

Dans d'autres cas, une bordure noire plus épaisse (2 à 3 mm environ) paraît préférable. On peut la réaliser au moyen d'un triple cache composé d'un bord extérieur, d'un centre, et d'un bord intérieur.

Exemple (en noir/blanc) : on pose le centre, et le bord extérieur, sur la feuille de papier sensible (le tout reposant sur le plateau de l'agrandisseur, au moment du tirage). On recouvre le tout d'une vitre propre et sans défauts (à ce moment, il reste une partie du papier sensible sans protection, ce sera le cadre). On promène le rayon lumineux d'une lampe de poche (ou d'une autre source de lumière) au-dessus de l'espace laissé vide (marqué en noir sur le schéma ci-après), en veillant à ne pas créer d'ombrage par l'épaisseur des cartons. On enlève ensuite la vitre et le cache central, et l'on expose normalement le négatif choisi (la marge est toujours protégée par son cache). On obtient ainsi une image noir/blanc, entourée d'un trait noir, le tout encadré de blanc.

Schéma :

La même technique est valable pour les tirages en couleurs à partir de négatifs (le résultat est identique), ou à partir de diapositives (le résultat est une photo couleurs, entourée d'un trait blanc, le tout encadré de noir).

Le même principe de travail avec des caches, et des contre-caches, permet de réaliser facilement des séquences photographiques (voir page 242). Pour ce faire, on peut envisager divers types de caches, tels que ceux-ci :

cache pour 4 images en carré, sans séparations (on procède par rotation du cache).

cache pour 4 images en carré avec séparations.

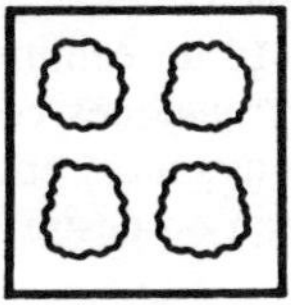

cache pour 4 images en carré avec contours flous.

cache pour 6 images en rectangle avec séparations.

On peut évidemment imaginer d'autres formules.

— En ce qui concerne la *taille de l'image* que l'on veut agrandir, on peut retenir le principe suivant : la distance entre l'œil et l'image doit être au moins égale au double de la diagonale de l'image elle-même. Pour déterminer le format à retenir pour l'image finale, il faut donc tenir compte de la façon dont cette image sera regardée, et, par conséquent, de sa finalité.

Le collage des photos

Coller une photographie sur un carton fort, ou sur une plaque de bois aggloméré (ou contreplaqué), s'avère relativement aisé. Il en va de même sur l'aluminium.

On dispose, pour ce faire, d'une grande variété de colles (en tubes, en spray, en feuilles que l'on applique au moyen d'un fer à repasser, en feuilles ou en bandes adhésives double face, etc.).

Avec les collages humides, on évitera que l'ensemble photo + support ne s'incurve (s'il est mince) au moment du séchage, si l'on prend soin de coller au dos du support un papier sensible (exposé ou non) de même format que la photo.

On diminuera également les risques de courbure ultérieure de l'ensemble, si l'on colle au verso un cadre constitué de baguettes de bois (d'un centimètre de section environ). On collera ce cadre à quelques centimètres du bord. Ce cadre présente un autre avantage encore : il permet d'éloigner la photo du mur lorsqu'on désire l'exposer (cet espace est plus esthétique).

Autre remarque importante, les papiers sensibles rétrécissent légèrement en séchant. Pour des collages humides, on choisira donc un support un peu plus petit que la photo à coller. Après séchage complet de la photo collée, on pourra couper les bords qui dépassent avec un couteau, ou une lame de rasoir.

La conservation des diapositives

Comme pour tout le matériel photographique, les diapositives se conservent mieux à l'abri de la lumière, à température moyenne (15 à 20°C), et avec une humidité relative de 50 % au maximum.

La meilleure façon de stocker ses diapositives est encore de les laisser dans l'emballage de plastique neutre fourni par le laboratoire de traitement (si on ne développe pas soi-même).

Les avis diffèrent quant à la nécessité du montage sous verres. J'en suis personnellement un partisan convaincu, les avantages l'emportant nettement sur les inconvénients, sous réserve, toutefois, de quelques précautions élémentaires à prendre.

■ Le montage sous verres

Avant de monter une diapositive sous verres, il faut impérativement que son degré d'humidité ne dépasse pas 50 %, et qu'il n'y ait plus trace de réactions chimiques. Pour s'en assurer, il vaut mieux laisser sécher les dias durant plusieurs semaines (certains préconisent quelques mois) en ambiance relativement sèche. Puis on les monte dans un cache muni de verres de bonne qualité optique et de type anti-Newton.

Pour nettoyer la diapositive, lors du montage, il faut éviter de souffler soi-même dessus (humidité !). On utilise pour cela un pinceau-souffleur, qui sert également à nettoyer les verres du cache (des deux côtés).

Un bon cache doit immobiliser la diapositive par un système d'encoches internes.

On monte toujours les dias avec l'émulsion en bas, contre la face arrière du cache. Ainsi, la mise au point automatique s'opère rigoureusement dans le même plan, lors de la projection. Il n'y a, dès lors, plus de corrections à effectuer en cours de projection.

■ **Montages audiovisuels**
Dans le cas d'une série de diapositives destinées à de multiples séances de projection, on prend soin de tirer, avec un stylo-feutre, un trait en diagonale sur le côté apparent des caches, une fois les dias mises en place correctement dans le magasin. En cas de renversement accidentel de ce dernier, on peut reconstituer immédiatement la série exacte.

Pour mettre les dias dans le magasin, on peut les regarder devant soi, par transparence, puis les basculer en avant, de façon à les rentrer la tête en bas dans le magasin (ne pas les renverser latéralement pour ne pas inverser les côtés lors de la projection).

L'archivage des diapositives

Outre le maintien dans les boîtes plastiques d'origine, on peut archiver simplement les diapositives dans les feuilles de classeur en plastique transparent souple (Hama, ou autres), ou dans des boîtes rigides (Journal 24 — ou 12 en format 6 × 6 cm) assurant le visionnement immédiat de la série de 24 (ou 12) diapositives.

On a tout intérêt à adopter un système de classement thématique. Les diverses catégories pourront en être : êtres humains, animaux, nature, éléments statiques, effets spéciaux. On peut affiner le classement en introduisant des sous-catégories (exemple pour les êtres humains : famille, enfants, travailleurs, loisirs, sportifs, etc.). A chacun d'adapter son système à ses besoins.

Une règle impérative de l'archivage est : il faut classer au fur et à mesure, sinon la tâche devient rapidement insurmontable !

L'archivage des négatifs

Les problèmes d'archivage des négatifs sont identiques à ceux posés par l'archivage des diapositives.

On utilise des pochettes de papier cristal (format classeur) permettant d'archiver 7 bandes de 6 (ou 5) négatifs 24 × 36 mm (ou 4 bandes de 3 vues 6 × 6 cm). Le papier cristal, totalement transparent, permet de réaliser des planches-contacts (voir page 227) sans sortir les négatifs de leur pochette (d'où : sécurité accrue).

Il ne faut pas oublier de répertorier en début de classeur chaque feuille (préalablement numérotée) si l'on veut pouvoir retrouver aisément un négatif précis, le moment venu.

Et l'avenir... ?

L'avenir, en photographie, se confondra-t-il avec celui des pellicules argentiques, aux formats 24 × 36 mm et APS, ou avec celui de la photographie numérique chère aux informaticiens et télématiciens ?

Nul ne peut le dire encore avec certitude. Certes, le futur pourrait bien nous réserver une pénurie d'argent, synonyme de mort de l'image argentique. Auquel cas, l'image numérique l'emportera définitivement.

Par ailleurs, la précision sans cesse croissante des capteurs électroniques parviendra peut-être, un jour prochain, à faire oublier la qualité de la définition de l'image traditionnelle.

Quoi qu'il en soit, et dans l'attente de ce que nous réserve l'avenir, et après avoir beaucoup parlé de notions théoriques, il ne nous reste (à vous comme à moi) qu'à faire des images, beaucoup d'images. Les bonnes resteront, les autres s'oublieront. Et souvenez-vous qu'une bonne image ne se trouve pas dans un livre, mais dans votre viseur, avec votre tête et votre cœur.

Plan d'étude suggéré…

… ou la photographie pratique en un an et 26 rouleaux de pellicule.

En utilisant chaque fois un film noir/blanc de 25 à 50 ISO (20 poses), réalisez les exercices ci-après à raison d'un exercice par semaine :

1. Photographiez un sujet quelconque, situé à une distance d'environ 3 mètres, en effectuant la mise au point et la mesure de la luminosité avec la plus grande précision. Diaphragmez à pleine ouverture, puis recommencez en fermant *le diaphragme* d'un cran à chaque vue (f/1,4 — f/2 — f/2,8 etc.). Prenez ensuite un sujet distant de 7 à 10 mètres. Développez et comparez les résultats. Reportez-vous aux pages 15, 16, 33 à 35, 100 à 102, 262 à 268.

2. L'appareil sur trépied, en utilisant un déclencheur souple, photographiez une automobile circulant perpendiculairement à l'axe de prise de vue, en adoptant *la vitesse* maximum que votre boîtier autorise, puis en la réduisant de moitié à chaque vue (1/2000, 1/1000, 1/500, etc.). Développez et comparez. Reportez-vous aux pages 17 à 20.

3. Photographiez des paysages en prenant chaque fois une vue correspondant aux indications du *posemètre*, puis une vue en ouvrant le diaphragme d'un cran, et enfin une image en fermant le diaphragme d'un cran. Développez et comparez. Reportez-vous aux pages 22 à 27.

4. Photographiez des paysages, ou des sujets divers en plein air, *sans utiliser votre posemètre*. Reportez-vous aux pages 27, 29.

5. Photographiez uniquement des *surfaces*, en veillant à remplir tout le cadre de l'image. Pour chaque nouvelle vue, réalisez un déclenchement à pleine ouverture, puis

d'autres en fermant à chaque fois le diaphragme de deux crans.
Reportez-vous à la page 120.

6. En corrigeant d'éventuelles erreurs, réalisez vingt nouvelles vues dans les mêmes conditions, mais en veillant à restituer *la texture* de la surface photographiée.
Reportez-vous à la page 135.

7. Photographiez des surfaces/textures complexes en veillant à *partager l'image* une fois de manière symétrique et une fois en appliquant la règle d'or.
Reportez-vous aux pages 113, 116.

8. Prenez vingt vues en veillant à placer alternativement l'élément principal sur chacun des 4 *points forts* de l'image. Découvrez ensuite la version la plus expressive.
Reportez-vous aux pages 116, 117, 118.

9. Réalisez vingt images combinant une *ligne de force avec un point fort*.
Reportez-vous aux pages 116, 117, 118, 122.

10. Prenez vingt photos construites avec des éléments disposés en *triangles*.
Reportez-vous à la page 118.

11. Travaillez uniquement sur les *lignes horizontales* en variant la composition et le cadrage (format horizontal ou vertical).
Reportez-vous à la page 122.

12. Récidivez en jouant seulement avec les *lignes verticales*, aussi bien en cadrage vertical qu'en cadrage horizontal.
Reportez-vous à la page 122.

13. Alternez les images construites sur les *diagonales* ascendantes et descendantes. Au tirage, réalisez chaque fois deux photographies, l'une avec le négatif à l'endroit, l'autre avec le film à l'envers, puis comparez.
Reportez-vous à la page 123.

14. C'est au tour des *lignes obliques* de servir de base à cette série de photographies.
Reportez-vous à la page 124.

15. Exercez votre regard et travaillez uniquement sur les *lignes optiques*.
Reportez-vous à la page 124.

16. Recherchez les compositions en *lignes brisées* régulières, ou non.
Reportez-vous à la page 124.

17. Prenez vingt vues construites sur la base de *compositions complexes* incluant plusieurs types de lignes.
Reportez-vous aux pages 122 à 125.

18. Travaillez *les formes* courantes que l'on peut observer autour de soi.
Reportez-vous aux pages 126 à 128.

19. L'étape suivante vous conduit à *équilibrer les masses*. Pour chaque nouvelle image, réalisez plusieurs vues en plaçant différemment les masses.
Reportez-vous aux pages 128 à 130.

20. Cherchez maintenant à différencier nettement divers *plans* en les privilégiant à tour de rôle.
Reportez-vous aux pages 131 à 134.

21. L'espace de vingt images, tentez d'exprimer *le mouvement*. De plus, utilisez le *symbolisme de direction*, dans chaque sens. Au tirage réalisez deux images, en retournant le négatif, puis comparez.
Reportez-vous aux pages 136, 137, 145, 161, 163, 168, 184, 186, 262.

En utilisant, dès maintenant, un film couleur inversible (diapositives) ou négatif (photos), de 25 à 64 ISO, réalisez les exercices suivants (avec 36 poses) :

22. Abordez *les couleurs*, une à une, en n'en utilisant qu'une (ou au maximum deux) par image.
Reportez-vous aux pages 139 à 143.

23. Maîtrisez progressivement les divers types d'*éclairage* en vous exerçant sur des objets.
Reportez-vous aux pages 144, 146.

24. Appliquez la théorie de *la hiérarchisation des éléments*, puis vérifiez-la en l'outrepassant volontairement sur d'autres photos.
Reportez-vous aux pages 110 à 111.

25. Restituez photographiquement des *atmosphères* et rien que des atmosphères. Vérifiez auprès de vos amis si l'impression que vous avez cherché à traduire se perçoit.
Reportez-vous à la page 138.

26. Cherchez à *exprimer une idée* abstraite au moyen de la photo, puis testez, une fois encore, les résultats auprès de vos connaissances, en les priant de découvrir la signification des vues que vous leur montrez.
Reportez-vous à l'ensemble du livre.

Si vous avez effectué ces exercices avec conscience, votre « regard photographique » doit maintenant s'être éveillé. Emportez toujours votre appareil avec vous, réglé sur l'hyperfocale, et soyez perpétuellement à l'affût de *L*'image !

Tables de profondeur de champ

■ Objectif de 35 mm de focale

	Mise au point sur :									
Diaphragme	∞	6 m	3 m	2 m	1,5 m	1 m	0,8 m	0,5 m	0,4 m	0,3 m
f/4	6,74-	3,19	2,10	1,57	1,25	0,89	0,73	0,47	0,38	0,29
	∞	61,6	5,35	2,80	1,89	1,15	0,89	0,53	0,42	0,31
f/5,6	4,84-	2,69-	1,88	1,45	1,17	0,85	0,71	0,47	0,38	0,29
	∞	∞	7,84	3,30	2,12	1,22	0,93	0,54	0,42	0,31
f/8	3,41-	2,19-	1,63	1,30	1,07	0,80	0,67	0,45	0,37	0,29
	∞	∞	26,9	4,61	2,58	1,35	1,0	0,56	0,43	0,31
f/11	2,50-	1,78-	1,39-	11,15	0,97	0,75	0,64	0,44	0,36	0,28
	∞	∞	∞	9,31	3,58	1,56	1,10	0,59	0,45	0,32
f/16	1,75-	1,36-	1,13-	0,97-	0,84	0,68	0,59	0,42	0,35	0,28
	∞	∞	∞	∞	10,6	2,12	1,34	0,64	0,47	0,32

■ Objectif de 50 mm de focale

Mise au point sur :

Diaphragme	∞	20 m	10 m	5 m	4 m	3 m	2 m	1,5 m	1,25 m	1 m
f/1,8	45	13,8	8,2	4,5	3,67	2,81	1,91	1,45	1,21	0,98
	∞	36	12,8	5,6	4,39	3,21	2,09	1,55	1,29	1,02
f/1,9	43	13,6	8,1	4,48	3,66	2,8	1,91	1,45	1,21	0,98
	∞	38	13	5,68	4,4	3,22	2,09	1,55	1,29	1,02
f/2	40	13,4	8	4,45	3,64	2,79	1,9	1,44	1,21	0,98
	∞	40	13,2	5,7	4,44	3,24	2,1	1,56	1,29	1,03
f/2,8	30	11,8	7,4	4,3	3,5	2,7	1,87	1,43	1,2	0,97
	∞	65	15,3	6	4,64	3,34	2,15	1,58	1,3	1,04
f/4	20	10	6,7	4	3,34	2,6	1,82	1,4	1,18	0,96
	∞	∞	20	6,6	5	3,5	2,22	1,62	1,33	1,06
f/5,6	15	8,4	6	3,7	3,13	2,5	1,75	1,36	1,15	0,93
	∞	∞	32	7,6	5,5	3,8	2,32	1,67	1,37	1,08
f/8	10	6,7	5	3,4	2,87	2,3	1,65	1,31	1,11	0,91
	∞	∞	∞	10	6,6	4,3	2,5	1,76	1,43	1,11
f/11	7,5	5,4	4,3	3	2,6	2,1	1,55	1,25	1,07	0,88
	∞	∞	∞	15	9	5	2,75	1,88	1,5	1,16
f/16	5	4	3,4	2,5	2,3	1,9	1,45	1,16	1	0,84
	∞	∞	∞	∞	20	7,3	3,3	2,13	1,65	1,25
f/22	3,7	3,1	2,7	2,1	1,9	1,65	1,3	1,07	0,93	0,79
	∞	∞	∞	∞	∞	16	4,4	2,53	1,9	1,4

■ Objectif de 80 mm de focale

Mise au point sur :

Diaphragme	0,8 m	1 m	1,5 m	2 m	3 m	6 m	∞
f/2,8	0,78 à 0,82	0,97 à 1,04	1,42 à 1,59	1,85 à 2,15	2,72 à 3,31	5 à 7,50	30 à ∞
f/3,5	0,77 à 0,83	0,96 à 1,05	1,40 à 1,61	1,83 à 2,21	2,63 à 3,50	4,70 à 8,30	21,50 à ∞
f/4	0,77 à 0,84	0,95 à 1,06	1,38 à 1,63	1,81 à 2,24	2,59 à 3,57	4,55 à 8,80	18,80 à ∞
f/5,6	0,76 à 0,85	0,93 à 1,08	1,35 à 1,69	1,74 à 2,35	2,46 à 3,87	4,15 à 10,90	13,40 à ∞
f/8	0,74 à 0,87	0,90 à 1,12	1,30 à 1,77	1,65 à 2,54	2,28 à 4,30	3,66 à 1,60	9,40 à ∞
f/11	0,72 à 0,90	0,87 à 1,17	1,23 à 1,92	1,55 à 2,84	2,08 à 5,4	3,18 à 5,10	6,80 à ∞
f/16	0,68 à 0,96	0,82 à 1,27	1,14 à 2,20	1,40 à 3,50	1,83 à 8,3	2,64 à ∞	4,70 à ∞
f/22	0,65 à 1,05	0,77 à 1,41	1,04 à 2,68	1,26 à 4,85	1,60 à 25	2,20 à ∞	3,40 à ∞

■ Objectif de 200 mm de focale

	Mise au point sur :						
Diaphragme	2 m	3 m	5 m	7 m	10 m	15 m	∞
f/4,5	1,98 à 2,01	2,96 à 3,03	4,86 à 5,14	6,73 à 7,28	9,47 à 10,59	13,85 à 16,40	178 à ∞
f/5,6	1,98 à 2,01	2,95 à 3,04	4,83 à 5,18	6,67 à 7,36	9,45 à 10,75	13,65 à 16,80	143 à ∞
f/8	1,97 à 2,02	2,93 à 3,07	4,76 à 5,26	6,54 à 7,52	9,09 à 11,11	13,05 à 17,70	100 à ∞
f/11	1,96 à 2,03	2,91 à 3,09	4,68 à 5,37	6,38 à 7,74	8,80 à 11,60	12,45 à 18,90	73 à ∞
f/16	1,95 à 2,05	2,87 à 3,14	4,55 à 5,55	6,14 à 8,14	8,30 à 12,50	11,55 à 21,50	50 à ∞
f/22	1,93 à 2,07	2,83 à 3,20	4,40 à 5,80	5,90 à 8,70	7,80 à 13,80	10,60 à 26	36 à ∞

TABLE DES MATIÈRES

II. LA PRATIQUE

III. LE LABORATOIRE

ANNEXES

Au catalogue Marabout

Vie Quotidienne

Psychologie

Loisirs - Jeux - Judo

IMPRIMÉ EN FRANCE PAR BRODARD ET TAUPIN
13433 - La Flèche (Sarthe), le 13-06-2002.

pour le compte des
Nouvelles Éditions Marabout
D.L. n° 24063 - juin 2002
ISBN : 2-501-02804-X - édition 05

5310

MARABOUT